越境サイバー侵害行動と国際法
── 国家実行から読み解く規律の行方

中村 和彦

越境サイバー侵害行動と国際法
―国家実行から読み解く規律の行方

学術選書
262
国際法

信 山 社

目　　次

Ⅰ　は じ め に ——————————————————————————— 3

Ⅱ　一次的規範（保護法益）————————————————————— 9
　1　各国の立場表明 …………………………………………………………… 9
　(1)　武力による威嚇・武力の行使の禁止 …………………………………… 13
　(2)　不干渉義務 …………………………………………………………………… 16
　(3)　（領域）主権 ………………………………………………………………… 19
　　ア　他国の（領域）主権侵害の禁止（20）
　　イ　領域国（加害行為地国）の相当の注意（due diligence）義務（24）
　(4)　国際人道法 …………………………………………………………………… 32
　2　国家実行又は後に生じた慣行 …………………………………………… 39
　(1)　米国 Sony Pictures Entertainment 社へのサイバー攻撃・脅迫
　　　（2014年11〜12月），バングラデシュ銀行に対するサイバー強盗
　　　（2016年 2 月）等 …………………………………………………………… 45
　(2)　ランサムウェア（「身代金」要求型ウイルス）WannaCry による
　　　世界規模の攻撃・被害（2017年 5 月）………………………………… 49
　(3)　ランサムウェア NotPetya によるウクライナ等世界各地のデー
　　　タ破壊・システム停止等（2017年 6 月）……………………………… 56
　3　考　　察 …………………………………………………………………… 61
　(1)　武力による威嚇・武力の行使の禁止 …………………………………… 61
　(2)　不干渉義務・他国の（領域）主権侵害の禁止 ………………………… 70
　　ア　不干渉義務違反の認定における「強制」要件の判断基準の実質的
　　　な緩和・調整（78）
　　イ　他国の（領域）主権侵害の判断基準の明確化（82）
　(3)　領域国の相当の注意義務 ………………………………………………… 95
　(4)　国際人道法 ………………………………………………………………… 109
　　①　戦闘員の範囲・敵対行為への直接参加の判断基準（109）
　　②　軍事目標の範囲及び比例性原則によっても許容される文民・民

v

目　次

　　　　　用物への「付随的損害（collateral damage）」の程度（*114*）

　　(5)　小　　括……………………………………………………………*120*

Ⅲ　二次的規範及び対処方法 ────────────────*123*

　1　各国の立場表明………………………………………………………*123*

　　(1)　国家責任法…………………………………………………………*123*

　　　ア　行為の国家への帰属（*124*）

　　　イ　国家責任の実施（*126*）

　　(2)　紛争の平和的解決………………………………………………*128*

　　(3)　報　　復……………………………………………………………*130*

　　(4)　対 抗 措 置……………………………………………………………*131*

　　(5)　自　衛　権…………………………………………………………*134*

　　(6)　他の違法性阻却事由の援用……………………………………*137*

　2　国家実行又は後に生じた慣行……………………………………*138*

　　(1)　（国家責任の実施，紛争の平和的解決，自衛権）…………*139*

　　(2)　（行為の国家への帰属）…………………………………………*142*

　　(3)　（何らかの対応の表明）…………………………………………*144*

　　(4)　（報　　復）…………………………………………………………*145*

　　(5)　（対抗措置）…………………………………………………………*146*

　3　考　　察………………………………………………………………*148*

　　(1)　行為の国家への帰属………………………………………………*148*

　　(2)　国家責任の実施……………………………………………………*151*

　　(3)　紛争の平和的解決…………………………………………………*152*

　　(4)　報　　復……………………………………………………………*153*

　　(5)　対抗措置……………………………………………………………*153*

　　　①　（先行する国際違法行為の存在）（*160*）

　　　②　（「責任を負う国に対して」，比例性）（*161*）

　　　③　（可逆性）（*162*）

　　　④　（責任の履行の要請，対抗措置をとる旨の通告及び交渉の申し
　　　　　出（事前の手続上の要件））（*162*）

　　　ア　武力による威嚇・武力の行使の禁止（*163*）

目　次

　　イ　領域国の相当の注意義務（*163*）

　　ウ　国際人道法（*173*）

(6)　自　衛　権………………………………………………………………*180*

(7)　他の違法性阻却事由の援用……………………………………………*189*

　　①　（緊急状態）「不可欠の利益」（*194*）

　　②　（緊急状態）「重大な」危険（*195*）

　　③　（緊急状態）「急迫した」危険（*195*）

　　④　（緊急状態）「唯一の方法」（*196*）

　　⑤　（緊急状態）他国の「不可欠の利益」を「深刻に損なわない」（*198*）

　　⑥　（緊急状態）緊急状態の発生に寄与していない（*198*）

(8)　小　　　括………………………………………………………………*203*

Ⅳ　結　　論——————————————————————*205*

主な参考文献（*207*）

本書で紹介した主な越境サイバー侵害行動事案（*220*）

索　　引（*222*）

あ　と　が　き（*233*）

vii

越境サイバー侵害行動と国際法

——国家実行から読み解く規律の行方

I　はじめに

　2000年代以降，マルウェア，分散型サービス拒否（DDoS）攻撃，不正アクセスによるデータの窃取・改変等の手法による，いわゆるサイバー攻撃が，世界各地の個人・組織に多大な損害・損失をもたらしていることが明らかとなり，その対策が喫緊の課題となっている。こうしたサイバー攻撃は，経済・社会のあらゆる側面でデジタル化，全世界的なインターネット接続によるネットワーク化が進んでいる今日の状況を背景に，遠隔の外国から国境を越え，多数の第三国の回線・サーバ網を介して敢行されるという特性を有する。これを効果的に防止し，対処するためには，関係国間の緊密・迅速な国際協力が鍵となることから，国際法がこの新たな国際社会の課題についてどのように規律しているか，又はどのように規律すべきかについては，国際法学界[1]や国際機関[2]において様々な議論・検討が行われてきた。

　こうした検討の一環として，サイバー攻撃の一定の行為類型の犯罪化を義務付けた上で，自国領域内で又は自国の管轄下にある個人によりそれらの犯罪行為が行われた場合における捜査・訴追・処罰義務，関係国間における情報交換・捜査共助等の協力について定める多数国間条約が作成されてきた[3]。かか

　＊本書は，令和6年3月京都大学博士（法学）論文「越境サイバー侵害行動に対する国際法の適用をめぐる国家実行の評価」に加筆・修正を加えた上で，改題したものである。本書で示される考察・見解は，著者個人のものであり，その所属する組織の立場・方針を代表するものではない。

1　例えば Michael N. SCHMITT and Liis VIHUL (eds.), *Tallinn Manual 2.0 on the International Law Applicable to Cyber Operations* (Cambridge University Press, 2017); Anne-Thida NORODOM, Aude GÉRY and François DELERUE (coords.), "White Paper 16: Digital challenges for international law" (23 July 2022), The ADI/ILA (International Law Association) 2023, at https://www.ilaparis2023.org/wp-content/uploads/2022/08/Numerique-VHD-EN.pdf; Institut du Droit International, Angers-2023 8ᵉ Commission, Vaughan LOWE (rapp.) "The Applicability of International Law to Cyber Activities", at https://www.idi-iil.org/app/uploads/2023/06/Huiti%C3%A8me-Commission-121-132.pdf.

　なお，本書の各注に記載のウェブサイトのリンクは，いずれも2024年6月19日にアクセスし，確認したもの。

Ⅰ　はじめに

る条約は，その締約国間においてサイバー攻撃を抑止する上で効果を上げている一方，最新の脅威に対応するための条約改正や，新条約作成の交渉に時間を要する。また，過去の越境サイバー攻撃の多くに関与してきたと目される一部の国々は，サイバー空間における主権，安全・安全保障，思想・表現の自由，プライバシー保護等について考え・立場を著しく異にしており，正にこれらの国々を多数国間条約の規律・国際協力の枠組みに取り込むことこそが必要であるにもかかわらず，これらの国々と共に多数国間条約を交渉するとむしろ国際協力の可能性を狭めるようなルールに帰着しかねない[4]というジレンマがある。

　したがって，慣習国際法及び国際連合憲章を含む現行の実定国際法の規律が，越境サイバー攻撃に対してどのように，どの範囲まで及んでいるか，規律の及

2　例えば，2004年以来，累次の国際連合総会決議に基づいて設置され，国際連合事務総長によって任命された政府専門家から成る「国際安全保障の文脈の中でサイバー空間における国家の責任ある行動を促進することに関する政府専門家グループ」（以下「GGE」という。国際連合軍縮問題事務局の関連ホームページ https://disarmament.unoda.org/group-of-governmental-experts/ 参照），2019年以来，国際連合総会決議に基づいて設置されている「国際安全保障の文脈における情報・電気通信分野の進展に関するオープン・エンド作業部会」（以下「OEWG」という。国際連合軍縮問題事務局の関連ホームページ https://disarmament.unoda.org/open-ended-working-group/ 参照）等。

3　日本が締結しているものとして，サイバー犯罪に関する条約（平成24年条約第7号／2004年7月発効，日本について2012年11月発効），at https://www.mofa.go.jp/mofaj/gaiko/treaty/treaty159_4.html（和訳リンク）; https://www.coe.int/en/web/conventions/full-list?module=treaty-detail&treatynum=185（英・仏語正文リンク）（以下「ブダペスト条約」という），協力及び電子的証拠の開示の強化に関するサイバー犯罪に関する条約の第二追加議定書（令和5年条約第10号／未発効），at https://www.mofa.go.jp/mofaj/ila/st/page24_002143.html（和訳・英語正文リンク）（以下「ブダペスト条約第二追加議定書」という）。日本が締結していない関連条約として，例えば，コンピュータ・システムを利用して行われる人種差別的及び排外主義的な性質を有する行為の犯罪化に関するサイバー犯罪に関する条約の追加議定書（2006年3月発効），at https://www.coe.int/en/web/conventions/full-list?module=treaty-detail&treatynum=189（英・仏語正文リンク），情報技術犯罪への対処に関するアラブ条約（2014年2月発効），at https://riyadh.om/wp-content/uploads/2015/03/2015-005.pdf（アラビア語正文）; https://www.asianlaws.org/gcld/cyberlawdb/GCC/Arab%20Convention%20on%20Combating%20Information%20Technology%20Offences.pdf（英訳）（以下「情報技術犯罪アラブ条約」という），サイバーセキュリティ及び個人情報の保護に関するアフリカ連合条約（2023年6月発効），at https://au.int/en/treaties/african-union-convention-cyber-security-and-personal-data-protection（英・仏・アラビア・ポルトガル語正文リンク）（以下「AUサイバー条約」という）。

4

I　はじめに

んでいない部分・事項について各国がどのように対処し，如何なる立場を表明しているか，さらに，それらの対処・立場表明等が今後，如何なる慣習国際法規範ないし現行の条約規範（国際連合憲章等）の解釈・適用に関する「後にされた合意」若しくは「後に生じた慣行」[5]の発展[6]に繋がり得るかを不断に検証し，明らかにしていくことが重要となる。現に，2000年代後半以降，国家の関与・支援が疑われる大規模なサイバー攻撃による国家機関・公共サービスの機能麻痺[7]，発電所等の重要インフラの機能停止・損壊[8]，企業の社内システムへの不正アクセス・データの改変等に伴う経済的損害[9]，国政選挙プロセスへの介入・影響力行使[10]等の事案の発生が次々に明らかとなる中，国際機関における政府

4　例えば，現在，国際連合において交渉中のサイバー犯罪に関する新条約について，サイバー空間における主権・安全保障，領域国の規制権限等を強調する一部交渉参加国の主張に即した規律が含まれると，電子的証拠の開示，情報交換・捜査共助等の国際協力の側面は，むしろ弱められるおそれがある。交渉の現状について，United Nations Office on Drugs and Crime（UNODC），"Ad Hoc Committee to Elaborate a Comprehensive International Convention on Countering the Use of Information and Communications Technologies for Criminal Purposes", at https://www.unodc.org/unodc/en/cybercrime/ad_hoc_committee/home 参照。

5　条約法に関するウィーン条約（昭和56年条約第16号／1980年1月発効，日本について1981年8月発効）第31条（解釈に関する一般的な規則）3
　「3　文脈とともに，次のものを考慮する。
　　(a)　条約の解釈又は適用につき当事国の間で後にされた合意
　　(b)　条約の適用につき後に生じた慣行であって，条約の解釈についての当事国の合意を確立するもの
　　(c)　（略）」

6　国際法規範の発展が新たな条約の形式をとる可能性を排除するものではないが，本文記述のとおり，条約の交渉は時間を要し，かつ，関係国間でサイバー空間の規律のあり方について見解・立場の相違が大きい現状においては，極めて困難と思われる。また，より迅速かつ簡便な国際法規範の定立方法として，国際連合安全保障理事会決議の採択も考えられるが，これも，常任理事国の間を含む見解・立場の相違ゆえに，容易ではない。

7　例えば，2007年4月，エストニアの旧ソ連解放戦勝記念像の移設を機に発生したエストニア政府機関，議会，公共サービス機関等に対する一連のサイバー攻撃。本文Ⅱ3(1)参照。

8　例えば，2010年夏，イラン・ナタンズの核燃料濃縮施設において，マルウェアStuxnet が引き起こしたとされる遠心分離機の大量損壊。本文Ⅱ3(1)参照。

9　例えば，2014年11〜12月，金正恩朝鮮労働党中央委員会総書記を風刺した映画を制作・公開した Sony Pictures Entertainment 社に対して行われたサイバー攻撃。本文Ⅱ2(1)参照。

I　はじめに

間での議論や，各国政府の声明等においても，こうした観点からの立場表明が多く見られるようになっている。政府の機能，重要・経済インフラ，民主的な政治プロセス等，国の安定や繁栄の基盤が問われ，かつ，国家間の競争・対立の先鋭化が背景にあるこのような事案こそ，各国が国際法を含む対外政策手段を動員し，解決を図るべき課題といえ，その意味において，各国政府が特にこうした事案を念頭において実定国際法の適用のあり方を検討・議論していることは合理的で，かつ，時宜にかなっている。

　以上の認識の下，本書においては，実行主体が国家か，国家以外の個人・団体かを問わず，国境を越えて敢行されるサイバー攻撃であって，被害国の政治的・経済的・社会的基盤に広範な人的・物的・経済的損害又は国家としての基本的機能への侵害をもたらすもの（以下「越境サイバー侵害行動」という）に対処するため，各国が実際に，実定国際法のどの規範を，どのように適用しようとしているか，今後のあり得べき国家実行の方向性を含め，各国の公式の立場表明・国家実行等から考察する。一個人・組織のレベルで経済的損害をもたらすサイバー攻撃の抑止・防御・対処もまた重要な課題ではあるが，攻撃と被害が一国内で完結するケースを含め，国内法その他国内政策の諸手段と上述の多数国間条約により対処可能であることから，本書の検討対象からは除く。また，サイバー空間における人権侵害も，極めて重要な課題であるが，一国内で完結する場合を含め別途包括的に検証・考察すべき課題と考えられるので，本書の検討対象とはしない。

　国際連合の国際法委員会（ILC）は，国際違法行為についての国家の責任に関する条文案（以下「ILC 国家責任条文案」という）を起案・採択した際，国際法規範を①国際法が各国に課しており，その違反が違反国の責任を生ずることとなる義務の内容を特定する「一次的規範（primary rules）」と，②国際法の下，各国が如何なる条件によりこれらの義務に違反する作為・不作為について責任を有するとされ，その違反から如何なる法的帰結が生ずるかを定める「二次的規範（secondary rules）」とに区別し，ILC 国家責任条文案の目的は後者

10　例えば，2016年 6 ～ 7 月，米国大統領選挙に先立つ民主党予備選の過程における，民主党全国委員会（DNC）幹部の間の通信内容の窃取・公開。本文 II 3 (2)柱書参照。

の二次的規範の法典化・漸進的発達であることを明示している[11]。本書では，かかる一次的規範／二次的規範の区別・定義を踏襲した上で，以下，越境サイバー侵害行動に対して実定国際法のいかなる一次的規範及び二次的規範が適用され得るかに関し，それぞれ各国の立場表明及び国家実行を検証していく。

11　U.N. Doc. A/CN.4/SER.A/2001/Add.1（Part 2），para.77, RESPONSIBILITY OF STATES FOR INTERNATIONALLY WRONGFUL ACTS, pp. 31-143（以下「ILC 国家責任条文案コメンタリー」という），p. 31, paras.（1）-（4）（*General commentary*）。ILC 国家責任条文案は，2001年12月12日，コンセンサスで採択された国際連合総会決議において留意され，その将来における採択その他の適切な行動をとるかどうかの問題を予断することなく，各国政府が注意を払うよう勧奨している（commend them to the attention of Governments without prejudice to the question of their future adoption or other appropriate action）。U.N. Doc. A/RES/56/83, 12 December 2001, para.3.

II　一次的規範（保護法益）

1　各国の立場表明

　越境サイバー侵害行動への対応が喫緊の課題として表面化するに伴い，特に実際に越境サイバー侵害行動により被害を受けた国は，自らの対応措置の法的根拠や正当性を内外に示す観点から，越境サイバー侵害行動に対して適用される国際法を含む法的枠組みに関する自らの立場を公表するようになっている[12]。また，2004年以来，累次の国際連合総会決議に基づいて設置され，国際連合事務総長によって任命された政府専門家から成る「国際安全保障の文脈の中でサイバー空間における国家の責任ある行動を促進することに関する政府専門家グ

12　例えば，外務省ホームページ「サイバー行動に適用される国際法に関する日本政府の基本的な立場について」（https://www.mofa.go.jp/mofaj/gaiko/page3_003059.html）掲載（リンク）外務省「サイバー行動に適用される国際法に関する日本政府の基本的な立場」（2021 年 5 月 28 日），at https://www.mofa.go.jp/mofaj/files/100200951.pdf（以下「2021年日本政府の立場」という）；

（米国）Harold H. KOH, "International Law in Cyberspace", *Harvard International Law Journal Online*, Vol.54（2012），p. 1, at https://openyls.law.yale.edu/bitstream/handle/20.500.13051/4383/International_Law_in_Cyberspace__54_Harvard_International_Law_Journal_Online_1__2012_.pdf?sequence=2&isAllowed=y; Brian J. EGAN, "International Law and Stability in Cyberspace", *Berkeley Journal of International Law*, Vol.35（2017），p. 169（KOH, EGAN はいずれも当時の国務省法律顧問）；

（英国）Attorney General's Office and Jeremy WRIGHT, "Cyber and International Law in the 21st Century"（23 May 2018），at https://www.gov.uk/government/speeches/cyber-and-international-law-in-the-21st-century; Attorney General's Office and Suella BRAVERMAN, "International Law in Future Frontiers"（19 May 2022），at https://www.gov.uk/government/speeches/international-law-in-future-frontiers;

Government of Canada, "International Law applicable in cyberspace", at https://www.international.gc.ca/world-monde/issues_development-enjeux_developpement/peace_security-paix_securite/cyberspace_law-cyberespace_droit.aspx?lang=eng（以下「Government of Canada HP」という）；

Republic of Estonia, Ministry of Foreign Affairs, "International law and cyberspace", at https://www.vm.ee/en/international-law-cyber-diplomacy/cyber-diplomacy/international-law-and-cyberspace 等。

Ⅱ　一次的規範（保護法益）

ループ」（以下「GGE」という）[13]や，2019年以来，国際連合総会決議に基づいて設置されている「国際安全保障の文脈における情報・電気通信分野の進展に関するオープン・エンド作業部会」（以下「OEWG」という）[14]における議論の過程では，越境サイバー侵害行動の被害を直接受けた国を超えてより幅広い国際連合加盟国から，越境サイバー侵害行動に対する国際法の適用等に関する立場・見解の提出を求めてきており，それらの提出文書は国連総会文書等として公表されている[15]。これらの公表された各国の立場・見解及びその推移は，越境サイバー侵害行動に対する慣習国際法規範の適用に関する各国の法的確信[16,17]，あるいは条約規範の「解釈についての当事国の合意」を確立する「条約の適用につき後に生じた慣行」[18]の存在又はその萌芽を示す有力な材料と評価される。

13　（注2）参照。2019年以前の第1次～第5次 GGE の正式名称は「国家安全保障の文脈における情報通信分野の発展に関する政府専門家グループ」だった。

14　（注2）参照。GGE が国際連合事務局長により個人の資格で任命される政府専門家（第6次 GGE（2019～2021年）の場合，25ヶ国出身の25名）で構成されるのに対し，第5次 GGE（2017～2019年）が報告書の採択に至らなかったことを契機にロシア提出の国際連合総会決議により設置された OEWG は，希望する全ての加盟国の参加に開かれている。前者の GGE がその構成上，政府内に多くのサイバー分野の専門家を擁する先進国・主要国出身のメンバーが相対的に多くなるのに対し，後者の OEWG は，かかる専門家を擁しない途上国・中小国の参加が可能で，かつ，必ずしも専門的知見に立脚しない政治的見解等も表明・議論される可能性がある点において性格を異にする。もっとも，第1次 OEWG（2019～2021年）への実際の参加国数は60程度であり，また，同OEWG に GGE の政府専門家の多くが参加し，議論を主導した一方，第6次 GGE 自体も加盟国とのオープン・エンド協議会合や関係地域機関との協議を開催する等，政府専門家の出身国以外からの意見聴取に努めており，これまでのところ，両者における議論の内容・結論の差違は相対的なものに留まっていると言える。赤堀毅『サイバーセキュリティと国際法の基本―国連における議論を中心に―』（東信堂，2023年）10‐22頁参照。

15　例えば，U.N. Doc. A/76/136, Official compendium of voluntary national contributions on the subject of how international law applies to the use of information and communications technologies by States submitted by participating governmental experts in the Group of Governmental Experts on Advancing Responsible State Behaviour in Cyberspace in the Context of International Security established pursuant to General Assembly Resolution 73/266（13 July 2021）（以下「2021 GGE Compendium」という）; U.N. Docs. A/AC.290/2021/INF/2, A/AC.290/2021/INF/2/Add.1 & A/AC.290/2021/INF/2/Add.2, Open-ended Working Group on Developments in the Field of Information and Telecommunications in the Context of International Security, Third substantive session, 8–12 March 2021, Compendium of statements in explanation of position on the final report（25 March, 14 April & 29 November 2021）。

16　慣習国際法の構成要素たる法的確信の存在を示す証拠としての各国の立場表明等の位置付けについて，U.N. Doc. A/RES/73/203, 20 December 2018, Annex: Identification of customary international law（以下「ILC CIL identification conclusions」という），Conclusion 10（Forms of evidence of acceptance as law（*opinion juris*））para.2. 及び U.N. Doc. A/CN.4/SER.A/2018/Add.1（Part 2），para.66, IDENTIFICATION OF CUSTOMARY INTERNATIONAL LAW, pp. 91-113（以下「ILC commentaries to the CIL identification conclusions」という），p. 141, paras.⑷-⑹（Commentary to Conclusion 10）参照。ILC CIL identification conclusions 及び ILC commentaries to the CIL identification conclusions は，上述の国際連合総会決議 A/RES/73/203（コンセンサスにて採択）において留意され，諸国の注意を喚起され（bring ... to the attention of States），その可能な限り広範な普及が奨励されている（para.4）。

17　学説上，既に実定国際法規範として確立している慣習国際法規範を越境サイバー侵害行動のような新規の事象・分野に適用するに当たり，当該慣習国際法規範が特定の事象・分野を対象とするものでなく分野横断的に，すなわち一般的に適用されるものである場合には，当該新規の事象・分野への適用は当該慣習国際法規範の解釈，演繹（deduction）等によって正当化され，その適用に関する国家実行及び法的確信の個別の事例を示す（立証する）必要はないとする有力な見解が存在する。Orfeas Chasapis TASSINIS, "Customary International Law: Interpretation from Beginning to End", *The European Journal of International Law*, Vol. 31 No.1（2020），p. 235, pp. 260-264; Stefan TALMON, "Determining Customary International Law: The ICJ's Methodology between Induction, Deduction and Assertion", *The European Journal of International Law*, Vol. 26 No.2（2015），p. 417, pp. 421-423; Talita DIAS and Antonio COCO, "Cyber due diligence in international law"（Oxford Institute for Ethics, Law and Armed Conflict, 2022），at https://www.elac.ox.ac.uk/wp-content/uploads/2022/03/finalreport-bsg-elac-cyberduediligenceininternationallawpdf.pdf, pp. 24-26; Michael N. SCHMITT, "In Defense of Due Diligence in Cyberspace", *The Yale Law Journal Forum*, Vol.125（2015），p. 68, p. 73.

　　もっとも，かかる見解に立脚する場合であっても，少なくとも当該慣習国際法規範が上述の意味において一般的に適用される規範であることを立論する必要がある。かかる立論は，関連する国家実行を改めて特定して，それらに（当該慣習国際法規範が一般的に適用されるという法的確信を示すものという）法的意義付けを与えることを意味し（紛争当事国間で適用すべき慣習国際法規範につき争いがない場合であっても「一般慣行」（国際司法裁判所規程第38条第１項ｂ）の存在を確認すべきことについて，*Military and Paramilitary Activities in and against Nicaragua（Nicaragua v. United States of America），Merits, Judgment, I.C.J. Reports 1986*, p. 14, pp. 97-98, para.104），証明責任が一定程度軽減されるにせよ，新たな慣習国際法規範の存在の特定（identification）の場合と実質的に類似する法的立論を行うこととなる。DIAS and COCO, *Ibid.*, pp. 26-27; TALMON, *Ibid.*, p. 427（適用すべき慣習国際法規範が現行の慣習国際法上の原則から合理的に演繹（推論）される場合には，帰納（国家実行・法的確信の存在の確認）による証明責任は軽減される）& p. 441（国際司法裁判所（ICJ）は適用すべき慣習国際法規範の決定に当たり演繹と帰納を併用しており，演繹と帰納で結論

Ⅱ　一次的規範（保護法益）

　また，GGE，OEWG いずれも，これらの各国の立場を踏まえてそれぞれ政
府専門家間，参加加盟国間で議論した結果を累次報告書としてまとめ，国際連
合総会に提出してきている。これらの報告書は，その内容全てが参加専門家・
加盟国間で一致した見解を反映しているとは限らないものの，コンセンサスで
採択されている場合，特にその採択を歓迎する国際連合総会決議もコンセンサ
スで採択されている場合には，少なくとも，国際連合加盟国全体の慣習国際法
規範の適用に関する法的確信[19]，あるいは条約規範の「適用につき当事国の間
で後にされた合意」又は「解釈についての当事国の合意」[20]が将来に向けて「結
晶化」していく方向性を示すものと評価し得る。

　サイバーは国際法による規律及びその検討の対象としては新しい分野であり，
上述の立場公表等を含め，各国による関連の立場表明・実行は，いずれも初歩

が異なる場合には帰納による結論を優先している）; TASSINIS, *Ibid*.（新たな規範の特
定，現行の規範の適用のいずれも，抽象的な法原則の総体たる国際慣習法がその「解
釈」を通じ，個別の分野・事象に応じて表現されたもの（descriptive statements））。

　　本文で後述するように，現行の慣習国際法規範の一部（例えば，（領域）主権侵害の
禁止，国際人道法，対抗措置）の越境サイバー侵害行動への適用について，国家実行及
び法的確信の欠如ないし未成熟を理由に否定的又は懐疑的な立場をとる国が存在するこ
とにかんがみれば，かかる法的立論は一層その必要性を増すといえよう。

18　条約法に関するウィーン条約第31条 3（b）（注 5）参照。「条約の解釈についての当事
国の合意」を確立する「条約の適用につき後に生じた慣行」又はそのとり得る様々な形
態の一つとしての各国の立場表明等の位置付けについて，U.N. Doc. A/RES/73/202, 20
December 2018, Annex: Subsequent agreements and subsequent practice in relation
to the interpretation of treaties（「以下「ILC treaties subsequent agreements/practice
conclusions」という。」), Conclusion 4 para.2 & Conclusion 6 para.2 及び U.N. Doc. A/
CN.4/SER.A/2018/Add.1（Part 2), para.52, SUBSEQUENT AGREEMENTS AND
SUBSEQUENT PRACTICE IN RELATION TO THE INTERPRETATION OF
TREATIES, pp. 25-88（以下「ILC commentaries to the treaties subsequent
agreements/practice conclusions」という), p. 32, para.(18)（Commentary to Conclusion
4) and pp. 49-50, paras.(22) & (23)（Commentary to Conclusion 6）参照。ILC treaties
subsequent agreements/practice conclusions 及び ILC commentaries to the treaties
subsequent agreements/practice conclusions は，上述の国際連合総会決議 A/RES/73/202
（コンセンサスにて採択）において留意され，諸国の注意を喚起され（bring … to the
attention of States），その可能な限り広範な普及が奨励されている（para.4）。

19　慣習国際法を特定する上での国際機関の決議の意義について，ILC CIL identification
conclusions, Conclusion 12（Resolutions of international organizations and
intergovernmental conferences）及び ILC commentaries to the CIL identification
conclusions, pp. 147-149, paras.(1)-(8)（Commentary to Conclusion 12）参照。

的ないし未成熟なものが少なくない。越境サイバー侵害行動への慣習国際法規範の解釈・適用に関する法的確信及び国家実行並びに条約規範の解釈・適用に関する「後にされた合意」ないし「後に生じた慣行」の今後あり得べき方向性を分析・考察するため，本書では，そのような初歩的な，萌芽とも言うべき立場表明，各国の実行まで幅広く検討の対象とする。その上で，以下，こうした幅広い立場表明ないし実行により示され，又は将来示される可能性のある（慣習国際法規範についての）法的確信ないし（条約規範の解釈について）「当事国の合意を確立する…後に生じた慣行」[21]を総称して「規範認識」という。

　本項1においては，まず，先述の各国の立場公表・報告書・国際連合総会決議に基づき，越境サイバー侵害行動に対して適用される実定国際法の一次的規範，換言すれば，越境サイバー侵害行動がいかなる国際法上の保護法益を侵害するかに関する各国の認識を検証する。各国の上記の意味における規範認識の度合い，普遍性等は様々であるが，以下の規範が適用されるとの立場・認識が広く示されていると言える。

(1)　武力による威嚇・武力の行使の禁止

　上述の各国の立場表明において，第2条第4項[22]の規定を含む国際連合憲章

20　条約法に関するウィーン条約第31条3(a)及び(b)（注5）参照。国際機関の設立条約（国際連合憲章を含む）の「適用につき当事国の間で後にされた合意」又はその「解釈についての当事国の合意」を確立する「後に生じた慣行」の生成（arise from）又は発現（be expressed in）における当該国際機関の実行（例えば，国際連合総会決議）の役割・機能について，ILC treaties subsequent agreements/practice conclusions, Conclusion 12 para.2. 及び ILC commentaries to the treaties subsequent agreements/practice conclusions, pp. 97-101, paras.(15)-(25)（Commentary to Conclusion 12），（特にpp. 97-98, 99 & 101, paras.(16), (17), (20) & (24)）参照。ただし，国際連合総会決議は，国際連合の設立条約たる国際連合憲章の規定についてのみ，その解釈・適用に関する「後にされた合意」又は「後に生じた慣行」の特定に当たり考慮され得ることに留意を要する。(ILC treaties subsequent agreements/practice conclusions は，「後にされた合意」又は「後に生じた慣行」の特定に当たり考慮され得る国際機関・会議関連の実行として，上述の国際機関の設立条約に関する当該国際機関の実行（Conclusion 12）のほか，条約の検討（reviewing）・実施を目的とした締約国会議による決定（Conclusion 11），条約に基づき設置され個人資格の専門家で構成される条約体による見解表明（Conclusion 13）を挙げているが，GGE・OEWGの報告書や国際連合総会決議はこれらのいずれにも該当しない)

21　（注18）参照。

Ⅱ　一次的規範（保護法益）

がサイバー空間[23]において適用されることを確認している例は多数に上り[24],
このことを否定する立場表明の存在は確認されない。また，GGE 報告書,
OEWG 報告書の双方において，国際連合憲章を含む国際法が開かれ，安全で,

22　国際連合憲章（昭和31年条約第26号／1945年10月発効，日本について1956年12月発効）第2条第4項
「4　すべての加盟国は，その国際関係において，武力による威嚇又は武力の行使を，いかなる国の領土保全（territorial integrity）又は政治的独立に対するものも，また，国際連合の目的と両立しない他のいかなる方法によるものも慎まなければならない。」

23　「サイバー空間（cyberspace）」の語は元来，1980年代前半の米国のサイエンス・フィクション小説で用いられたことに端を発するもので，法的・公式な定義があるわけではないが，近年では，関係する専門家・政府関係当局者等の間で，⑴世界各地のコンピュータ等の情報技術端末・インフラ，⑵それらを接続するインターネットその他の情報通信網及び⑶これら⑴⑵に保存され，又はこれらを通じてやり取りされるデータから成る擬似的・観念的な領域を指す表現として用いられている。例えば，米国防省の定義（DOD Dictionary of Military and Associated Terms（As of November 2021）p. 55, "cyberspace ― A global domain within the information environment consisting of the interdependent networks of information technology infrastructures and resident data, including the Internet, telecommunications networks, computer systems, and embedded processors and controllers.", at https://irp.fas.org/doddir/dod/dictionary.pdf; François DELERUE, *Cyber Operations and International Law*（Cambridge University Press, 2020）, p. 12 "Cyberspace is only a notional environment or domain that refers to a theoretical environment comprised of the Internet together with other computers and telecommunications networks, connected to the Internet or not."。筆者も，かかる意味で「サイバー空間」の語を用いる。

24　2021年日本政府の立場 2.⑴，2頁; Government of Canada HP, para.8; Ministry of Armed Forces, France, "International Law Applied to Operations in Cyberspace: Paper shared by France with the Open-ended working group established by resolution 75/240"（9 September 2019）, at https://documents.unoda.org/wp-content/uploads/2021/12/French position on international-law-applied-to-cyberspace.pdf（以下「2019年フランス軍事省文書」という）, 1.1. 1st para., p. 2; "China's Submissions to the Open-ended Working Group on Developments in the Field of Information and Telecommunications in the Context of International Security", at https://s3.amazonaws.com/unoda-web/wp-content/uploads/2019/09/china-submissions-oewg-en.pdf（以下「China's OEWG Submissions」という）, III. 1st alinea, p. 6; Roy SCHÖNDORF, "Israel's perspective on Key Legal and Practical Issues Concerning the Application of International Law to Cyber Operations", *International Law Studies*, Vol.97（2021）, p. 395（以下「Israel's perspective」という）, p. 398; New Zealand, Department of the Prime Minister and Cabinet, "The Application of International Law to State Activity in Cyberspace", at https://www.dpmc.govt.nz/sites/default/files/2020-12/The%20Application%20of%20International%20Law%20to%20State%20Activity%20in%20

安定的で，アクセス可能で平和な情報通信技術環境（ICT environment）の促進に適用される（applicable）ことを確認している[25]。さらに，これらの報告書はいずれもコンセンサスで採択され，かつ，コンセンサスで採択された国際連合総会決議において，加盟国に対しこれらの報告書を指針とする（to be guided by）よう要請している[26]。以上にかんがみれば，武力による威嚇・武力の行使の禁止について定める国際連合憲章第2条第4項の規定が越境サイバー侵害行動に対して適用され得る，換言すれば，サイバー空間においても各国の領土保全，政治的独立その他国際連合の目的が「武力の行使」に相当する攻撃又はその威嚇から守られるべき国際法上の保護法益であるとの認識が，全国際連合加盟国間で共有された認識として確立しつつあると言えよう。

　もっとも，越境サイバー侵害行動は，ウェブサイトのトップページの改ざん

Cyberspace.pdf（以下「New Zealand HP」という），paras.6-8; Organization of American States（OAS），"Improving Transparency － International Law and State Cyber Operations: Fifth Report"（Presented by Prof. Duncan B. HOLLIS），OEA/Ser.Q, CJI/doc. 615/20 rev.1（7 August 2020）（https://www.oas.org/en/sla/iajc/docs/CJI-doc_615-20_rev1_ENG.pdf），Annex B（以下「OAS Bolivia, Chile, Costa Rica, Ecuador, Guatemala, Guyana & Peru responses」という），paras.6, 7, 12 & 13, pp. 15-18（ガイアナのみ，越境サイバー侵害行動単独で武力の行使に該当する可能性に懐疑的）; African Union（AU），"Common African Position on the Application of International Law to the Use of Information and Communication Technologies in Cyberspace"（adopted by the Peace and Security Council（PSC）of the AU on 29 January 2024），at https://papers.ssrn.com/sol3/papers.cfm?abstract_id=4714756（「以下「AU Common Position」という。」），paras.38-40, pp. 6-7; 2021 GGE Compendium: Australia, 1. 1st para., pp. 4-5; Germany, I. 2nd para., p. 31; Russian Federation, 1st para., p. 79; United Kingdom of Great Britain and Northern Ireland, para.4, p. 115; United States of America, II. A. & A.1., pp. 136-137.

25　U.N. Doc. A/75/816, Report of the Open-ended Working Group on Developments in the Field of Information and Telecommunications in the Context of International Security（18 March 2021）（以下「2021年 OEWG 報告書」という），Annex I: Final Substantive Report, para.34; U.N. Doc. A/76/135, Report of the Group of Governmental Experts on Advancing Responsible State Behaviour in Cyberspace in the Context of International Security（14 July 2021）（以下「2021年 GGE 報告書」という），paras. 69 and 70.

26　A/RES/76/19, Resolution adopted by the General Assembly on 6 December 2021, Developments in the field of information and telecommunications in the context of international security, and advancing responsible State behavior in the use of information and communications technologies, Ops 1, 2 and 3

Ⅱ　一次的規範（保護法益）

等の嫌がらせに近いものから，重要インフラの機能停止や破壊をもたらすものまで，その強度・烈度は様々である。したがって，実際に越境サイバー侵害行動に対して同規定を適用し，その違反の責任を問うためには，その越境サイバー侵害行動がどの程度の強度・烈度を上回れば「武力の行使」又は「武力による威嚇」に該当するかについて，諸国間で一定の国家実行に裏打ちされた認識の共有が必要となる。この点に関しては，国際連合の枠組みの下での関連の議論，特に OEWG において，どのような種類の情報通信技術関連活動が他の国により武力による威嚇又は武力の行使（国際連合憲章第2条第4項）とみなされ得るかについて，適用関係の更なる明確化が必要との意見が示されている[27]。現段階ではこの点について，各国の認識が収斂していないことを示唆しており，越境サイバー侵害行動の被害国，（潜在的な又は疑わしい）加害国など主要関係国の関連実行を精査し，その傾向や将来に向けた発展の展望を探る必要がある（下記2及び3(1)参照）。

(2)　不干渉義務

　各国の政治・経済・社会・文化の体制や外交政策の形成等，国家主権の原則により各国が自由に決定することが許容されている事項（domaine réservé）について，その国に対して特定の選択を強制し，又は特定の選択を行わないよう強制することを禁ずる不干渉義務（obligation of non-intervention）は，累次の国際裁判判決，国際連合決議等で確認されてきており[28]，実定（慣習）国際法の規範として確立していると言える[29]。

　かかる不干渉義務がサイバー空間においても適用されるとの認識は，上述の各国の立場表明の多数において確認されており[30]，これを否定する立場表明の存在は確認されない。また，幅広い国際連合加盟国の参加・貢献を得てサイバー空間における国際法の適用の問題を検討・議論してきた GGE，OEWG の両報告書のうち，後者の OEWG 報告書は不干渉義務の適用があることを明示的に確認していない一方[31]，前者の GGE 報告書では，「情報通信技術の利用における各国の諸活動の重要な枠組みを成す」国際法の尊重（adherence）に関

27　2021年 OEWG 報告書に Annex Ⅱ として添付された OEWG 議長総括（Chair's Summary）は，OEWG 参加国のコンセンサスにより採択された文書ではないが，かかる論点の所在が強調された（highlighted）という（議長の）認識を示している。2021年 OEWG 報告書，Annex II: Chair's Summary, para.18, p. 20

連して各国がコミットしている国際法の諸原則・規範の一つとして，「他の諸国の国内問題（internal affairs）への不干渉」を明示的に確認している[32]。上

28　例えば，*Nicaragua v. United States of America, Merits, I.C.J., supra* note 17, pp. 106
　　-107, para.202; *Armed Activities on the Territory of the Congo (Democratic Republic
　　of the Congo v. Uganda), Judgment, I.C.J. Reports 2005*, p. 168, pp. 226-227, paras.161
　　-164; U.N. Doc. General Assembly Resolution 2625 (XXV), 24 October 1970, Annex:
　　Declaration on Principles of International Law concerning Friendly Relations and Co-
　　operation among States in accordance with the Charter of the United Nations（以下
　　「友好関係原則宣言」という），*The principle concerning the duty not to intervene in
　　matters within the domestic jurisdiction of any State, in accordance with the Charter*,
　　1ˢᵗ para.「各国の政治・経済・社会・文化の体制」及び「外交政策の形成」は，上述の
　　ICJ ニカラグア軍事的・準軍事的活動事件判決（本案）（1986年）で例示されている
　　（*Nicaragua v. United States of America, Merits, I.C.J., Ibid.*, pp. 107-108, para.205）。

29　国際連合憲章は，「本質上いずれかの国の国内管轄権内にある事項に干渉する権限を
　　国際連合に与えるものではな」い（傍点引用者）旨の規定を置くに留まり（第2条第7
　　項），各（加盟）国に対して，国家主権の原則により各国が自由に決定することが許容
　　されている事項への不干渉を義務付ける明文の規定は置いていない。

30　2021年日本政府の立場2.(2)第一・第二段落，2頁; 2019年フランス軍事省文書，1.1.1.
　　4ᵗʰ para., p. 3; Government of Canada HP, paras.22-25; Ministry for Foreign Affairs
　　and International Cooperation, Italy, "Italian Position Paper on International Law and
　　Cyberspace"（September 2021）, at https://www.esteri.it/mae/resource/doc/2021/11/
　　italian_position_paper_on_international_law_and_cyberspace.pdf（以下「Italian Position
　　Paper」という），I. 5ᵗʰ para., pp. 4-5; China's OEWG Submissions, III. 1ˢᵗ alinea, p. 6; New
　　Zealand HP, paras.9-10; Israel's perspective, p. 403; OAS Bolivia, Chile, Costa Rica,
　　Ecuador, Guatemala, Guyana & Peru responses, para.41（ガイアナ）& para.43（チリ），
　　pp. 30-31; AU Common Position, paras.29-32, p. 5; 2021 GGE Compendium: Australia,
　　1. 7ᵗʰ-9ᵗʰ paras., p. 5; Brazil, 2., pp. 18-19; Estonia, I. Non-intervention, p. 25; Germany,
　　II. b), pp. 34-35; Norway, 3.2, pp. 68-69; Singapore, para.5 2ⁿᵈ bullet, p. 83; United
　　Kingdom of Great Britain and Northern Ireland, paras.8-10, pp. 116-117; United States
　　of America, III. A. 4ᵗʰ para., pp. 139-140.

31　2021年 OEWG 報告書 Annex I, para.34参照。同パラでは，「国際法（international
　　law）」が開かれ，安全で，安定的で，アクセス可能で平和な情報通信技術環境（ICT
　　environment）に適用される（applicable）旨を一般的な形で確認している一方，各国
　　による情報通信技術の利用に対して国際法がどのように適用されるかについてさらなる
　　共通理解の進展が必要とも結論付けている。

32　2021年 GGE 報告書 para.69末尾，para.70及び para.71⁽ᶜ⁾参照。なお，2021年 OEWG
　　報告書に添付された議長総括は，OEWG 参加国のコンセンサスにより採択された文書
　　ではないが，（サイバー空間において適用のある）国際法の諸原則として確認された原
　　則の一つとして「他の諸国の国内問題（internal affairs）への不干渉」を挙げている。
　　2021年 OEWG 報告書 Annex II: Chair's Summary, para.11, p. 19

Ⅱ　一次的規範（保護法益）

記(1)にて既述のとおり，これらの報告書，特に GGE 報告書がコンセンサスで採択され，かつ，コンセンサスで採択された国際連合総会決議により全加盟国の指針とするよう要請されていることにかんがみれば，武力の行使・武力による威嚇の禁止（国際連合憲章第 2 条第 4 項）と同様，確立した慣習国際法の規範である不干渉義務も，越境サイバー侵害行動に対して適用され得る，すなわち，国家主権の原則により各国が自由に決定することが許容されている事項（domaine réservé）は越境サイバー侵害行動から守られるべき国際法上の保護法益であるとの認識が，広く国際社会全般（国際連合全加盟国）に共有され，法的確信として確立しつつあると言える。

　なお，上述の GGE 報告書で言及されている「国内問題（internal affairs）」は，上述の domaine réservé として例示したもののうち「各国の（国内）政治・経済・社会・文化の体制」を指すと考えられることから，同報告書では，不干渉義務のうち「外交政策の形成」への違法な介入の禁止を除く部分のみを「情報通信技術の利用における各国の諸活動の重要な枠組みを成す」国際法原則・規範として確認していると解する余地もないわけではない。しかしながら，1970年の国際連合総会決議としてコンセンサスで採択された「国際連合憲章による諸国間の友好関係及び協力についての国際法の諸原則に関する宣言」（以下「友好関係原則宣言」という）の交渉経緯[33]等にかんがみれば，「国内問題」と対置する形で「対外問題（external affairs）」に言及することが意識的・明示的に回避されたとすれば，それは，通常の外交活動や情報開示・政策広報によって相手国の外交政策に影響を及ぼすことや，相手国の国際違法行為に対する対処行動まで違法な干渉として禁じられるという異論ないし誤解を招くことを避ける観点によるものであろうと推察される。越境サイバー侵害行動について不干渉義務が適用され得るとの立場を表明した多くの諸国が，外交政策上の

---

[33]　藤澤巖『内政干渉の国際法－法の適用問題への歴史的視座－』（岩波書店，2022年）305-312頁参照。実際の友好関係原則宣言の文言は，ラテンアメリカ諸国を始めとする開発途上加盟諸国が国の権利及び義務に関する条約（モンテビデオ条約），米州機構憲章等の米州地域条約の関連規定の文言の変更を強く拒んだことから，これらの条約で用いた「国内問題又は対外問題（internal or external affairs）に干渉する権利を有しない」を踏襲した一方，西側諸国は，同文言が「干渉」の定義や禁止の例外について規律していないか少なくとも曖昧であり，それらの点は「確立された国際実行」に委ねられている旨の立場表明を行う等により，同文言を適切に解釈する余地を確保する方策を採った（藤澤『同上』324-326頁）。

意思決定が不干渉義務により保護されるとの見解を示しており[34]，GGE に参加した政府専門家[35]や GGE 報告書を全加盟国の指針とすることを決議した国際連合加盟国が，かかる外交政策に関する部分のみ不干渉義務の適用を除外することを意図していたとは解し難い。したがって，上述のとおり，慣習国際法規範として確立した不干渉義務が全体として，越境サイバー侵害行動に対して適用され得るという認識が，国際連合加盟国間で広く共有されていると言えよう。

⑶　（領域）主権

　国家間の主権平等[36]，またこれに立脚する国家相互間の主権の尊重は，国際法の基盤を成す重要な原則の一つとして広く受け入れられているが，この原則が各国によってどのように実定国際法規範に反映されていると認識され，その規範が実際にどのように適用されているかに関しては，別途の検討を要する。具体的には，（ア）他の各国の主権の尊重を実定国際法上の保護法益とし，これを侵害しないことを義務付ける独立した規範が存在するか，（イ）国際判例上，各国が自国内で包括的・排他的に主権を行使することの帰結として認められてきた領域国（加害行為地国）の相当の注意（due diligence）義務[37]が，越

34　2019年フランス軍事省文書．1.1.1. 4th para., p. 3 (external affairs); Government of Canada HP, para.22 (external affairs); New Zealand HP, para.9.a. (formulation of foreign policy); Israel's perspective, p. 403 (its … foreign policy choices); AU Common Position, para.29, p. 5 (external affairs); Ministry of Foreign Affairs, Finland, "International law and cyberspace: Finland's national positions", at https://um.fi/documents/35732/0/Cyber+and+international+law%3B+Finland%27s+views.pdf/41404cbb-d300-a3b9-92e4-a7d675d5d585?t=1602758856859 (以下「Finland's national positions」という), Illegal Intervention 1st para., p. 3 (direction of its foreign policy); 2021 GGE Compendium: Australia, 1. 7th–8th paras., p. 5 (external affairs/foreign policy); Brazil, 2. 2nd para., p. 19 (the right of the victim State … to formulate its foreign policy); Estonia, I. Non-intervention, p. 25 (external affairs/formulation of foreign policy); Norway, 3.2 Key message & 2nd para., pp. 68–69 (external affairs/formulation of its foreign policy).

35　2021年 GGE 報告書を採択した第 6 次 GGE の政府専門家25名の間では，サイバー行動に対して不干渉義務が適用されることに反対する者はなかったとされ，不干渉義務自体が大きな論点とならなかったことが窺える。赤堀『前掲書』（注14）46頁。

36　例えば，国際連合憲章第 2 条第 1 項。

37　領域国（加害行為地国）の「相当の注意（due diligence）」の用語に関し（注51），関連の国際判例に関し（注49）及び（注50）をそれぞれ参照。

Ⅱ　一次的規範（保護法益）

境サイバー侵害行動についても適用されるか，の二点が議論となっている。以下，それぞれについて，各国の立場表明等を検証していく。

　ア　他国の（領域）主権侵害の禁止

　領土保全に対する武力による威嚇又は武力の行使の禁止（国際連合憲章第2条第4項，上記(1)）や，国家主権の原則により各国が自由に決定することが許容されている事項に対する不干渉義務（上記(2)）とは別個に，又はこれらの義務の違反に至らない主権の侵害を国際法上の違法行為とする規範が存在するかに関しては，学説上，これを否定する一定の見解が見られる一方[38]，累次の国際判例において，かかる規範の存在を認めてきていると解される[39]。

　各国が公的な報告書，関連政府機関のホームページ，GGE や OEWG への提出文書等の形で行った立場表明も，こうした国際判例と概ね軌を一にしている。すなわち，各国の首脳・閣僚等の発言においては「主権」の語を国際法の観点ではなく政治的含意で用いる場合が多いことを考慮に入れる必要はあるものの，そうした発言を捨象したとしても，多くの国が自らの立場表明において，越境サイバー侵害行動により（国際違法行為として）自国の主権が侵害され得るとの見解を示すか[40]，少なくともそうした主権の侵害の余地を否定していない。その一方で，潜在的に越境サイバー侵害行動の被害国，加害国のいずれともなり得る一部の有力国が，武力による威嚇・武力の行使の禁止や不干渉義務とは

38　例えば，Gary P. CORN and Robert TAYLOR, "Sovereignty in the Age of Cyber", *AJIL Unbound*, Vol.111（2017），p. 207, pp. 209-211; Beatrice A. WALTON, "Duties Owed: Low-Intensity Cyber Attacks and Liability for Transboundary Torts in International Law", *The Yale Law Journal*, Vol.126（2017），p. 1460, pp. 1475-1477. これらの学説においては，①（領域）主権は国際法上の重要な原則ではあるが，この原則から派生して実定国際法上の規範として適用される武力による威嚇・武力の行使の禁止，不干渉義務等とは区別すべきであり，主権それ自体が実定国際法上の規範として熟しているとは言えない，②領海の無害通航，領空侵犯等との関連で援用され，慣習国際法上確立している「領土保全」と混同すべきでない，③諜報（espionage）など一定の他国への介入活動が従来，不干渉義務違反に至らないものとして容認されてきたことと矛盾し，不干渉義務の必要性・意義を失わせる（redundant）との趣旨が指摘される。

39　*Affaire du Détroit de Corfou, Arrêt du 9 avril 1949 : C.I.J. Recueil 1949*, p. 4, p. 35; *Nicaragua v. United States of America, Merits, I.C.J., supra* note 17, pp. 111-112 & 128, paras.212-214 & 251; *Certaines activités menées par le Nicaragua dans la région frontalière（Costa Rica c. Nicaragua）et Construction d'une route au Costa Rica le long du fleuve San Juan（Nicaragua c. Costa Rica），arrêt, C.I.J. Recueil 2015*, p. 665, p. 703, paras.92-93.

別個の国際法規範として主権侵害の禁止が越境サイバー侵害行動に対して適用されるとの見解に否定的な見解又は一定の留保を示している。例えば，英国は，現時点では（currently），「領域主権（territorial sovereignty）」という一般原則から，不干渉義務を超えてサイバー活動に適用される個別具体的な規範や追加的な禁止（義務）を推定する（extrapolate）することはできないとして，現行の国際法上，（領域主権の侵害禁止という）規範は存在しないとの立場を明示している[41]。また，米国は，他の長きにわたり確立した国際法上の原則（long-standing international legal principles）と同様，「国家主権（State sovereignty）」（の原則）は，サイバー空間における活動の遂行に当たり考慮されなければならないとする一方，ある国が他の国の領域内で同意を得ずに行うサイバー活動は，一定の状況においては，武力の行使や不干渉義務の敷居を下回る場合であっても国際法違反を構成し得るが，かかるサイバー活動それ自体が直ちに（per se）国際法違反を構成するわけではない旨表明するに留めており[42]，越境サイバー侵害行動が「国家主権」の侵害を禁ずる国際法規範に違反し得ると明言することを避けているようにも解される。さらに，イスラエルは，「領域主権」が国際法規範であることを肯定する一方，（外国のクラウドサーバに保存された政府のデータ，犯罪捜査の目的での海外に蔵置されたデータへのアクセス等）国家が自国領域外のデータについて正当な主権に基づく利益を有する場合があり得ることを指摘しつつ，国家が国防・サイバーセキュリティ・法執行

40　2021年日本政府の立場2.(2)第一・第三〜五段落，2-3頁; 2019年フランス軍事省文書，1.1.1. 3rd para., p. 3; Government of Canada HP, paras.13-21; Italian Position Paper, I. 2nd para., p. 4; China's OEWG Submissions, II. ii) 3rd alinea（サイバー空間で適用される主権「原則」の更なる「精緻化」の方向性として，「他国の国内問題への介入（interfere in）及び政治的・経済的・社会的安定の毀損（undermine）のために情報通信技術を用いることを控えるべき」）& III. 1st alinea（主権平等の「原則」），pp. 3 & 6; New Zealand HP, paras.11-15（サイバー領域でも領域主権は適用されるが，その外縁の明確化には国家実行の蓄積を待つ必要がある）; OAS Bolivia, Chile, Costa Rica, Ecuador, Guatemala, Guyana & Peru responses, para.41（ボリビア，グアテマラ，ガイアナ）& para.43（チリ），pp. 30-31; Finland's national positions, **Sovereignty** 2nd-7th paras., pp. 2-3; AU Common Position, paras.13, 15 & 16, pp. 2-3; 2021 GGE Compendium: Brazil, 1., p. 18; Germany, II. a) 2nd, 3rd & 5th-9th paras., pp. 32-34; Kenya, 9th para., p. 54（国家主権・主権平等の「原則」）; Russian Federation, 1st para., pp. 79-80（諸国間の主権平等・各国の領土保全の「原則」）; Singapore, para.5 1st bullet, p. 83; Switzerland, I. 2., pp. 86-87.

41　WRIGHT（UK Attorney General），*supra* note 12; BRAVERMAN（UK Attorney General），*supra* note 12.

Ⅱ 一次的規範（保護法益）

等の目的で行うサイバー行動が現行の国際法上，「領域主権」に違反するかどうかは明確でないか，「サイバー空間における領域主権に関する我々の理解が，物理的な世界における領域主権の意味するところと実質的に（substantially）異なるのかもしれない（perhaps）」と表明している[43]。

　これらの国を含む多数の加盟国が参加・貢献した国際連合における議論・検討の結果，GGE の報告書においては，①「情報通信技術の利用における各国の諸活動の重要な枠組みを成す」国際法の尊重に関連して各国がコミットしている国際法の「原則」の一つとして，「主権平等（sovereign equality）」を明示的に確認した上で，②「国家主権（State sovereignty）」及び「主権から派生する（that flow from sovereignty）」国際的な規範・原則が国家による情報通信技術に関連する行為に適用されること，③国際法上の既存の義務が国家の情報通信技術関連活動に適用されることを再確認している[44]。同報告書は，英国及び米国を含む全 GGE 参加専門家によりコンセンサスで採択され，かつ，

42　2021 GGE Compendium: United States of America, III. A. 2ⁿᵈ and 5ᵗʰ paras., pp. 139-140. この点に関し，米国では，国務省と国防省との間に若干の温度差が看取される。EGAN（米国国務省法律顧問），*supra* note 12, p. 174 (「他国の同意のないサイバー行動がどのような場合に当該他国の主権を侵害するかは，米国政府内で引き続き注意深く検討している問題である」); Paul C. NEY, Jr.（米国国防省法律顧問），"DOD General Counsel Remarks at U.S. Cyber Command Legal Conference" (March 2, 2020), at https://www.defense.gov/News/Speeches/Speech/Article/2099378/dod-general-counsel-remarks-at-us-cyber-command-legal-conference/ (「国防省法律顧問部の見解は，…2018年に英国政府が表明した見解と類似する（share similarities）」「主権がサイバー空間に及ぼす影響（implications for cyberspace）は複雑であり，サイバー空間におけるあらゆる主権への侵襲（infringements）が必然的に国際法違反を伴うとする規範が存在するようには見受けられないものの，我々は，この問題及びこの領域で国家実行がどのように推移しているか研究を続けている」).

43　Israel's Perspective, pp. 402-403. Israel's Perspective は，イスラエルのシェーンドルフ法務副長官（Dr. Roy SCHÖNDORF, Israeli Deputy Attorney General (International Law)）が2020年12月，米国海軍大学の行事で行った基調講演の記録を掲載したもの。イスラエルは GGE に政府専門家を出していないが，GGE，OEWG の双方に立場表明・意見書の提出等の形で関与・貢献してきている（Israel's Perspective, p. 398参照）。

44　2021年 GGE 報告書 para.69末尾，para.70及び para.71⒝, p. 17参照。なお，2021年 OEWG 報告書に添付された議長総括は，OEWG 参加国のコンセンサスにより採択された文書ではないが，（サイバー空間において適用のある）国際法の諸原則として確認された原則として「国家主権」及び「主権平等」の両方を挙げている。ただし，同議長総括には，本文上述②③のような規範／原則の具体的な適用関係を確認する記載はない。2021年 OEWG 報告書 Annex II: Chair's Summary, para.11, p. 19

コンセンサスで採択された国際連合総会決議により全加盟国の指針とするよう要請されている。

　以上を踏まえると，「主権平等」「国家主権」「領域主権」など呼称の如何を問わず，何らかの「主権」の「原則」が越境サイバー侵害行動に対して適用され得るとの認識は，国際連合全加盟国に広く共有されていると言える。その一方で，かかる主権「原則」への背馳に基づいて侵害国の国際法違反を問えるか，換言すれば，不干渉義務違反にまで至らない主権侵害の禁止が実定国際法上の規範として確立しているかについて，疑義ないし一定の留保を有する少数の有力国（英国，米国，イスラエル）が存在する。これらの有力国には，自国の安全保障の観点から行う可能性のある越境サイバー活動について行動の自由を確保しておきたいとの考慮があるものと見られる[45]。しかしながら，例えば米国は，上述のとおり，サイバー空間での活動遂行に当たり国家主権を考慮しなければならないとした上で，（国家主権の侵害禁止義務「違反」と明言することは避けつつも，）武力の行使や不干渉義務の敷居を下回る一定の越境サイバー活動が国際法違反を構成する場合があることは認めている[46]。また，領域主権の国際法規範性を否定している英国も，不干渉義務（上記⑵）違反について，「強制」（coercion）の要件に該当する介入の範囲が従来認められてきたものよりも広範である可能性を指摘しつつ，議会の運営，重要な（essential）医療サービスの提供の阻害，エネルギー供給の阻害，通貨・課税・金融等のシステムの遮断（disruption）を例示する等，従来から一般に認められてきた不干渉

45　イスラエルについては本文参照。

　米国に関し，例えば，CORN and TAYLOR, *supra* note 38, p. 211は，仮に主権が（国際法上の）規範として適用される場合には，テロリストが複数の他国に保有・運用するサイバーインフラに対するサイバー行動を行う際に逐一，当該他国それぞれの同意を取り付けなければならないこととなり，テロ組織に対するサイバー対処行動が事実上困難になってしまうとの懸念を示している。同論文の発表時点において，執筆者であるCORN は米国サイバー司令部法務部員（Staff Judge Advocate, United States Cyber Command），TAYLOR は前米国国防省次席法律顧問（Former Principal Deputy General Counsel, Department of Defense）。

　英国に関し，例えば，中谷和弘「サイバー諜報と国際法」『国際法外交雑誌』第122巻第1号（2023年）1頁，10頁参照（サイバー諜報について一定のフリーハンドを確保する思惑の可能性を指摘）。

46　2021 GGE Compendium: United States of America, III. A. 2nd and 5th paras., pp. 139-140

Ⅱ　一次的規範（保護法益）

義務違反（上記(2)）よりも幅広い範疇のサイバー侵害行動について，不干渉義務違反を構成し得るとの立場をとっていると解される[47]。イスラエルに関しても，上述の立場表明と併せて「各国が自国の領域内に所在するサイバーインフラ及びデータを保護することに主権に基づく利益を有することは，疑いの余地がない（undoubtedly have sovereign interests in）」と述べていること[48]にかんがみれば，今後，国の当局による国防・法執行等の正当な目的での越境サイバー行動が国際法上適法と認められるための要件ないし違法性阻却事由が明確化される場合には，かかる正当な目的を有しない越境サイバー侵害行動により領域主権が侵害される可能性を否定する理由はなくなると考えられる。

したがって，これらの国々を含め，主権侵害か，不干渉義務違反か等，援用する国際法規範又は原則は異なり得るものの，従来一般に認められてきた不干渉義務違反の要件を満たさない越境サイバー侵害行動について何らかの国際法違反が成立し得る，換言すれば，各国の領域内に所在する人・物品・インフラやそれらに対する領域国の管轄権がこうした越境サイバー侵害行動から守られるべき国際法上の保護法益であるとの認識自体は共有されつつあり，将来，より確立した法的確信に「結晶化」していく素地が整いつつあると言えよう。

イ　領域国（加害行為地国）の相当の注意（due diligence）義務

過去の複数の国際判例において，全ての国が，領域主権に基づき「国家行為を表示する排他的権利」を有することの「論理的帰結（corollary）」[49]として，「自国の領域を他国の権利に反する行為にそれと知りつつ使わせてはならない…義務（l'obligation … de ne pas laisser utiliser son territoire aux fins d'actes contraires aux droits d'autres Etats）」すなわち他国に悪影響を及ぼし得る行

---

47 WRIGHT (UK Attorney General), *supra* note 12; BRAVERMAN (UK Attorney General), *supra* note 12. 領域主権の規範性を否定していないニュージーランドも，不干渉義務違反の該当範囲について同様に広く解している（New Zealand HP, para.10）。また，黒﨑将広「能動的サイバー防御の国際法枠組み：武力未満と違法性阻却による正当化の可能性」『国際問題』No.716（2023年12月）29頁，31頁参照。

48 Israel's Perspective, p. 402.

49 引用は Island of Palmas case (Netherlands, USA), Award, 4 April 1928, Reports of International Arbitral Awards, Vol. II, p. 829, p. 839。このほか，Affaires des biens britanniques au Maroc espagnol (Espagne contre Royaume-Uni), Sentence arbitrale, 1ᵉʳ mai 1925, Recueil des Sentences Arbitrales, Vol. II., p. 615, p. 649（「ある領域内で国際法に影響を及ぼす性格の事象が生起する場合，これらの事象に対する責任が，他国を排して主権に基づく特権を行使する権利に随伴する。」）。

為の行為地国としての「相当の注意（due diligence）」義務を負う[50,51]ことが認められてきた。これらの国際判例は他国民・国家代表の保護，領海内の無害通

---

50 引用は *Affaire du Détroit de Corfou, Arrêt, C.I.J., supra* note 39, p. 22。このほか，Alabama claims of the United States of America against Great Britain, Award rendered on 14 September 1872 by the tribunal of arbitration established by Article 1 of the treaty of Washington of 8 May 1871, Reports of International Arbitral Awards, Vol. XXIX, p. 125, pp. 130 & 131, 2nd & 8th paras.; Trail smelter case (United States, Canada), April 16, 1938 and March 11, 1941, Reports of International Arbitral Awards, Vol. III, p. 1905, p. 1963; *Legality of the Threat or Use of Nuclear Weapons, Advisory Opinion, I.C.J. Reports 1996*, p. 226, pp. 241-242, para.29等。*Affaire du Détroit de Corfou, Arrêt, C.I.J., supra* note 39が Island of Palmas case, *supra* note 49を含む様々な先行する国際判例を再確認したものであることに関し，Karine BANNELIER, « Obligation de diligence dans le cyberespace : qui a peur de la cyber-diligence ? », *Revue belge de droit international*, Vol.50 (2017), p. 612, pp. 625-626; SCHMITT (2015), *supra* note 17, pp. 71-72等。

51 「相当の注意」に関しては，学説上，これを独立した一次的規範ではなく，一定の一次的規範に関連して要求される「行動の客観的基準（an objective standard of behavior）」ないし「注意の基準（a standard of care）」，又は他国への危害（harm）の防止・終止・回復を義務付ける複数の一次的規範に共通する要素と位置付ける有力な見解が存在する。Riccardo PISILLO-MAZZESCHI, "The Due Diligence Rule and the Nature of the International Responsibility of States", *German Yearbook of International Law*, Vol. 35 (1992), p. 9, pp. 42-45 & pp. 46-47; WALTON, *supra* note 38, p. 1496; DIAS and COCO, *supra* note 17, pp. 122-123 & 162-163.

その一方で，多くの各国の立場表明等，学説においては，領域国がその領域主権の論理的帰結として，他国への危害を防止し，停止し，又は回復するための一定の行動をとることを求められることを指す用語として「相当の注意」が用いられている。各国の立場表明については（注52）参照。学説について，SCHMITT and VIHUL (eds.) (Tallinn Manual 2.0), *supra* note 1, p. 30, Rule 6 and para.1 (commentary to Rule 6); BANNELIER, *supra* note 50, pp. 622-626; ILA Study Group on Due Diligence in International Law, "Second Report" (Tim STEPHENS (Rapporteur) and Duncan FRENCH (Chair), July 2016), at https://www.ila-hq.org/en/documents/draft-study-group-report-johannesburg-2016, pp. 5-6 (ICJ コルフ海峡事件判決（本案）（1949年）で定式化された相当の注意原則は，より詳細な（specific）相当の注意規範の基層を成し（underlying），相当の注意の内容がより精緻化されていないか，又はより厳格な基準が存在しない場合にデフォルトの基準として適用される（triggered in operation)）; 西村弓「サイバー・セキュリティ事案における『相当の注意』義務」浅田正彦・桐山孝信・徳川信治・西村智朗・樋口一彦（編）『現代国際法の潮流Ⅱ──人権，刑事，遵守・責任，武力紛争──』（東信堂，2020年）301頁，305-307頁。

以上を踏まえ，本書では，学術上「相当の注意」，他の一次的規範のいずれに位置付けられるかを問わず，領域国として他国への危害の防止・停止・回復のために一定の行

Ⅱ　一次的規範（保護法益）

航，越境大気汚染等の事案に関するものであり，少なくともこれらの分野（他国民・国家代表の保護，海洋法，環境等）において，相当の注意義務が実定（慣習）国際法上の義務として確立していることは，概ね広く各国に受け入れられていると言える。したがって，この相当の注意義務が越境サイバー侵害行動についても適用のある規範か，そうであるとすれば，越境サイバー侵害行動に対する相当の注意義務として領域国（加害行為が行われる国）に要求される具体的行動は何かに関する各国の立場・認識が問題となる。

　まず，領域国（加害行為地国）としての相当の注意義務の越境サイバー侵害行動への適用の有無に関しては，多くの国がその立場表明において同義務の適用を肯定している[52]。これらの国の多くから政府専門家が参加したGGEも，そのコンセンサスで採択された報告書の「Ⅳ．国際法」の章において「各国は，情報通信技術を利用した国際違法行為を犯すためにプロキシを用いてはならず（must not use），また，自国の領域が非国家の行為者によるかかる行為の敢行に利用されないよう確保することを追求すべきである（should seek to ensure）」としており[53]，同報告書は，コンセンサスで採択された国際連合総会決議により全加盟国の指針とするよう要請されている。その一方で，GGEは同報告書中に，国家の責任ある行動のための拘束力を有しない自主規範（voluntary, non-binding norms）に関する別章（第Ⅲ章）を設け[54]，同章において，「各国は，自国の領域を，情報通信技術を利用した国際違法行為にそれと知りつつ使わせるべきでない（should not knowingly allow）」とする規範

　　動をとるべきという国際法上の要請という意味で，「相当の注意」の語を用いる。

52　例えば，2021年日本政府の立場 2.(4), pp. 4-6; Government of Canada HP, paras.26 & 27 and footnote 20; 2019年フランス軍事省文書, 1.1.1. 2nd para. & 1.2.3., pp. 2 & 8; Italian Position Paper, II. b) 1st para., p. 6; OAS Bolivia, Chile, Costa Rica, Ecuador, Guatemala, Guyana & Peru responses, para.48, p. 33（チリ，エクアドル，グアテマラ，ガイアナ，ペルー）; Finland's national positions, **Transboundary harm**, pp. 4-5; AU Common Position, paras.21-22, pp. 3-4; 2021 GGE Compendium: Australia, 3. 2nd para., p. 7; Estonia, I. Due diligence, p. 26; Germany, II. a) 4th para., p. 33; Netherlands, *The due diligence principle*, p. 59; Norway, 4.2, pp. 71-72; Switzerland, 6.3, pp. 91-92.

53　2021年GGE報告書 para.71(g)前段。「非国家の行為者による（情報通信技術を利用した国際違法）行為」とある部分は，非国家主体自身が国際法上の義務を負うことを想定しているとは考え難く，領域国に帰属したならば国際違法行為となるであろう行為を指すものと解すべきであろう。御巫智洋「インターネットの利用に関する国際的なルールにおいて領域主権が果たす機能」『国際法外交雑誌』第121巻第1号（2022年）1頁，20-21頁参照。

（規範13(c)）についてより詳細に記述している[55]。同規範を含む11の自主規範は、「現行の国際法と相互に併存（sit alongside each other）」し、「国際法に整合的な行動を制限し、又は禁止することを追求するものではな」く[56]、「国際法に基づく拘束力を有する義務・権利に代替し、又はこれらを変更するものではない」[57]と位置付けられており、先述の「Ⅳ．国際法」章の記述との相互関係は明確とは言いがたい。相当の注意に関する規範の国際法上の位置付けについて、GGE のこのような曖昧な言及は、一部の有力国がその実定国際法上の義務としての性格に疑義を有していることを反映したものと考えられる。例えば、米国は、GGE に提出した文書において「米国は、相当の注意が今日、国際法に基づく一般的義務を構成するとの主張を支える国家実行及び法的確信を特定するに至っていない」と表明している[58]。また、英国も、同じく GGE への提出文書において、上述の規範13(c)に関し「各国がこれに拘束力を有しない規範として言及している事実は、サイバー空間における活動に適用される『相当の注意』という特定の慣習国際法規範を確立させるために十分な国家実行が未だ存在しないことを示している」と指摘している[59]。

　越境サイバー侵害行動に対する「相当の注意」の具体的内容（射程）に関しても、同様に、各国の立場・認識が収斂している部分と共通の理解に至っていない部分とが見られる。すなわち、一方では、多くの国が「相当の注意」について、領域国が自国領域内から越境サイバー侵害行動が行われることを知った場合に、これを終止し、又は防止するため、自国の能力の範囲内で、合理的に実施可能な全ての適当な措置をとることが求められるものであるとの認識を表明しており[60]、このような認識は、GGE がその報告書の中で「相当の注意」の具体的内容を詳述した規範13(c)の解説に反映されている[61]。しかし同時に、要

54　2021年 GGE 報告書 "III. Norms, rules and principles for the responsible behaviour of States," pp. 8-17。GGE は、既に2015年の報告書において、拘束力を有しない自主規範として13(a)〜(k)の11の規範を提示しており、これらの指針を含む同報告書は、同年（2015年）コンセンサスで採択された国際連合総会決議70/237により、全加盟国の指針とするよう要請されている。2021年 GGE 報告書の第 III 章では、13(a)〜(k)の各規範について、それぞれについての理解を更に深めるための解説を増補・追記している（2021年 GGE 報告書 para.18, p. 8）。

55　2021年 GGE 報告書 Norm 13(c)、paras.29 &.30, p. 10

56　2021年 GGE 報告書 para.15, p. 8

57　2021年 OEWG 報告書 Annex I: Final Substantive Report, para.25, p. 9

58　2021 GGE Compendium: United States of America III. B., p. 141.

Ⅱ　一次的規範（保護法益）

求される「合理的に実施可能な全ての適当な措置」の具体的内容・範囲は，領域国の能力（問題となる越境サイバー侵害行動の主体に対する影響力等），問題となる越境サイバー侵害行動が他国にもたらす結果の重大性等を考慮し，国・事案ごとに個別具体的に検討する必要があり，その外縁が明確性を欠くとも認識されている[62]。GGE として各国への指針を示した上述の規範13(c)においては，「相当の注意」の具体的内容として，①自国の領域内で進行中の（越境サイバー侵害）行動を終止させるため合理的な措置をとる，②自国の領域内で行われている（越境サイバー侵害）行動を知っているがそれに対処する能力を欠く国は，他国又は民間部門に支援を求めることができる，③（越境サイバー侵害行動の）影響を受けた国は問題行動が行われている国にその旨を通報し，通報を受けた国は（自国内で）国際違法行為が行われたかどうかの確定を支援するためあらゆる合理的な努力を行う，等を挙げているが[63]，これら以上の行動が要求されるとの立場をとる国がある一方[64]，サイバー空間における相当の注意の範囲や具体的適用の明確化が先決であると主張する国もある[65]。GGE と異なり全ての国際連合加盟国の参加に開放され，それゆえに多数の開発途上加盟国が参加した OEWG の報告書においては，相当の注意に関連する記述は限られているが[66]，この背景には，開発途上加盟国の多くが，具体的内容・外縁

59　2021 GGE Compendium: United Kingdom of Great Britain and Northern Ireland, para.12, p. 117. GGE に政府専門家を出していないイスラエルも，英国と同様の立場（「相当の注意」は現時点で，サイバーの文脈における拘束力を有する国際法規範とはなっていない（傍点引用者））を表明するとともに，その理由として①環境法等，異なる分野・文脈で生成された規範をサイバー領域に適用することには慎重たるべきこと，②関係国間におけるサイバー事案に関する情報交換，被害の緩和のための協力等は行われているが，任意の協力にとどまり，法的義務であるとの認識に基づく幅広い国家実行に至っていないことを挙げている。Israel's Perspective, p. 404. ニュージーランドも同様（国際法上，サイバーに固有の「相当の注意」義務が結晶化していることを未だ確信するに至っていない（傍点引用者））。New Zealand HP, para.17.

60　例えば，Government of Canada HP para.26; Italian Position Paper, II. b) 1st & 3rd–5th paras., pp. 6–7; 2021 GGE Compendium: Australia, 3. 2nd para., p. 7; Estonia, I. Due diligence 2nd &. 3rd paras., p. 26; Norway, 4.2 4th para., p. 71; Switzerland, 6.3 2nd para., p. 91; United Kingdom of Great Britain and Northern Ireland, para.12, p. 117.

61　2021 GGE 報告書 paras.29 &. 30(a), p. 10

62　2021年日本政府の立場，2.(4)第四パラ，p. 5; Government of Canada HP, para.27; 2021 GGE Compendium: Estonia, I. Due diligence 2nd &. 3rd paras., p. 26; Switzerland, 6.3 2nd para., p. 91.

63　2021年 GGE 報告書 para.30(a)–(d), p. 10

が不明確な義務又は規範を受け入れ，これにコミットすることにより，自国の能力を超えるサイバーセキュリティ上の取組を要求されるのではないかとの疑念や懸念を抱いている可能性があると考えられる[67]。

　以上のとおり，越境サイバー侵害行動に対する「相当の注意」の国際法上の位置付け，その具体的内容のいずれについても，現時点では，広範な各国の立場・認識が一致するまでには至っていない。しかしながら，かかる「相当の注意」が実定国際法上の義務かどうかについて懐疑的な立場をとる米国・英国，その具体的内容の明確化を求めるシンガポール[68]等も，上述の規範13(c)に体現された「相当の注意」の内容自体には意義を認め[69]，基本的に，これを支える

64　例えば，Finland's national positions, Transboundary harm 3rd & 4th paras., pp. 4-5（自国内で他国に深刻な悪影響を及ぼす可能性の高いサイバー行動が計画されていることを知った領域国は，当該他国に通報しなければならない／自国内でサイバー行動が行われ他国に深刻な危害をもたらした場合には，領域国はその事案を捜査し容疑者を裁判に付さなければならず，そのために必要な手続的・法的仕組みを整備しておくべきである）; 2021 GGE Compendium: Netherlands, *The due diligence principle* 3rd para., p. 59（サイバー攻撃の被害国は，当該攻撃に利用されたサーバの所在地国に対しそのサーバの切断を要請することができる）; Norway, 4.2 5th para., pp. 71-72（自国の領域内のサイバーインフラが他国への越境サイバー侵害行動に利用された国は，その利用を実際に知っていた場合だけでなく，それを現実には知らなかったが客観的には知るべきであった場合において，状況に対処しなかったときも，相当の注意義務に違反する可能性がある）。ノルウェーが求める「構成的了知（constructive knowledge）」の要件は，2021年GGE報告書には明示的に反映されてはいないものの，相当の注意義務に関する国際判例でも採用・適用されている（*Affaire du Détroit de Corfou, Arrêt, C.I.J., supra note* 39, p. 18）。

65　例えば，2021 GGE Compendium: Singapore, para.14, p. 84。

66　2021年OEWG報告書における相当の注意関連の記述は，①「重要インフラに損害を与え，又は重要インフラの公衆へのサービスの提供のための利用・運用を他の方法により妨げる国際法上の義務違反の情報通信技術活動」について，各国が「それと知りながら支援すべきでない」旨（Annex I: Final Substantive report, para.31, p. 9），②OEWG参加国のコンセンサスにより採択された文書でない議長総括の中で，各国が，情報通信技術を利用した国際違法行為を犯すためにプロキシを用いてはならず，また，自国の領域が「（他）国の指示を受け，又は（他）国の管理の下で行動する」非国家の行為者によるかかる行為の敢行に利用されないよう確保することを追求すべき旨（Annex II: Chair's Summary, para.14, p. 19），それぞれごく限定的な内容に留まっている。ただし，2021年OEWG報告書は同時に，規範13(c)を含む国家の責任ある行動のための規範全体の意義を認め，各国に対し，同規範に沿わない情報通信技術の利用を回避し控えるよう要請しており（Annex I: Final Substantive Report, para.24, p. 8），規範13(c)に反映された相当の注意の内容自体を否定しているわけではない。

Ⅱ　一次的規範（保護法益）

国家実行が未だ成熟していないことを指摘している。また，中国[70]，ロシア[71]，多くの開発途上国等，越境サイバー侵害行動対処の文脈における立場表明で

67　2021年 OEWG 報告書は，①情報通信技術を利用した悪意ある活動に備え，対処する各国の能力（の向上）が特に開発途上国にとって意味を有する（of particular relevance）こと，②能力構築が，国際法の遵守及び（規範13(c)を含む）国家の責任ある行動規範の実施を促進する上で必要な能力を与える（enabling）重要な機能を果たすこと等を指摘した上で，能力構築に相当の紙幅を割いている（Annex I: Final Substantive Report, paras.54–67. ①②については para.54参照）。OEWG において，開発途上国のサイバーセキュリティ上の能力が概して十分でないことが主要な課題として認識・議論されたことが窺われる。また，ボリビアは，米州諸国機構（OAS）の質問票に対する回答において，「相当の注意」の法的性格について立場を明確にすることなく，領域国が非国家の行為者を管理する（control a non-State actor）技術インフラを欠く場合には，（自国領域内から実行された）サイバー攻撃について責任を問われない可能性がある（may not be held responsible for）との見解を表明し（OAS Bolivia, Chile, Costa Rica, Ecuador, Guatemala, Guyana & Peru responses, para.49, p. 33），アフリカ連合（AU）は，2024年１月，AU 平和・安全保障理事会で採択した「サイバー空間における情報通信技術の利用に対する国際法の適用に関するアフリカの共通の立場」の中で，開発途上国が相当の注意義務を完全に支持する（fully uphold）することを可能にするため，国際協力・情報共有・能力構築が重要である旨強調している（AU Common Position, para.25, p. 4）。

68　2021 GGE Compendium: Singapore, para.14, p. 84

69　例えば，2021 GGE Compendium: United Kingdom of Great Britain and Northern Ireland, para.12第三文, p. 117.

70　中国は，その立場表明において「相当の注意」自体には言及していないが，「相当の注意」に関連し得る要素として，OEWG への提出文書において，国家の責任ある行動の「普遍的に受け入れられる規範，規則及び原則を発展させる」ための取組の中で取り上げるべき要素を列挙する中で，①自国の重要な情報通信技術インフラを「干渉，攻撃及び破壊工作」による損傷（damage）から「法的に保護」する「責任」，②（自国の）政策上の及び技術的な優位を他国の重要インフラのセキュリティ・一体性を損なうために利用することの禁止という，重要インフラの保護に関連した限定的な二点に言及している。China's OEWG Submissions, II. iii) 1st and 3rd alineas, p. 3.

71　ロシアは，その立場表明においては「相当の注意」に言及していないが，中国，カザフスタン，キルギス，タジキスタン及びウズベキスタンとともに国際連合に提案している「情報セキュリティのための国際行動規範」（参加は任意で，全ての国の参加に開放されることを想定）の中で，自国の「情報空間（information space）」及び重要な情報インフラを「干渉，攻撃及び破壊工作」による損傷（damage）から「法的に保護」することに関する全ての国の「責任」を再確認するとしている。U.N. Doc. A/69/723, Letter dated 9 January 2015 from the Permanent representatives of China, Kazakhstan, Kyrgyzstan, the Russian Federation, Tajikistan and Uzbekistan to the United Nations addressed to the Secretary-General (13 January 2015), Annex: International code of conduct for information security（以下「ICoC」という）, 2.(6), p. 5

1　各国の立場表明

「相当の注意」に明示的に言及していない国々の多くが，「主権」の重要性を強調している[72]ことも留意に値する。「相当の注意」義務が，これまでの国際司法裁判所（ICJ）のものを含む複数の国際判例において，全ての国が，領域主権に基づき国家行為を表示する排他的権利を有することの論理的帰結（corollary）として認められてきたこと[73]に鑑みれば，「主権」を重視するこれらの国々にとって，少なくとも，「主権」にいわば内在するとされる「相当の注意」の責任ないし義務自体は否定し難いと考えられる[74]。

また，「相当の注意」の具体的内容に関しては，仮に現段階では拘束力を有しない自主規範との位置付けであるとしても，上述の内容の規範13(c)[75]がGGEによりコンセンサスで採択され，かつ，コンセンサスで採択された国際連合総会決議により全加盟国にとっての指針と位置付けられていること自体が，この点に関する国際連合の全加盟国間における理解の明確化・共有の進展であると言える。さらに，「故意に重要インフラに損害を与え，又はその利用・運営を阻害する情報通信技術活動」に関する規範13(f)は，各国が「国際法上の義務に違反する」こうした情報通信技術活動を自ら「行うべきでない」ことに加え「それと知りつつ支援すべきではない（should not … knowingly support）」としており[76]，国家自身が行ったとすれば国際法上の義務に違反することとなる

72　例えば，China's OEWG Submissions, III. 1st alinea, p. 6 ("sovereign equality"); ICoC, 2.(1), p. 4 ("respect for the sovereignty … of all States"); 2021 GGE Compendium: Brazil, 1. Sovereignty, p. 18 (" (the respect for territorial sovereignty) is applicable as a standalone rule, including to the use of ICTs by States"); Kenya, 10th para., p. 54 ("the interpretation of existing international laws underlined by inter alia the principles of State sovereignty, sovereign equality"); Russian Federation, 1st para., p. 79 ("the principles of sovereign equality of States").

73　Affaires des biens britanniques au Maroc espagnol, *supra* note 49, p. 649; Island of Palmas case, *supra* note 49, p. 839; Trail smelter case, *supra* note 50, p. 1963; *Affaire du Détroit de Corfou, Arrêt, C.I.J., supra* note 39, p. 22 ; *Legality of the Threat or Use of Nuclear Weapons, Advisory Opinion, I.C.J., supra* note 50, pp. 241-242, para.29等。

74　例えば，中国，ロシア，カザフスタン，キルギス，タジキスタン及びウズベキスタンは，「情報セキュリティのための国際行動規範」において，先述の自国の重要な情報インフラ等の「干渉，攻撃及び破壊工作」による損傷からの「法的（な）保護」について，その「権利」と「責任」を併記しており（ICoC, 2.(6), p. 5），自国領域内の重要情報インフラ等を保護する権利に一定の制約（義務）が伴うことを認識していることが窺える。中国のOEWGへの提出文書における同旨の記述においても同様（China's OEWG Submissions, II. iii) 1st alinea, p. 3）。

75　2021年GGE報告書 para.30(a)-(d), p. 10

Ⅱ　一次的規範（保護法益）

行為全般ではなくその一部である重要インフラの損壊・機能喪失行為に限定してではあるが，「相当の注意」義務の一側面である，支援を控えるという不作為の要請についても，同様に国際連合の全加盟国の間で理解が共有されつつあると言えよう[77]。

⑷　国際人道法

多数の国が，その立場表明等において，国際人道法ないし武力紛争法規（*jus in bello*）が越境サイバー侵害行動を含むサイバー事案に適用され得るとの立場を明らかにしている[78]。これを反映し，GGE はその報告書において国際人道法に言及しているが，その言及ぶりは「国際人道法が武力紛争の状況においてのみ適用されることに留意する」，「適用可能な場合には人道性[79]，必要性[80]，比例性[81]及び（軍民の）区別（distinction）[82]を含む，確立した国際法上の諸原

76　2021年 GGE 報告書 Norm 13⒡, p. 12

77　御巫「前掲論文」（注53）20-21頁。

78　例えば，2021年日本政府の立場，2.⑹, pp. 6-7; WRIGHT（UK Attorney General），*supra* note 12, 32nd para.; Government of Canada HP, paras.48-51; 2019年フランス軍事省文書，2.2., pp. 11-16; Italian Position Paper, III. c）1st & 2nd paras., pp. 9-10; New Zealand HP, para.25; Israel's Perspective, p. 399; OAS Bolivia, Chile, Costa Rica, Ecuador, Guatemala, Guyana & Peru responses, para.31, p. 25; Finland's national positions, p. 7; AU Common Position, paras.47-52, p. 8; 2021 GGE Compendium: Australia, 2., pp. 6-7; Brazil, 5., pp. 22-23; Germany, III., pp. 36-39; Kenya, 9th para., p. 54; Singapore, paras.15-17, p. 85; United States of America, B., pp. 137-139.
　　なお，若干数の国は，国際人道法とともに武力紛争に密接に関連する国際法体系である中立法規の適用も肯定しているが，本文後述のように，GGE の報告書において中立法規への明示的な言及はない。2019年フランス軍事省文書，II. 2.3., pp. 16-17; Italian Position Paper, III. d）, p. 10; 2021 GGE Compendium: Netherlands, *Obligations relating to armed conflict － international humanitarian law* 2nd para., pp. 59-60; Romania, **International humanitarian law** 3rd para., p. 78; Switzerland, I. 5., p. 89. 学説上は，サイバーの領域においても中立法規が適用されるとの見解が有力である。Wolff HEINTSCHEL VON HEINEGG, "Territorial Sovereignty and Neutrality in Cyberspace", *International Law Studies*, Vol.89（2013）, p. 123,pp. 141-155

79　武力紛争における苦痛・傷害・破壊を制限するため，戦闘の手段・方法に一定の制限を課するとともに，敵の権力下に入った者に対する人道的な（humanely）待遇を求める原則。Kubo MAČÁK and Tilman RODENHÄUSER, *Towards common understandings: the application of established IHL principles to cyber operations*（March 7, 2023），International Committee of the Red Cross（ICRC）（https://blogs.icrc.org/law-and-policy/2023/03/07/towards-common-understandings-the-application-of-established-ihl-

則を想起する」,「これらの原則がいつ,どのように国家による情報通信技術の利用に適用されるかに関する更なる研究の必要性を認識する」(傍点引用者)等,慎重なものに留まっている[83]。

かかる背景には,少なくとも中国[84]が,国家による情報通信技術の利用に対する国際人道法の適用可能性の問題は慎重に取り扱うべきとの立場をとっているという事情があると見られる。例えば,2019年〜2021年のOEWG議長は,一部の国(some States)[85]がこの議論には慎重なアプローチを要する(discussions on the applicability of international humanitarian law to the use of ICTs by

---

principles-to-cyber-operations/), Paper 2#: "The principles of humanity and necessity under IHL", at https://www.icrc.org/sites/default/files/wysiwyg/war-and-law/02_humanity_and_necessity-0.pdf, 8th para. 参照。また,例えば,陸戦ノ法規慣例ニ関スル条約(明治45年条約第3号／1910年1月発効,日本について1912年2月発効)附属書(陸戦ノ法規慣例ニ関スル規則)第22条及び第23条,1949年8月12日のジュネーヴ諸条約の国際的な武力紛争の犠牲者の保護に関する追加議定書(議定書Ⅰ)(平成16年条約第12号／1978年12月発効,日本について2005年2月発効。以下「ジュネーブ諸条約第Ⅰ追加議定書」という)第35条1及び2参照。

80 武力紛争の当事者に対し,当該武力紛争の正当な目的すなわち敵の軍事力の弱体化のために必要な手段・方法のみを用いるよう求める原則。MAČÁK and RODENHÄUSER, *Ibid.*, 6th para. 参照。この「必要性」と前記脚注の「人道性」との均衡は,国際人道法の全ての規則に反映され,また,個々の規則を解釈する際の指針として同法の妥当基盤を成す基本原則であり(MAČÁK and RODENHÄUSER, *Ibid.*, 1st & 3rd paras., Michael N. SCHMITT, "Military Necessity and Humanity in International Humanitarian Law: Preserving the Delicate Balance", (2010), *Virginia Journal of International Law*, Vol.50 (2010), p. 795),その意味において,比例性,区別を含む他の国際人道法の原則等と区別される。「必要性」と「人道性」の均衡に関し,例えば,戦時におけるある種の投射物の使用の禁止に関するサンクト・ペテルブルク宣言(1868年12月11日署名・発効,日本は署名していない)前文(… Que le seul but légitime que les Etats doivent se proposer, durant la guerre, est l'affaiblissement des forces militaires de l'ennemi; … Que ce but serait dépassé par l'emploi d'armes qui aggraveraient inutilement les souffrances des hommes mis hors de combat ou voudraient leur mort inévitable; Que l'emploi de pareilles armes serait, dès lors, contraire aux lois de l'humanité; …),陸戦ノ法規慣例ニ関スル条約前文第5段落(…右条規ハ,軍事上ノ必要ノ許ス限,努メテ戦争ノ惨害ヲ軽減スルノ希望ヲ以テ定メラレタルモノニシテ,…)参照。

81 ジュネーブ諸条約第Ⅰ追加議定書第52条5(b)参照。

82 ジュネーブ諸条約第Ⅰ追加議定書第48条,第51条2及び4(a)(b)並びに第52条1及び2,1949年8月12日のジュネーヴ諸条約の非国際的な武力紛争の犠牲者の保護に関する追加議定書(議定書Ⅱ)(平成16年条約第13号／1978年12月発効,日本について2005年2月発効。以下「ジュネーブ諸条約第Ⅱ追加議定書」という)第13条2参照。

Ⅱ　一次的規範（保護法益）

States need（ed）to be approached with prudence）旨留意した，と総括している[86]。中国は，かかる慎重姿勢との関連で，サイバー戦争を合法化すべきでないとの認識を示しているが[87]，例えば，違法な侵略戦争において国際人道法が適用されることを以てその侵略戦争自体が合法とはみなされないのと同様，国際法上違法な越境サイバー侵害行動への国際人道法の適用によって，サイバー空間の軍事化を奨励したり，その越境サイバー侵害行動自体を合法と認めたりするものでないことは明白であり[88]，（中国以外の）各国の間でもこれと

83　2021年GGE報告書，para.71(f)，p. 18。なお，少なからぬ国が，本文に挙げた四原則に加え，文民・民用物に対する軍事行動の影響の防止・最小化のために不断の注意を払い，予防措置をとることを求める予防（precaution）の原則（ジュネーブ諸条約第Ⅰ追加議定書第57条・第58条参照）も適用されるとの立場を表明しているが，GGEの報告書には同原則への明示的な言及は含まれていない。Government of Canada HP, para.49; 2019年フランス軍事省文書，Ⅱ. 2.2.2.，・The principles of proportionality and precaution, pp. 15–16; EGAN（米国国務省法律顧問），*supra* note12, p. 173; Finland's national positions, **International Humanitarian Law**, 2nd para., p. 7; 2021 GGE Compendium: Brazil, 5. 5th & 6th paras., pp. 22–23; Germany, Ⅲ. b)(2), pp. 38–39; Netherlands, *Obligations relating to armed conflict — international humanitarian law*, 3rd para., p. 60; Norway, 6. 5th para., p. 74; Romania, **International humanitarian law** 1st para., pp. 77–78; Switzerland, Ⅱ. 2.3., p. 94. 予防原則の規範（上述のジュネーブ諸条約第Ⅰ追加議定書の関連規定）のほとんどは，本文に後述する「攻撃」を適用対象とするものであることから，実質的には，越境サイバー侵害行動がかかる「攻撃」に該当するか否かによって予防原則の適用の有無が左右されることとなろう。

84　China's OEWG Submissions, Ⅲ. 3rd alinea, p. 6（"The applicability of the law of armed conflicts and *jus ad bellum* needs to be handled with prudence."）

85　中国のほか，どの国が国際人道法の適用可能性を議論することに慎重だったのかは，必ずしも判然としない。ロシアは，中国に一定程度同調した可能性が推察される一方（赤堀毅「サイバーセキュリティと国際法——第6次国連政府専門家グループ報告書の成果を中心に——」『国際法外交雑誌』第120巻第4号（2022年），25頁，46頁参照），その立場表明においては，「普遍的に受け入れられた国際法の原則及び規範の適用可能性」及び「各国の国際法上の義務が…情報空間（information space）においても適用されることが推定される（presumed）」ことを肯定しつつ，国際人道法ないし武力紛争法規に明示的には言及していない（2021 GGE Compendium: Russian Federation, pp. 79–81）。

86　2021年OEWG報告書，Annex Ⅱ: Chair's Summary, para.18, p. 20. 2021年OEWG報告書のうち，Annex Ⅱの議長総括（Chair's Summary）は，OEWG参加国のコンセンサスにより採択された文書ではないが，少なくとも2019年〜2021年のOEWGにおける議論の主な論点・争点は反映していると考えられる。（注84）のOEWGへの提出文書（China's OEWG Submissions）における中国の立場表明との文言の類似に着目。

87　China's OEWG Submissions, Ⅲ. 3rd alinea, p. 6

1　各国の立場表明

異なる立場・認識の存在は確認されない[89]。

　もっとも，中国（及び他の「一部の国」）も，国際人道法の適用可能性について慎重に取り扱い，又は議論すべきと指摘するに留まり，国際人道法が国による情報通信技術を利用した諸活動にどのように適用されるかについて，GGEやOEWGで議論すべき事項であること自体は否定していないと言える。また，中国を含む多くの主要国が自国の軍の組織内にサイバー部隊・部門を設置し[90]，自国の軍事活動の中で情報通信技術を既に利用し，又はその利用を想定している以上，これらの主要国は，自らが武力紛争の当事者となり自国の軍が軍事行動に従事する場合に，軍のサイバー部隊・部門の各種行動についても国際人道法が適用されることは否定し得ないと考えられる。したがって，各国の立場が一致していないのは，国際人道法ないし武力紛争法規が情報通信技術を利用し

88　"The ICRC calls on all States to affirm that IHL applies to, and therefore restricts, cyber operations during armed conflicts", Statement to the Group of Governmental Experts on Advancing responsible State behaviour in cyberspace in the context of international security, Informal Consultative meeting (25 May 2021) at https://www.icrc.org/en/document/icrc-calls-all-states-affirm-ihl-applies-and-therefore-restricts-cyber-operations-during.

89　例えば，2021年日本政府の立場，2.(6)第四段落，7頁; Government of Canada HP, para.51; Italian Position Paper, Introduction 5th para., p. 4; 2021 GGE Compendium: Brazil, 5. 2nd para., p. 22; Germany, III. a) 1st para., p. 36; Norway, 6 4th para., p. 74; Switzerland, II. 1., p. 93; United Kingdom of Great Britain and Northern Ireland, para.23, p. 119等。

90　例えば，自衛隊サイバー防衛隊（https://www.mod.go.jp/j/publication/wp/wp2022/html/n310302000.html），米国サイバー司令部（https://www.cybercom.mil/About/Mission-and-Vision/），中国人民解放軍情報支援部隊・サイバー空間部隊の創設（2024年4月）（http://www.mod.gov.cn/gfbw/xwfyr/ztjzh/16302133.html）（旧戦略支援部隊からの組織改編，その政策目的等について，杉浦康之「情報支援部隊の創設に伴う中国人民解放軍の組織改編」NIDSコメンタリー第328号（2024年6月4日），at https://www.nids.mod.go.jp/publication/commentary/pdf/commentary328.pdf 参照），英国軍サイバー連隊（https://www.gov.uk/government/news/armed-forces-announce-launch-of-first-cyber-regiment-in-major-modernisation），フランス軍サイバー防衛司令部（https://www.defense.gouv.fr/comcyber），ブラジル軍サイバー防衛司令部（https://dialogo-americas.com/articles/brazilian-army-invests-in-cyber-defense/）等。

　ロシアに関しては，2017年，ショイグ国防大臣がロシア議会下院にて，既に情報作戦軍が創設されている旨発言したとの現地報道が見られるが（例えば，https://www.kommersant.ru/doc/3226925），ロシア軍の公式ウェブサイト（https://stat.mil.ru/）へのアクセスはブロックされ，確認することができなかった。

Ⅱ　一次的規範（保護法益）

た国家の活動にそもそも適用されるかどうかではなく，上述の GGE の報告書にあるとおり「いつ，どのように」適用されるかという点であると言える。

　このうち「いつ」，すなわち，越境サイバー侵害行動がどのような状況で，いかなる規模・烈度を超えて敢行された段階で国際人道法が適用される国際的又は非国際的な武力紛争[91]と評価されるのかに関しては，これまでの各国の立場表明や GGE・OEWG の報告書等から確認される限り，国の軍が通常兵器など他の兵器体系を用いて行う軍事行動の一環としてかかる越境サイバー侵害行動が行われる場合には，国際的・非国際的いずれかの武力紛争[92]と評価され，当該越境サイバー侵害行動に対しても国際人道法が適用され得ることについては，いずれの国からも異論は確認されない[93]。これに対し，通常兵器等の使用を伴わず，越境サイバー侵害行動のみ単独で行われる場合においても武力紛争として国際人道法の適用の対象となり得るかに関しては，各国間には少なくとも，当該越境サイバー侵害行動の主体が国か，反乱団体，過激主義・テロ集団

91　「国際的な武力紛争」とは，戦地にある軍隊の傷者及び病者の状態の改善に関する1949年 8 月12日のジュネーヴ条約（昭和28年条約第23号／1950年10月発効，日本について1953年10月発効。以下「ジュネーブ第Ⅰ条約」という），海上にある軍隊の傷者，病者及び難船者の状態の改善に関する1949年 8 月12日のジュネーヴ条約（昭和28年条約第24号／1950年10月発効，日本について1953年10月発効。以下「ジュネーブ第Ⅱ条約」という），捕虜の待遇に関する1949年 8 月12日のジュネーヴ条約（昭和28年条約第25号／1950年10月発効，日本について1953年10月発効。以下「ジュネーブ第Ⅲ条約」という），戦時における文民の保護に関する1949年 8 月12日のジュネーヴ条約（昭和28年条約第25号／1950年10月発効，日本について1953年10月発効。以下「ジュネーブ第Ⅳ条約」という）の 4 条約（以下，これらの 4 条約を総称するときは「ジュネーブ諸条約」という）の共通第 2 条に規定する場合をいう。「非国際的な武力紛争」に関しては，本書においては，ジュネーブ諸条約の共通第 3 条に規定する「締約国の一の領域内に生ずる国際的性質を有しない武力紛争」に加え，国と，その国の領域外にいる非国家の武装集団との間の武力紛争も含む意味で用いる（（注323）参照）。

92　当該戦闘行為の相手方が，他の国又はいわゆる人民解放戦線（「人民の自決の権利の行使として…植民地支配及び外国による占領並びに人種差別体制に対して」武力紛争を戦う場合における当該「人民」。ジュネーブ諸条約第Ⅰ追加議定書第 1 条 3 参照）である場合には国際的な武力紛争，これら以外の「反乱軍その他の組織された武装集団」（ジュネーブ諸条約第Ⅱ追加議定書第 1 条 1 参照）である場合には非国際的な武力紛争と位置付けられる。

93　例えば，2019年フランス軍事省文書．Ⅱ. 2.1. 1st & 2nd paras., p. 10; AU Common Position, paras.48-49, p. 8; 2021 GGE Compendium: Brazil, 5. 3rd para., p. 22; Germany, Ⅲ. a) 2nd & 3rd paras., p. 36.

等の非国家主体かを問わず，当該越境サイバー侵害行動の組織性や烈度が一定の水準を超えれば武力紛争に該当する[94]として基本的に肯定する立場[95]と，主体が国である場合には当該水準を超えて国際的な武力紛争に該当する可能性を肯定しつつ，主体が上述のような非国家主体である場合にはかかる水準を上回ることは想定し難く，非国際的な武力紛争と評価される可能性は乏しいとする立場[96]とが見られる。この関連で，越境サイバー侵害行動がその対象の破壊又はこれと同等の機能喪失をもたらす場合には，国際人道法上の「攻撃」[97]に該当し，比例性，区別の各原則を含む攻撃対象の選定（targeting）に関する国際人道法の諸規範の適用対象となると解される。したがって，上述の各国間の立場の相違は，国の軍との比較において，反乱団体，過激主義・テロ集団等の非国家主体が保有し得るサイバー攻撃能力（軍事目標を破壊するような規模・烈度のサイバー攻撃を行う能力を有するか）に関する各国の評価が未だ収斂していないことの表れと考えられる。

　「いつ」を超えて「どのように」越境サイバー侵害行動に対して国際人道法が適用されるかに関しては，これまでのところ，欧米及び中南米の複数の国がその立場表明において比較的踏み込んだ認識を表明し[98]，又は今後の議論や国家実行を通じて明確化すべき論点（戦闘員の範囲・敵対行為への直接参加の判断基準，区別・比例性原則により保護される民用物にデータは含まれるか等）

---

94 当該越境サイバー侵害行動の主体が国である場合には，その対象となった他の国がサイバー又は非サイバーの手段で反撃することにより国際的な武力紛争に該当し，当該越境サイバー侵害行動の主体が非国家主体である場合には，その対象国による同様の反撃により非国際的な武力紛争に該当することとなる。

95 例えば，2021年日本政府の立場，2.(6)第三段落，p. 7; "Position Paper of the Republic of Austria: Cyber Activities and International Law" (April 2024), at https://docs-library.unoda.org/Open-Ended_Working_Group_on_Information_and_Communication_Technologies_-_(2021)/Austrian_Position_Paper_-_Cyber_Activities_and_International_Law_(Final_23.04.2024).pdf（以下「Austria's Position Paper」という），12. b. 2nd para., p. 17; AU Common Position, para.49, p. 8; 2021 GGE Compendium: Brazil, 5. 3rd para., p. 22.

96 例えば，2019年フランス軍事省文書，II. 2.1. 5th para. (in box), p. 11; "Costa Rica's Position on the Application of International Law in Cyberspace" (21 July 2023), at https://docs-library.unoda.org/Open-Ended_Working_Group_on_Information_and_Communication_Technologies_-_(2021)/Costa_Rica_-_Position_Paper_-_International_Law_in_Cyberspace.pdf（以下「Costa Rica's Position」という），para.43, p. 12; 2021 GGE Compendium: Germany, III. a) 4th para., p. 36.

II　一次的規範（保護法益）

を提示している[99]ほかは，国際人道法全般ないし比例性，区別等その主な原則・規範が越境サイバー侵害行動に対しても適用され得るという基本認識[100]を示すに留まっている。GGE や OEWG におけるこれまでの議論も，中国（及び他の「一部の国」）の慎重姿勢も相俟って，各論の詳細に踏み込んだ立場表明・議論には至っていないとみられる。今後の OEWG での議論[101]や国家実行におけるあり得べき論点については，下記 3 において考察する。

97　ジュネーブ諸条約第 I 追加議定書第49条 1 「『攻撃』とは，攻勢としてであるか防御としてであるかを問わず，敵に対する暴力行為をいう。」2021年日本政府の立場，2.(6)第二段落，pp. 6-7; Government of Canada HP, para.49; 2019年フランス軍事省文書，II. 2.2.1., pp. 11-12; Italian Position Paper, III. c) 2nd para., pp. 9-10; New Zealand HP, para.25; 2021 GGE Compendium: Australia, 2. 2nd para., p. 6; United Kingdom of Great Britain and Northern Ireland, para.24, p. 119等。

もっとも，破壊「と同等の機能喪失」の判断基準については，物理的損壊を伴わない機能喪失のみで足りるか，インフラ・機器の修理・交換を要する運動力学的・不可逆的な効果の発生ないし機能喪失と物理的損壊との間の因果関係の存在を必要とするかをめぐり，各国間で見解の収斂には至っていない。Austria's Position Paper, 12. c., p. 17（前者）; Department of Foreign Affairs, "Ireland: Position Paper on the Application of International Law in Cyberspace"（July 2023），at https://www.dfa.ie/media/dfa/ourrolepolicies/internationallaw/Ireland---National-Position-Paper.pdf（以下「Ireland Position Paper」という），para.31（前者）; Costa Rica's Position, para.49, p. 13（前者）; OAS Bolivia, Chile, Costa Rica, Ecuador, Guatemala, Guyana & Peru responses, paras.31-33, pp. 25-26（グアテマラ・エクアドルは前者，チリ・ペルー・米国は後者）; Israel's Perspective, pp. 400-401（後者）; "Denmark's Position Paper on the Application of International Law in Cyberspace"（4 July 2023），*Nordic Journal of International Law*, Vol.92（2023），p. 446, p. 455（後者）。

以上を含め，サイバー行動の「攻撃」への該非について立場を表明した各国の見解について，International Cyber Law in Practice: Interactive Toolkit, "Attack (international humanitarian law)" at https://cyberlaw.ccdcoe.org/wiki/Attack_(international_humanitarian_law)#cite_note-35参照。

98　例えば，2019年フランス軍事省文書，II, pp. 10-17; Austria's Position Paper, 12., pp. 16-20; Israel's Perspective, pp. 399-401; Costa Rica's Position, International Humanitarian Law, pp. 11-17; OAS Bolivia, Chile, Costa Rica, Ecuador, Guatemala, Guyana & Peru responses, paras.27-38, pp. 23-28; 2021 GGE Compendium: Germany, III., pp. 36-39; United States of America, II. B., pp. 137-139.

99　例えば，2021 年日本政府の立場，2.(6)第四段落，7 頁; 2021 GGE Compendium: Brazil, 5., 8th para., p. 23; Switzerland, II. 2.3.2nd para., p. 94.

2　国家実行又は後に生じた慣行

　上記1において各国の公表している立場表明，GGE・OEWG の各報告書等から確認された，広範な諸国に共有されている規範認識は，それが条約の明文の規定に基づくものでない場合（不干渉義務（上記1(2)），他国の（領域）主権侵害の禁止（同1(3)ア），領域国の相当の注意義務（同1(3)イ））には，諸国間で「結晶化」しつつある法的確信と評価し得るものの，その内容が越境サイバー侵害行動事案に適用のある慣習国際法規範として認められるためには，法的確信の存在を示す証拠たる各国の立場表明・報告書等に加え，それらを越境サイバー侵害行動の具体的な事案に実際に適用した広範な国家実行の存在を検証し，示す必要がある[102]。また，かかる規範認識のうち条約の明文の規定に依拠するもの（武力による威嚇・武力の行使の禁止（上記1(1)），国際人道法[103]（同1(4)））については，当該規定が越境サイバー侵害行動に適用され得る規範であるという当該規定の「解釈についての当事国の合意」[104]に繋がり得るもの

100　複数の国が，かかる原則・規範の中に予防原則（紛争当事者に対し，攻撃の手段及び方法の選択に当たり，文民・民用物への付随的損害を最小限にするための予防措置をとるよう求める原則。ジュネーブ諸条約第Ⅰ追加議定書第57条1及び2(a)(ii)(iii)参照）及び中立法規（中立国の権利・義務）を含めている。例えば，2019年フランス軍事省文書，II. 2.2.2. 18th para.（"・The principles of proportionality and precaution"）& 2.3., pp. 15 & 16-17（予防原則・中立法規）; Government of Canada HP, para.49（予防原則）; Italian Position Paper, III. d), p. 10（中立法規）; Austria's Position Paper, 14., pp. 21-22（中立法規）; Costa Rica's Position, paras.52-54, pp. 14-15（予防原則）and paras.63-65, pp. 17-18（中立法規）; 2021 GGE Compendium: Brazil, 5. 5th & 6th paras., pp. 22-23（予防原則）; Germany, III. b)(2), pp. 38-39（予防原則）; Netherlands, *Obligations relating to armed conflict － international humanitarian law* 2nd & 3rd paras., pp. 59-60（中立法規・予防原則）; Switzerland, I. 5. & II. 2.3, pp. 89 & 94（中立法規・予防原則）. ただし，2021年 GGE 報告書では，これらの原則に明示的には言及しておらず，今後の OEWG における議論・検討においては，同報告書で明示的に言及され，中国を始めとする慎重な国々にとっても議論を拒み難い人道性・必要性・比例性・区別の四原則についての議論・検討が先行する可能性が高いと思われる。

101　2024年6月現在，2021年に報告書を採択して議論・検討を終了した第6次 GGE に続く新たな GGE を構成するための国際連合総会決議は採択されておらず，国際連合におけるこの問題に関する議論・検討の場は OEWG に一本化している。

102　ILC CIL identification conclusions, Conclusion 2（Two constituent elements）及び ILC commentaries to the CIL identification conclusions, p. 125, paras.(1) & (2)（Commentary to Conclusion 2), p. 125参照。また，一般的適用のある現行の慣習国際法規範についても，その解釈，演繹等として，新たな慣習国際法規範の存在の特定の場合と実質的に類似する法的立論を要することについて，（注17）参照。

II　一次的規範（保護法益）

であるが，この「解釈についての当事国の合意」もまた，各国が当該規定を越境サイバー侵害行動の具体的な事案に適用した事例が当該規定の「適用につき後に生じた慣行」として蓄積することにより確定すると言える。

　したがって，これらの規範認識が越境サイバー侵害行動に適用され得る実定国際法規範として確立しているかを判断するためには，そのそれぞれについて，各国が実際に越境サイバー侵害行動事案に当てはめ，国際法違反の認否の判断を示した事例の有無・頻度・傾向を検証する必要がある。この点に関し，各種公開情報[105]を確認する限り，2024年 6 月現在，違法な武力による威嚇・武力の行使の禁止，不干渉義務，他国の（領域）主権侵害の禁止，領域国の相当の注意義務，国際人道法のいずれについても，各国が実際にその違反を明示的に認定した事例は確認されない。関連し得る事例としては，①新型コロナウイルス感染症が拡大していた2020年 4 月，欧州連合（EU）加盟国及びそのパートナー諸国の保健部門の重要インフラ等に対する悪意あるサイバー行動に関し「あらゆる国に対し，国際法に従い（consistent with），自国の領域内からその

103　国際人道法の四原則（人道性，必要性，比例性，区別）は，（注79）〜（注82）に記したように，様々な関連条約等の規定に反映・明文化されているが，これらの関連条約等の中には，少なからぬ主要国が締結していないものも含まれる（例えば，陸戦ノ法規慣例ニ関スル条約及び同条約附属書（陸戦ノ法規慣例ニ関スル規則），ジュネーブ諸条約第Ⅰ追加議定書，ジュネーブ諸条約第Ⅱ追加議定書等）。こうした関連条約等の当事国でない国による越境サイバー侵害行動に対する四原則の適用に関しては，当該関連条約等の当事国でない国の間でも当該規定を越境サイバー侵害行動に適用する国家実行が広範に存在し，当該規範が越境サイバー侵害行動事案に適用されるものとして「慣習国際法化」しているか否かを検証する必要がある。

104　条約法に関するウィーン条約第31条（解釈に関する一般的な規則） 3 (b)（注 5 ）参照。仮に本文上述の規範認識が国際連合総会決議（武力による威嚇・武力の行使の禁止）やジュネーブ諸条約・追加議定書の検討会議の決議（国際人道法）の明文の規定の形で，コンセンサスにより採択される場合には，かかる決議自体が「条約の解釈又は適用につき当事国の間で後にされた合意」（条約法に関するウィーン条約第31条 3 (a)）を体現するものと評価され得るが，上記 1 にて検討した国際連合総会決議（A/RES/76/19）は，一定の規範認識を確認した GGE，OEWG の各報告書に言及し，これらを指針とするよう加盟国に要請するに留まり，規範認識そのものを直接，明示的に確認しているとは言えない。したがって，同総会決議と国際連合加盟国（国際連合憲章締約国）の立場表明，実際の適用事例等とが相俟って「条約の適用につき後に生じた慣行」として蓄積し，「条約の解釈についての当事国の合意を確立」していくものとみるべきであろう。ILC commentaries to the treaties subsequent agreements/practice conclusions, pp. 29–30, paras. (8)–(12)（Commentary to Conclusion 4）参照。

ような（悪意あるサイバー）行動を行う実行者に対して相当の注意を払い（exercise due diligence），適当な措置をとるよう要請（call upon）」したEU外務・安全保障政策上級代表声明[106]，②2016年6〜7月，大統領選挙運動期間中であった米国の民主党全国委員会（DNC）のコンピュータ・システムがハッカー集団の侵入を受け，同党幹部間の電子メール等が公開された事案に関し，同年12月，「確立した国際的な行動規範に反して（in violation of established international norms of behavior）米国の利益を損なう試み」「確立した国際的な行動規範を毀損し，民主的な統治に介入する（undermine established international norms of behavior, and interfere with democratic governance）ロシアの試み」と述べたオバマ大統領声明[107]が挙げられる。しかしながら，①に関しては，特定の国による特定の越境サイバー侵害行動ではなく，保健インフラに対する越境サイバー侵害行動全般に関する声明であることに加え，国際法とともに「2010年，2013年及び2015年の…GGE報告書（に従い）」に言及しており，これらのGGE報告書が「相当の注意」に当たる内容を記載しないか，

105　Center for Strategic and International Studies（CSIS）, Significant Cyber Incidents（https://www.csis.org/programs/strategic-technologies-program/significant-cyber-incidents）, Council on Foreign Relations（CFR）, Cyber Operations Tracker（https://www.cfr.org/cyber-operations/）, European Repository of Cyber Incidents（EuRepoC）, Detailed Table View（https://eurepoc.eu/table-view/）から越境サイバー侵害行動，すなわち，国境を越えて敢行されるサイバー攻撃であって，被害国の政治的・経済的・社会的基盤に広範な人的・物的・経済的損害又は国家としての基本的機能への侵害をもたらすもの（「Ⅰ　はじめに」参照）に該当すると考えられる事案を特定した上で，当該事案に関する関係国の政府発表・論文・報道等を検証した。

106　Press release, "Declaration by the High representative Josep Borrell, on behalf of the European Union, on malicious cyber activities exploiting the coronavirus pandemic"（30 April 2020）, at https://www.consilium.europa.eu/en/press/press-releases/2020/04/30/declaration-by-the-high-representative-josep-borrell-on-behalf-of-the-european-union-on-malicious-cyber-activities-exploiting-the-coronavirus-pandemic/. 同声明には，EU及びその加盟国に加え，トルコ，北マケドニア，モンテネグロ，セルビア，アルバニア，ボスニア・ヘルツェゴビナ，アイスランド，リヒテンシュタイン，ウクライナ，モルドバ，アルメニアが賛同（align themselves）している。

107　"Statement by the President on Actions in Response to Russian Malicious Cyber Activity and Harassment"（December 29, 2016）, The White House, at https://obamawhitehouse.archives.gov/the-press-office/2016/12/29/statement-president-actions-response-russian-malicious-cyber-activity. 事案の経緯・概要及び米国政府の対応の詳細に関しては，本文Ⅱ3⑵柱書参照。

Ⅱ　一次的規範（保護法益）

勧告ないし拘束力を有しない自主規範として記載していること[108]にかんがみると，具体的な越境サイバー侵害行動事案について領域国の相当の注意義務違反を認定した事例とは言い難い。また，②に関しては，個別の越境サイバー侵害行動についてロシアへの帰属を認定してはいるものの，「国際法」や「不干渉（non-intervention）」，「違法な干渉（unlawful intervention）」等への言及を注意深く避け，不干渉義務違反の認定を意識的に回避したものとみるべきであろう[109]。

　むろん，各国は，公の秩序維持，安全保障，自らの対応行動の自由の確保等の考慮から，越境サイバー侵害行動事案の発生，あるいはその発生自体は公に明らかとなったとしても当該越境サイバー侵害行動に対する自らの立場や対応策を明らかにしない場合も少なくないと思われ，公開情報からは把握されない各国の違反認定事例が存在する可能性は排除されない。また，例えば，他国の（領域）主権侵害の禁止や領域国の相当の注意義務に関しては，1⑶ア及びイで確認したように，その国際法上の位置付けや具体的内容について各国の見解が収斂しておらず，必ずしも明確でないことも，違反の認定事例が見られないことの一因であろう。しかしながら，各国がこうした国際法違反の明示的な認定を回避しているより根本的な理由・背景は，サイバー行動の着手の簡便性，即時（即効）性，匿名性等ゆえに，各国にとって，自国に対する越境サイバー

108　U.N.Doc. A/65/201（2010年 GGE 報告書），p. 8, para.18（情報通信技術セキュリティに関する戦略・技術・政策・優良事例に関する情報交換，開発途上国の能力構築を支援する措置の特定等を勧告。「相当の注意」に当たる内容の記載なし）; U.N.Doc. A/68/98（2013年 GGE 報告書），p. 8, para.23（自国の領域が非国家の行為者により情報通信技術の違法な利用のために利用されないよう確保することを追求すべき旨勧告）; U.N.Doc. A/70/174（2015年 GGE 報告書），pp. 7-8, paras.13⒞⒡ & 28⒠（規範13⒞に解説が付されていない点を除き，2021年 GGE 報告書と同内容。本文Ⅱ1⑶イ参照）.

109　藤澤『前掲書』（注33）4頁; Ryan GOODMAN, "International Law and the US Response to Russian Election Interference"（January 5, 2017）, Just Security, at https://www.justsecurity.org/35999/international-law-response-russian-election-interference/, 2.（Has the Obama Administration called the Russian operations a violation of international law?）; Michael N. SCHMITT, "'Virtual' Disenfranchisement: Cyber Election Meddling in the Grey Zones of International Law", *Chicago Journal of International Law*, Vol.19, No.1（2018）, p. 30, pp. 63-64; Barrie SANDER, "Democracy Under The Influence: Paradigms of State Responsibility for Cyber Influence Operations on Elections", *Chinese Journal of International Law*, Vol.18（2019）, p. 1, pp. 52-53.

侵害行動が侵害国に帰属（attribution）することの認定・立証が困難であることにあるとみられる。すなわち，越境サイバー侵害行動について国際法違反を認定し，その責任を問う前提として，当該越境サイバー侵害行動が個人や非国家の団体等ではなく（国際法上の義務を負う主体たる）国家に帰属することを認定・立証する必要があるが，そのためには，当該越境サイバー侵害行動の発信源となった情報通信技術端末・アカウント，当該端末・アカウントを使用して当該越境サイバー侵害行動を実行した個人・団体を特定した上で，国家責任（国際違法行為に対する国の責任）に関する国際法規範[110]に照らして評価する必要があり，特に実行者たる個人・団体が国の組織に属さず，かつ，国からの権限付与・授権を受けていない場合には，当該個人・団体が「事実上国の指示に基づき，又は指揮若しくは統制の下で行動している（in fact acting on the instructions of, or under the direction or control of, that State）」との要件[111]に該当することを認定・立証することは容易でないと考えられる[112]。

　もっとも，各国の立場表明（上記1）と個々の越境サイバー侵害行動事案への対処事例とを併せて総合的に分析すると，一定の規範認識に基づく国家実行の萌芽と言える傾向は看取される。すなわち，一方において，各国の公表している立場表明，GGE・OEWGの各報告書等から，広範な諸国の間で，越境サイバー侵害行動が(a)情報通信，医療施設，金融サービス，電力・エネルギー，運輸，水・衛生等の重要インフラ（critical infrastructure）[113]の物理的損害若しくは機能の喪失をもたらす場合[114]又は(b)国の公的機関の物理的損害若しくは

110　U.N.Doc. A/RES/56/83, *supra* note 11, Annex: Responsibility of States for internationally wrongful acts（以下「ILC国家責任条文案」という），Articles 4-11

111　ILC国家責任条文案，Article 8

112　かかる個人・団体の行為の国への帰属を認定・立証することの困難さについては，広く学界で指摘されており，当該個人・団体と国家の関係について，本文上述の「指示・指揮・統制」基準の実質的な緩和，あるいはこれに代わるより緩やかな判断基準を導入すべきとの見解も見られる。例えば，DELERUE, *supra* note 23, pp. 50-190, Part I（特に pp. 128-157, 4.2）; Michael N. SCHMITT, "Grey Zones in the International Law of Cyberspace", *The Yale Journal of International Law Online*, Vol.42 (2017), p. 1, pp. 8-10; Peter MARGULIES, "Sovereignty and Cyber Attacks: Technology's Challenge to the Law of State Responsibility", *Melbourne journal of International Law*, Vol.14 (2013), p. 1, pp. 7-13 & 17-19等。個人・団体の行為の国への帰属に関する規範を含む国家責任法の適用に関しては，本文「Ⅲ　二次的規範（対処方法）」の1(1)（国家責任法）及び2(2)における検討も参照。

II 一次的規範（保護法益）

機能の喪失をもたらす場合[115]には，何らかの国際法上の義務[116]に反し得るという規範認識が共有されていることが認められる。他方において，これらの類型に該当し得る越境サイバー侵害行動事案への実際の対応事例として，以下のとおり，関係国が当該越境サイバー侵害行動について，国際法違反かどうかを明示することは避けつつも，他国又は他国と密接な関連を有する個人・団体に帰属することを政府の公式声明，国内刑事手続等により認定した事例が少なからず存在する[117]。

---

113 「重要インフラ」として，2021年 OEWG 報告書において本文で列挙した分野が例示されているが，国際的に合意された定義は存在せず，各国は，自国の政治・経済・社会の機能を維持する上で不可欠な分野・インフラを「重要インフラ」として指定している。2021年 OEWG 報告書，Annex I: Final Substantive Report, paras.18 & 26, pp. 8 & 9及び2021年 GGE 報告書，para.48, p. 13参照。

114 例えば，2021年日本政府の立場 2.(2)第四段落，7頁; Government of Canada HP, para.16（サイバーインフラ）; 2019年フランス軍事省文書，I. 1.2.1. 2nd para., pp. 5–6; 2021 GGE Compendium: Estonia, I. "Non-intervention" 3rd para., p. 25; Germany, II. a) 6th, 7th & 9th paras., pp. 33 & 34; Norway, 3.1 6th para. & 3.2 3rd para., pp. 67 & 69; Switzerland, I. 2. 2nd & 3rd paras., p. 87; United Kingdom of Great Britain and Northern Ireland, para.9（重要医療サービス）, pp. 116–117; 2021年 GGE 報告書 Norm 13(f), pp. 12–13. なお，国家の責任ある行動規範の発展に係る「提案」として，China's OEWG Submissions, II. iii) 2nd & 3rd alineas, p. 3。また，御巫「前掲論文」（注53）10–11頁参照。

115 Government of Canada HP, para.18; 2021 GGE Compendium: Australia, *Annex* Scenario 1, pp. 9–10; Estonia, I. "Non-Intervention" 3rd para.（軍事・安全保障インフラ）, p .25; Germany, I. b) 5th para.（選挙インフラ）, p .35; Norway, 3.1 9th para., p .68; Switzerland, I. 2. 3rd para., p. 87; United Kingdom of Great Britain and Northern Ireland, para.9（金融システム・重要医療サービス）, pp. 116–117.

116 前記2つの注で例示した各国の立場表明の多くは，他国の（領域）主権侵害の禁止，不干渉義務のいずれかに違反するとの認識を示している。これらの他，越境サイバー侵害行動のもたらす損害・機能喪失や死傷が国家の政治・経済・社会の機能への重大な支障を伴う大規模なものである場合や，武力紛争下において生ずる場合には，武力の行使の禁止，国際人道法の各義務に違反する可能性もあろう。

117 これらを含む複数の事例に関し，DELERUE, *supra* note 23, pp. 165–184, Part I, 4.4; Dan EFRONY and Yuval SHANY, "A Rule Book on the Shelf? Tallinn Manual 2.0 on Cyberoperations and Subsequent State Practice", *The American Journal of International Law*, Vol.112, No.4 (2018), p. 583参照。

2 国家実行又は後に生じた慣行

⑴ 米国 Sony Pictures Entertainment 社へのサイバー攻撃・脅迫（2014年11〜12月）[118]，バングラデシュ銀行に対するサイバー強盗（2016年2月）等

2014年11月，米国の Sony Pictures Entertainment 社がハッキングを受け，社内ネットワークの停止・接続遮断，データの破壊，従業員の電子メールの公開等の被害が生じた。同年12月，ハッカー集団は同社内のデスクトップ・コンピュータ上で，「9・11を忘れるな」「世界は恐怖で満たされることとなろう」等のメッセージとともに，同社が制作していた金正恩朝鮮労働党第一書記の架空の暗殺計画に関する風刺映画 "The Interview" の公開を中止しなければ同社及び上映した映画館を攻撃すると警告し，同社は当初予定していた大手配給会社系列館での同作品の全国公開を中止するに至った[119]。米国のオバマ大統領は同年12月19日，記者会見において「我々は，北朝鮮が今回の（サイバー）攻撃に関与していた（engaged in）ことを確認することができる」と明言した上で，「（北朝鮮）は多大な損害をもたらした。我々はこれに対応する（will respond）。我々は比例的に（proportionally），我々の選択する場所で，我々の選択する時機に，我々の選択する方法により対応する。」と表明した[120]（具体的対応については，下記Ⅲ2で検証する）。本件事案に関する同日付の米国連邦捜査局（FBI）の報道資料では，これらの（サイバー侵害）行動について北朝鮮当局が責任を負う（North Korean Government is responsible for these actions）と結論付けた根拠として，①攻撃に用いられたマルウェアの技術的分析（従来，北朝鮮関係者が開発したと把握されているマルウェアとの類似），

---

118 映画の制作・配給会社や各地の映画館自体は，必ずしも「重要インフラ」に該当しないが，以下に述べるように，本件事案におけるサイバー攻撃の実行者集団が「9・11」（2001年9月11日のアル・カーイダによる米国同時多発テロ事件）に言及する等，広範な財産・インフラの損壊を示唆し脅迫していたこと，また，同サイバー攻撃の手段・手法が金融，エネルギー，保健，交通等より典型的な「重要インフラ」の整備・運営事業者に対しても用いられ得るものであることから，参考事例としてここで取り上げた。

119 David E. SANGER and Nicole PERLROTH, "U.S. Said to Find North Korea Ordered Cyberattack on Sony"（December 17, 2014），The New York Times, at https://www.nytimes.com/2014/12/18/world/asia/us-links-north-korea-to-sony-hacking.html。なお，映画 "The Interview" は，Sony Pictures Entertainment 社によりオンラインでレンタル・販売された他，米国内の少数（数百館程度）の映画館で上映された。

120 "Remarks by the President in Year-End Press Conference"（December 19, 2014），The White House, at https://obamawhitehouse.archives.gov/the-press-office/2014/12/19/remarks-president-year-end-press-conference

Ⅱ　一次的規範（保護法益）

②攻撃に用いられたインフラ（インターネット・プロトコル（IP）等）と従来，北朝鮮関連と把握されているインフラとの一致，③前2013年3月，韓国の銀行・報道機関に対する北朝鮮によるサイバー攻撃で用いられた手段との類似，の三点に言及している[121]。また，同じく同日に発出した声明において，ジョンソン国土安全保障長官は，「Sony Pictures Entertainment 社に対するサイバー攻撃は，単なる一企業及びその従業員に対する攻撃にとどまらず，我々の表現の自由及び生活様式に対する攻撃でもあった」と述べている[122]。サイバー侵害行動事案について米国の大統領が公式な非難を表明した最初の事例でもあり，米国政府が，少なくとも潜在的には自国の政治・経済・文化の根幹の一角を揺るがすおそれのある事案として，本件事案を重視し，警戒していたことが窺われる。

　翌2015年1月2日，オバマ大統領は，本件サイバー攻撃に対する「対応の第一局面」として，財務長官が指定する北朝鮮当局・朝鮮労働党等の構成員，支援者・団体等の米国内の資産を凍結するとともに，これらの指定された個人・団体について米国への入国及び米国民・米国の団体との取引を禁止することを承認する大統領令に署名した[123]。米国財務省は同日，これらの制裁措置の対象として，北朝鮮偵察総局（サイバー部隊を傘下に置く対外工作機関），朝鮮鉱業開発貿易会社（武器輸出企業），朝鮮檀君貿易会社（貿易企業）の3団体及び10個人（これらの団体の幹部，政府関係者等）を指定したが，その指名の具体的根拠は明らかにしておらず[124]，上述の12月19日付 FBI 報道資料で示され

121　"Update on Sony Investigation"（December 19, 2014），Federal Bureau of Investigation（FBI），the United States government, at https://www.fbi.gov/news/press-releases/update-on-sony-investigation

122　"Statement by Secretary Johnson On Cyber Attack On Sony Pictures Entertainment"（December 19, 2014），U.S. Department of Homeland Security, at https://www.dhs.gov/news/2014/12/19/statement-secretary-johnson-cyber-attack-sony-pictures-entertainment

123　The White House, "Statement by the Press Secretary on the Executive Order Entitled 'Imposing Additional Sanctions with Respect to North Korea'"（January 2, 2015），at https://obamawhitehouse.archives.gov/the-press-office/2015/01/02/statement-press-secretary-executive-order-entitled-imposing-additional-s; The White House, "Executive Order － Imposing Additional Sanctions with Respect to North Korea"（January 2, 2015），at https://obamawhitehouse.archives.gov/the-press-office/2015/01/02/executive-order-imposing-additional-sanctions-respect-north-korea.

た根拠に依拠した可能性が推察されるに留まる。

　こうした米国の対外発表・対応に対し，北朝鮮外務省は朝鮮中央通信の取材に応じる形で，北朝鮮が "The Interview" の制作・公開に対する報復としてSony Pictures Entertainment 社を攻撃したとの主張は「根拠のない中傷」であるとして，「米国が根拠のない疑惑を流布し，我々（北朝鮮）を中傷していることから，我々は，本事案に関する米国との合同調査を提案する。」「我々は，米国中央情報局（CIA）が用いたような拷問に訴えることなく，本事案が我々と無関係であることを証明する手段を有している。」と述べ，米国が合同調査への協力を拒否する場合には重大な結果を招く旨述べる等，自らの関与を否定した[125]。その後も，北朝鮮の関与に疑問を呈する西側（欧米）の一部サイバー専門家の存在等を指摘しつつ，関与を否定し続けている[126]。

　その後，2016年2月，国際銀行間通信協会（Swift）システムへの偽装された送金指示により，バングラデシュ銀行（中央銀行）が米国のニューヨーク連邦準備銀行に保有していた外貨約8100万米ドルがフィリピンの市中銀行の口座に送金される事案が発生した。フィリピンに送金された資金は，その後同国のカジノ産業関係者に流れ，資金洗浄されたとみられ[127]，バングラデシュ銀行はそのごく一部しか回収するに至っていない。その後，同銀行が米国のサイバーセキュリティ企業等の協力を得て行った内部調査及びバングラデシュ当局が米国FBI等と協力して行った捜査により，同銀行の職員がスピアフィッシングメール（添付ファイルの開封やURLへのアクセスを促すことによりマルウェ

124　U.S. Department of the Treasury, Office of Foreign Assets Control (OFAC), "Issuance of a new North Korea-related Executive Order; North Korea Designations" (January 2, 2015), at https://ofac.treasury.gov/recent-actions/20150102. また，EFRONY and SHANY, *supra* note 117, p. 608; 中谷和弘「サイバー攻撃と国際法」『国際法研究』第3号（2015年）59頁，94頁参照。

125　"North Korea demands joint inquiry with US into Sony Pictures hack" (20 December 2014), The Guardian, at https://www.theguardian.com/world/2014/dec/20/north-korea-proposes-joint-inquiry-us-sony-pictures-hack

126　例えば，"Sony cyber-attack: North Korea calls US sanctions hostile" (4 January 2015), British Broadcasting Corporation (BBC) at https://www.bbc.com/news/world-asia-30670884?zephr-modal-register

127　Victor MALLET and Avantika CHILKOTI, "How cyber criminals targeted almost \$1bn in Bangladesh Bank heist" (March 18, 2016), Financial Times, at https://www.ft.com/content/39ec1e84-ec45-11e5-bb79-2303682345c8#comments-anchor

Ⅱ　一次的規範（保護法益）

アの侵入等を図る電子メール）による攻撃を受け，同銀行のシステムにマル
ウェアが侵入していたことが判明した。また，フィリピン当局の捜査及びフィ
リピン議会上院の調査により，送金先の口座は William So GO 名義の個人口
座及び地元の送金（money remittance）企業名義の口座だったが，このうち
前者については，GO 氏本人がかかる口座を開設した事実を否定していること
等が明らかとなった。以上の調査・捜査の結果を踏まえ，バングラデシュ，
フィリピンの各当局は，それぞれバングラデシュ銀行内，フィリピンの市中銀
行内で送金指示の偽装ないし送金の受領・資金洗浄に関与した職員の逮捕・刑
事告訴等を行ったが，いずれの当局も，これらの犯罪行為への特定の国家の関
与を認定し，又は示唆することはなかった。

　これらの事案の関連で，2018年 9 月 6 日，米国司法省は，上述の Sony
Pictures Entertainment 社へのサイバー攻撃（2014年11月～12月），バングラ
デシュ銀行に対するサイバー強盗（2016年 2 月）及び下記(2)の WannaCry 事
案（2017年 5 月）を含む複数のサイバー攻撃事案に関与した容疑で，北朝鮮籍
の PARK Jin Hyok を刑事告発したことを明らかにし，FBI の宣誓供述書
（criminal complaint）を公表した[128]。司法省は，FBI の捜査に基づき，PARK
容疑者が北朝鮮当局に雇用されている（employed）プログラマーで，同当局
のハッカー組織の系列下にある（affiliated）フロント企業 Chosun Expo Joint
Venture に所属しており，北朝鮮当局のために（on behalf of）一連のサイバー
攻撃を共謀した複数の共謀者のうちの 1 人であるとしている。また，米国財務
省外国資産管理局（OFAC）も同日，北朝鮮当局の悪意あるサイバー活動に密
接に関与している（tied to）団体・個人として，Chosun Expo Joint Venture
及び PARK Jin Hyok を新たに制裁の対象としたことを明らかにした[129]。

---

128 Press release "North Korean Regime-Backed Programmer Charged With Conspiracy
to Conduct Multiple Cyber Attacks and Intrusions" (September 6, 2018), Office of
Public Affairs, U.S. Department of Justice, at https://www.justice.gov/opa/pr/north-
korean-regime-backed-programmer-charged-conspiracy-conduct-multiple-cyber-
attacks-and; "United States of America v. Park Jin Hyok" (Criminal Complaint before
the United States District Court for the Central District of California, Case No.MJ18-
1479, Filed on June 8, 2018), at https://www.justice.gov/opa/press-release/file/1092091/
download. また，本件刑事案の詳細について，御巫智洋「サイバー攻撃に対する国家
責任の追及に伴う課題」『国際関係と法の支配』小和田恆国際司法裁判所裁判官退任記
念（信山社，2021年 7 月）937頁，942-950頁参照。

2　国家実行又は後に生じた慣行

PARK Jin Hyok は北朝鮮又は中国に滞在しているとみられ[130]，同人の資産もそのほとんどが北朝鮮にあるとみられることから，こうした米国の国内法に基づく刑事手続や制裁措置が実際に効果を挙げ，同人の逮捕・引渡しや資産の凍結・没収等に繋がる可能性が高いとは言えない。しかしながら，特にバングラデシュ銀行のサイバー強盗のように，関係国政府が越境サイバー侵害行動の特定の他国への帰属を公式の声明等で認定するに至らない事案に関しては，このような国内法に基づく刑事手続や制裁措置の適用を通じ，特定の他国の国家機関に所属し，又は密接に関連する個人・団体に当該越境サイバー侵害行動の責を帰することが，政府の公式声明等に代わる代替的な帰属の認定の手法として機能していると言える。「国内司法手続を通じた事実上の帰属の認定」とも形容し得るかかる手法は，侵害国と認定された他国の反発・報復等を招く可能性を孕む首脳・閣僚の公式な声明等との比較において，専ら国内手続上の証拠の存否及び国内法上の要件該当性の判断に焦点が当たることにより，帰属の認定過程をより非政治的なものとすることができる側面を有する[131]。米国は既に，上述の事例に至らない（すなわち，重要インフラや国の公的機関の物理的損害又は機能の喪失をもたらすに至らない）規模・程度の越境サイバー侵害行動による情報・金銭の窃取等の事案について，中国，イラン，北朝鮮，ロシアの各国家に所属し，又は密接に関連する個人・団体を同様の刑事告訴や制裁措置の対象としてきている。

(2)　ランサムウェア（「身代金」要求型ウイルス）WannaCry による世界規模の攻撃・被害（2017年 5 月）

2017年 5 月，ランサムウェア WannaCry が約150ヶ国のコンピュータを停止させ，その停止の解除のために金銭の支払（「身代金」）を要求する事案が発生した[132]。WannaCry は，Windows の脆弱性を活用してインターネットその他のネットワークに接続しているコンピュータ・システムに次々と侵入し[133]，同

129　Press release "Treasury Targets North Korea for Multiple Cyber-Attacks" (September 6, 2018), U.S. Department of the Treasury, at https://home.treasury.gov/news/press-releases/sm473

130　"MOST WANTED: PARK JIN HYOK", Federal Bureau of Investigation (FBI), the United States government, at https://www.fbi.gov/wanted/cyber/park-jin-hyok

131　DELERUE, *supra* note 23, pp. 182–184, Part I, 4.4.2.

Ⅱ　一次的規範（保護法益）

システム内に保存・保管されていた文書（ファイル）を暗号化した上で，同文書を修復（暗号を解除）するためビットコインで3日以内に300米ドル，7日以内に600米ドルを支払うよう要求し，7日以内に支払わない場合には永久に文書を修復できなくなると警告した[134]。ルノー・日産，日立等の企業に加え，英国の国民保健サービス，ドイツ鉄道，FedEx，テレフォニカ（スペイン系の大手国際通信企業），中国石油天然気股份有限公司（ペトロチャイナ），ズベルバンク（ロシアの大手銀行）等，世界各国又は国際的規模で重要インフラを担う事業体・企業にまで被害が及んだ。

　これに対し，半年近くに及ぶ調査・捜査の後，複数の国が相互に情報交換・連携しつつ，WannaCry の拡散・「身代金」要求の行為が北朝鮮に帰属することを認定した。具体的には，同年12月19日，英国外務省のアーマド・オブ・ウィンブルドン閣外大臣（中東・北アフリカ・南部アジア・国際連合・コモンウェルス担当）は，次のとおり表明した。

「英国国家サイバーセキュリティ・センター（NCSC）は，ランサムウェア WannaCry の組織的拡散（campaign）の背後に…Lazarus Group として知られる北朝鮮のアクター（North Korean actors）がいた蓋然性が高い（highly likely）と判断する。」
「国際法は，オフラインと同様，オンラインでも適用される。英国は，悪意あ

132　Ellen NAKASHIMA, "The NSA has linked the WannaCry computer worm to North Korea" (June 14, 2017), The Washington Post, at https://www.washingtonpost.com/world/national-security/the-nsa-has-linked-the-wannacry-computer-worm-to-north-korea/2017/06/14/101395a2-508e-11e7-be25-3a519335381c_story.html; Gordon CORERA, "NHS cyber-attack was 'launched from North Korea'" (16 June 2017), British Broadcasting Corporation (BBC), at https://www.bbc.com/news/technology-40297493 等。

133　A. L. JOHNSON, "WannaCry: Ransomware attacks show strong links to Lazarus group" (May 22, 2017), Broadcom, at https://community.broadcom.com/symantecenterprise/communities/community-home/librarydocuments/viewdocument?DocumentKey=b2b00f1b-e553-47df-920d-f79281a80269&CommunityKey=1ecf5f55-9545-44d6-b0f4-4e4a7f5f5e68&tab=librarydocuments

134　Symantec Security Response, "What you need to know about the WannaCry Ransomware" (24 October 2017), Symantec Enterprise Blogs/Threat Intelligence, at https://symantec-enterprise-blogs.security.com/blogs/threat-intelligence/wannacry-ransomware-attack

るサイバー活動について，その発信源のいかんを問わず，…特定し，追跡し，対応することを決意している。」[135]

　また，同日，米国のボッサート国土安全保障補佐官は，大統領府で本件に関する記者ブリーフィングを開催し，次のとおり述べた。

「（WannaCry）は，多数の個人，産業及び政府に悪影響を及ぼした。そしてその影響は，経済的なものに留まらなかった。英国では，コンピュータに甚大な悪影響が生じ，その保健システムの下で多くの生命が危険に晒された…。
　米国は，注意深い調査を踏まえ，WannaCry による大規模なサイバー攻撃が北朝鮮に帰属することを公に認定している。
　…我々はこの認定を，証拠に基づき，パートナーとともに行っている。他の政府及び民間企業も同意している。英国，豪州，カナダ，ニュージーランド及び日本が，我々の分析を共有し（have seen），WannaCry について北朝鮮を非難する点において我々と軌を一にしている。
　商業上のパートナーも，行動を起こしている。マイクロソフト社は，攻撃の起点を追跡して北朝鮮当局の外郭組織（affiliates）に到達し，（サイバー）セキュリティ・コミュニティに属する他の企業等は分析を提供した。」[136]

　翌20日，豪州のビショップ外務大臣は本件に関し，次の内容を含む声明を発出した。

「我々は，我々のインテリジェンス機関からの助言に基づき，また，我々の同盟国との協議を通じ，北朝鮮がランサムウェア WannaCry の組織的拡散を実行したことを確認する。

---

135 Press Release "Foreign Office Minister condemns North Korean actor for WannaCry attacks" (19 December 2017), UK Foreign and Commonwealth Office, at https://www.gov.uk/government/news/foreign-office-minister-condemns-north-korean-actor-for-wannacry-attacks

136 "Press Briefing on the Attribution of the WannaCry Malware Attack to North Korea" (December 19, 2017), The White House, at https://trumpwhitehouse.archives.gov/briefings statements/press-briefing-on-the-attribution-of-the-wannacry-malware-attack-to-north-korea-121917/

Ⅱ　一次的規範（保護法益）

　我々は，世界経済に重大なリスクをもたらし，政府の運営・サービス，事業活動及び個人の安全・福祉に破壊的な影響を生じ得る，北朝鮮によるサイバー犯罪の利用（use of cybercrime）を非難する。」[137]

　同20日，日本外務省は，次の内容を含む外務報道官談話を発出した。

「12月19日，米国は，本年5月の悪意あるプログラム『ワナクライ』を用いたサイバー攻撃が北朝鮮によるものであるとして，北朝鮮を非難する旨発表しました。
　我が国は，…サイバー空間の安全の確保に向けた強い意思を示す米国の発表を支持するとともに，我が国としても，『ワナクライ』事案の背後に，北朝鮮の関与があったことを非難します。」[138]

　以上の4ヶ国による声明等に関しては，WannaCry の拡散・「身代金」要求について，具体的表現は異なるものの，いずれも北朝鮮の関与を明確に認定している一方，その認定の根拠については，主にそれぞれが収集・保有するインテリジェンス情報又は他の同盟国・同志国から共有される情報・分析に依拠していることを明示するか，又は暗に示唆するに留め，根拠を具体的に示していないことに着目すべきであろう。この関連で，上述の米国の国土安全保障補佐官の記者ブリーフィングでパートナーとして言及された他の2ヶ国，すなわちカナダとニュージーランドの本件に関する声明は，それぞれ「マルウェアWannaCry…の開発における北朝鮮内のアクター（actors in North Korea）の役割に関する…同盟国・パートナー国の…評価は，我々の分析と整合的である（is consistent with）」（カナダ通信セキュリティ庁（CSE）長官声明）[139]，「我々は，このような無謀な，かつ，悪意あるサイバー活動を指弾する（calling out）に当たり我々のサイバーセキュリティ上のパートナーがとる行動を支持する」

137　Minister for Foreign Affairs, The Hon. Julie BISHOP MP, "Australia attributes WannaCry ransomware to North Korea" (20 December 2017), at https://www.dfat.gov.au/sites/default/files/australia-attributes-wannacry-ransomware-to-north-korea.pdf

138　米国による北朝鮮のサイバー攻撃に関する発表について（外務報道官談話）（平成29年12月20日）at https://www.mofa.go.jp/mofaj/press/danwa/page4_003563.html

2　国家実行又は後に生じた慣行

（ニュージーランド政府通信セキュリティ局（GCSB）総局長発言）[140]（傍点引用者）と，WannaCry の拡散・「身代金」要求の行為の北朝鮮への帰属を自ら認定することを回避したとも解し得る言いぶりに留めている。

　これらの声明等に対し，北朝鮮外務省報道官は，同年12月21日，朝鮮中央通信の取材に答えて次のとおり述べ，専ら米国に反論・非難する形で自らの関与を否定している。

「米国は今，多大な国際的な騒動を引き起こしている最近のサイバー攻撃事案を無理矢理我が国に結びつけることにより，世界的な対立を煽っている。
　米国…は，不合理にも，いかなる科学捜査による（forensic）証拠もなしに我が国を非難している。…」
「既に幾度も明確に述べてきたように，我々はサイバー攻撃とは無関係であり，このような米国の馬鹿げた申立てに逐一回答する必要性を認めない。
　しかしながら，我々は，我が国を直接非難するためにサイバー攻撃を利用する米国の無謀な策動（reckless move）を決して容認することはできない。」
「米国が我々に対する最も過酷な『制裁決議』を採択しようと必死になっている正にこの時にあって，我々をサイバー攻撃の問題に結びつけようと試みる米国の目的は，極めて明白である。
　米国の主要な，かつ，究極の意図は，核問題及び『人権問題』について有する不満から，サイバー問題についてまで我が国に『犯罪国家』の汚名を着せることにより，我が国に対する制裁と圧力の雰囲気を作り出すことにある。」
「我々は，米国の無謀な反朝鮮の策動を決して容赦せず，我が国及び体制を守るためあらゆる努力を払う。
　我々はまた，不合理にも反朝鮮の陰謀にふける米国に追随している国々に対し，警告を発する（would warn）。」[141]

139　Greta BOSSENMAIER, Chief, Communications Security Establishment, "CSE Statement on the Attribution of WannaCry Malware" (March 24, 2021 (Date modified)), Government of Canada, at https://www.cse-cst.gc.ca/en/information-and-resources/announcements/cse-statement-attribution-wannacry-malware
140　Media Release "New Zealand concerned at North Korean cyber activity" (December 20, 2017), Government Communications Security Bureau (GCSB), at https://www.gcsb.govt.nz/news/new-zealand-concerned-at-north-korean-cyber-activity/

53

II 一次的規範（保護法益）

　なお，米国において，上述の国土安全保障補佐官の発言とは別途，2018年9月，司法省が本件WannaCry事案を含む複数のサイバー攻撃事案に関与した容疑で北朝鮮当局の職員とされる個人を刑事告発していること明らかにするとともに，財務省外国資産管理局（OFAC）が当該個人及びその所属するフロント企業（Chosun Expo Joint Venture）を新たに制裁の対象としたことは，上記(1)で述べたとおりである。司法省・OFACはいずれも，それぞれ刑事訴訟手続，制裁対象の審査・認定手続において必要な範囲・程度で，①当該個人，フロント企業及び北朝鮮当局（朝鮮人民軍総参謀部偵察局第3局Lab 110）の三者間の関係，②当該個人のWannaCryの開発及び拡散への関与（スピアフィッシング・メッセージの送付に用いられた電子メール・ソーシャルメディアのアカウント，北朝鮮・中国その他のIPアドレスの追跡・特定等）の両面について，捜査・証拠の収集等により具体的に立証し，その立件した内容を報道資料，訴状等の形で公表している[142]。上記①は当該個人の北朝鮮への帰属，上記②はWannaCryの拡散・「身代金」要求の行為が当該個人によるものであることの根拠を示すものであるので，国内手続の過程でそれらを公表することにより，部分的にではあるが，北朝鮮への侵害行為の帰属を公に認定した国土安全保障補佐官の発言においてその認定の根拠を具体的に説明していなかったことを補う側面があると評価し得よう。

　また，EU加盟各国は，当時は未だEU加盟国であった英国を除き，上述の4ヶ国の声明等のような形での北朝鮮への帰属の認定は行わなかった一方，2017年12月に採択されたEU理事会結論「悪意のあるサイバー活動に対する欧州連合の共同の外交的対応のための枠組み」（Cyber Diplomacy Toolbox）[143]に基づく最初の制限措置（restrictive measures）[144]として，2020年6月，EU理事会において，オランダ・ハーグに所在する化学兵器禁止事務局（OPCW）へのサイバー攻撃（2018年4月）に関与したとされるロシア連邦軍参謀本部情報総局（GRU）要員等の個人・団体に加え，WannaCry事案に関与した容疑

141　"FM Spokesman Flails U.S. Anti-DPRK Moves over Cyber Issue" (December 21, 2017), Korea News Service (KNS), at http://www.kcna.co.jp/item/2017/201712/news21/20171221-04ee.html

142　Press release (U.S. Department of Justice), *supra* note 128; "United States of America v. Park Jin Hyok", *supra* note 128; Press release (U.S. Department of Treasury), *supra* note 129; 御巫「前掲論文」(注128) 945–950頁。

2 国家実行又は後に生じた慣行

で上述の北朝鮮のフロント企業（Chosun Expo Joint Venture），下記(3)の
NotPetya 事案に関与した容疑で GRU 特別技術メインセンター（GTsST）を
対象として，EU 域内への渡航の禁止，資産凍結及び EU の個人・団体による
資金の提供の禁止から成る制裁を科すことを内容とする決定（共通外交・安全
保障政策）及び実施規則（欧州連合）を採択した[145]。EU 理事会は，これらの
制限措置が（非 EU の）第三国への責任の帰属の認定とは区別されるべきとし
ており，実際，Chosun Expo Joint Venture については北朝鮮当局との関係を
具体的に説明・公表していない[146]。しかしながら，GTsST（及び上述の
OPCW 事案に関与した容疑の個人 4 名）については，ロシア軍のインテリジェ

---

143 Press release "Cyber attacks: EU ready to respond with a range of measures,
including sanctions" (19 June 2017), Council of the European Union, at https://www.
consilium.europa.eu/en/press/press-releases/2017/06/19/cyber-diplomacy-toolbox/;
Council of the European Union, Draft Council Conclusions on a Framework for a Joint
EU Diplomatic Response to Malicious Cyber Activities ("Cyber Diplomacy Toolbox")
− Adoption (7 June 2017), at https://data.consilium.europa.eu/doc/document/ST-
9916-2017-INIT/en/pdf.

144 Press release "Cyber-attacks: Council is now able to impose sanctions" (17 May
2019), Council of the European Union, at https://www.consilium.europa.eu/en/press/
press-releases/2019/05/17/cyber-attacks-council-is-now-able-to-impose-sanctions/;
COUNCIL DECISION (CFSP) 2019/797 of 17 May 2019 concerning restrictive
measures against cyber-attacks threatening the Union or its Member State, *Official
Journal of the European Union*, L 129 I/13–19; COUNCIL REGULATION (EU)
2019/796 of 17 May 2019 concerning restrictive measures against cyber-attacks
threatening the Union or its Member States, *Official Journal of the European Union*, L
129 I/1–12.

145 Press release "EU imposes the first ever sanctions against cyber-attacks" (30 July
2020), Council of the European Union, at https://www.consilium.europa.eu/en/press/
press-releases/2020/07/30/eu-imposes-the-first-ever-sanctions-against-cyber-attacks/;
COUNCIL DECISION (CFSP) 2020/1127 of 30 July 2020 amending Decision (CFSP)
2019/797 concerning restrictive measures against cyber-attacks threatening the
Union or its Member States, *Official Journal of the European Union*, L 246/12–18;
COUNCIL IMPLEMENTING REGULATION (EU) 2020/1125 of 30 July 2020
implementing Regulation (EU) 2019/796 concerning restrictive measures against
cyber-attacks threatening the Union or its Member States, *Official Journal of the
European Union*, L 246/4–9

146 Press release (Council of the EU), *Ibid.*, Background, 3rd para.; COUNCIL DECISION
(CFSP) 2020/1127, *Ibid.*, Annex B. 2., L 246/17, COUNCIL IMPLEMENTING
REGULATION (EU) 2020/1125, *Ibid.*, Annex B. 2., L 246/8–9.

Ⅱ　一次的規範（保護法益）

ンス部門である GRU に所属する組織（及び要員）であることを明確に説明・公表しており[147]，NotPetya 事案（及び OPCW 事案）に関しては，事実上，侵害行為のロシアへの帰属を認定したものと評価し得るように思われる。

⑶　ランサムウェア NotPetya によるウクライナ等世界各地のデータ破壊・システム停止等（2017年6月）

　2017年6月27日，ランサムウェア NotPetya によるデータ破壊・システム停止等の被害が，まずウクライナ国内で，その後翌日までに西欧諸国，ロシアを含む世界各地に拡大した。ウクライナ国内では，多数の企業に加え，チョルノービリ（旧称チェルノブイリ）原子力発電所構内・周辺地区の自動放射線監視システム，エネルギー産業，政府当局等に被害が及んだ。これに加え，WPP（英国に本拠を置く大手国際広告代理店グループ），Merck（米国に本拠を置く大手製薬会社），Maersk（デンマークに本拠を多く大手国際海運企業），ロスネフチ（ロシアの国営石油企業）等の世界的な大企業に社内全体のシステム停止を含む巨額の損害が生じたほか[148]，その後 Saint-Gobain（フランスの大手建設企業），Mondelez International（米国に本拠を置く多国籍食料・飲料・スナック企業）等被害は更に広がった[149]。

　NotPetya は，上記⑵の WannaCry と同様，Windows の脆弱性を活用した端末・システムへの侵入に加え，システム管理者の端末への改竄されたソフトウェア更新の提供又はスピアフィッシングメールの送付によって同管理者のログイン情報を窃取することにより，各企業・組織のシステム全体への拡散が続発した。特に，会計（税務処理）ソフトウェア MeDoc を開発・提供するウクライナ企業がハッキングを受け，その後，ウクライナその他旧ソ連諸国を始め

147　COUNCIL DECISION（CFSP）2020/1127, *Ibid.*, Annex A. 3.–6. & B. 3., L 246/15–16 & 17–18; COUNCIL IMPLEMENTING REGULATION（EU）2020/1125, *Ibid.*, Annex A. 3.–6. & B. 2., L 246/7–8 & 9.

148　Ian THOMSON, "Everything you need to know about the Petya, er, NotPetya nasty trashing PCs worldwide: This isn't ransomware － it's merry chaos"（28 June 2017）, The Register, at https://www.theregister.com/2017/06/28/petya_notpetya_ransomware/?page=1

149　Andy GREENBERG, "The Untold Story of NotPetya, the Most Devastating Cyberattack in History"（22 August 2018）, WIRED, at https://www.wired.com/story/notpetya-cyberattack-ukraine-russia-code-crashed-the-world/

2　国家実行又は後に生じた慣行

とする世界各地の顧客・企業に同ソフトウェアの更新を提供したことが，NotPetya の急速な拡散の発端となったとされる。このように各端末・システムに侵入した後，NotPetya は10分〜60分で起動し，その端末・システム内のデータを暗号化しつつ，暗号を解除するためにビットコインで300米ドルの支払いを要求するメッセージを表示するが，被害者が「身代金」の支払い，暗号解除に必要な入力情報の取得等を行うためのリンク等が作動しなかったケースが大多数であった。このことから，NotPetya による一連のサイバー攻撃は，「身代金」目的の経済犯罪ではなく，広範なコンピュータ・システムのデータを破壊し，システムの停止・遮断による（社会的）混乱を惹起するという攻撃的な性格のものであったと見られる[150]。

　これに対し，少なくともウクライナ，英国，米国，豪州の4ヶ国が，当局者の発言，声明の発出等により，本件サイバー攻撃行為のロシアへの帰属を認定した[151]。具体的には，まず，本件事案の発生が明らかとなって間もない2017年7月1日，ウクライナ保安局（SBU）筋が，報道機関に対し次のとおり述べた。

「国際的な（コンピュータ・）ウイルス対策企業と協力して取得したものを含む入手可能なデータに基づき，我々は，2016年12月，…ウクライナの金融システム，運輸・エネルギー施設を攻撃したハッカー集団と同一の集団が（今回の）攻撃に関与していると信ずべき理由を有する。」

　このことは，今回の攻撃へのロシア連邦の特務機関（special services）の関与を証明するものである。」

SBU はまた，この発言の前日（6月30日）に発出した声明において，同年5月から6月にかけて，ロシアの工作員（agents）が所持していた（belonged to）ウクライナ等の諸国に対するサイバー攻撃を行うための装備品を差し押さえていたことを明らかにしている[152]。

150　THOMSON, *supra* note 148.

151　これらの4ヶ国のほか，デンマーク，リトアニア，エストニア等が本件について声明等を発表したとされるが，政府当局による声明等の原文を特定し，確認するに至らなかった。

152　Pavel POLITYUK, "Ukraine points finger at Russian security services in recent cyber attack" (July 1, 2017), Reuters, at https://www.reuters.com/article/us-cyber-attack-ukraine-idUSKBN19M39P/

57

II　一次的規範（保護法益）

続いて，本件事案の発生から8ヶ月余り後の2018年2月15日，英国外務省の
アーマド・オブ・ウィンブルドン閣外大臣及び米国大統領府報道官は，それぞ
れ次の内容を含む声明を発表した。

「英国政府は，ロシア政府，特にロシア軍が2017年6月のNotPetyaによる破
壊的なサイバー攻撃について責任を負っていた（was responsible for）と判断
する。
　同攻撃は，ウクライナの主権が相変わらず無視されていること（a continued
disregard for）を示した。…」（アーマド・オブ・ウィンブルドン外務省閣外
大臣声明）[153]

「2017年6月，ロシア軍は，歴史上最も破壊的で，最も大きな犠牲を伴うサイ
バー攻撃を行った。
　NotPetyaと呼ばれるこの攻撃は，急速に全世界に拡散し，欧州，アジア及
び南北アメリカにわたり数十億米ドルに上る損害をもたらした。これは，クレ
ムリンによるウクライナを不安定化させるための現在進行中の（ongoing）努
力の一環であり，現在進行中の紛争へのロシアの関与を一層明確に示すもので
ある。…」（米国大統領府報道官声明）[154]

　翌2月16日，豪州のテイラー法執行・サイバーセキュリティ大臣は声明を発
出し，次のとおり表明した。

「豪州政府は，2017年6月，ロシアが重要インフラ及び様々な企業を攻撃す
るためにマルウェアNotPetyaを用いたことを米国，英国両政府とともに非難
することとした。
　豪州政府は，豪州のインテリジェンス機関からの助言に基づき，また，米国
及び英国との協議を通じ，ロシア国家の支援を受けたアクター（Russian state

153　News Story "Foreign Office Minister condemns Russia for NotPetya attacks"（15
February 2018），UK Foreign and Commonwealth Office, at https://www.gov.uk/
government/news/foreign-office-minister-condemns-russia-for-notpetya-attacks

154　Statement from the Press Secretary（February 15, 2018），The White House,
United States of America, at https://trumpwhitehouse.archives.gov/briefings-
statements/statement-press-secretary-25/

2　国家実行又は後に生じた慣行

sponsored actors）が本件事案について責任を負っていたと判断した。」[155]

　これらの声明の発表はいずれも一両日の間に行われており，英・米・豪の３ヶ国が緊密に情報交換・調整の上発表したことが窺われる。また，米国の声明はごく簡潔なもので，ロシアへの帰属の認定の根拠を示していない一方，豪州は自国のインテリジェンス情報と米・英両国との協議に基づく認定であることを明らかにしている。英国は，その声明に関する報道資料に次の「編集者向け注（Notes to editors）」を付し[156]，英国による帰属の認定が技術的証拠（攻撃の発信源となった端末・アカウントの特定等）に加え，より幅広い情報，国際情勢等を考慮した上で行われたものであることを示唆している。

「英国の国家サイバーセキュリティ・センター（NCSC）は，2017年６月のNotPetyaによる破壊的なサイバー攻撃について，ほぼ確実にロシア軍が責任を負っていたと評価している。

　（この）確信度の高い（high confidence）評価及びより幅広い文脈を踏まえ，英国政府は，ロシア政府，すなわちクレムリンが今回のサイバー攻撃について責任を負っていたとの判断を下した。」[157]

　以上の４ヶ国の声明等に対し，ロシアの大統領府報道官は，ウクライナSBU筋の発言について「根拠のない十把一絡げの非難（blanket accusations）」[158]，英国及び米国の声明について，ロシア企業も被害を受けていること指摘しつつ「根拠がない」「対ロシア恐怖症を煽るいつものキャンペーンの一環（a continuation of the Russophobic campaign）に過ぎない」[159]等と述べ，自国の

155　Minister for Law Enforcement and Cyber Security, Hon. Angus TAYLOR MP, "Australian Government attribution of the 'NotPetya' cyber incident to Russia"（16 February 2018）, at https://www.dfat.gov.au/sites/default/files/australia-attributes-notpetya-malware-to-russia.pdf

156　News Story（UK Foreign and Commonwealth Office）, *supra* note 153.

157　*Ibid.*

158　POLITYUK（Reuters）, *supra* note 152.

159　"UK and US blame Russia for 'malicious' NotPetya cyber-attack"（15 February 2018）, British Broadcasting Corporation（BBC）, at https://www.bbc.com/news/uk-politics-43062113

Ⅱ　一次的規範（保護法益）

関与を否定している。

　なお，カナダは，上記(2)の WannaCry の場合と同様，通信セキュリティ庁（CSE）長官の声明において「ロシア国内のアクター（actors in Russia）が NotPetya の開発について責任を負っていたと評価している」（傍点引用者）旨述べるに留めている[160]。

　また，米国は上述のとおり，2018年2月の大統領府報道官の声明において，本件侵害行為のロシアへの帰属の認定の根拠を示さなかったが，2020年10月15日，米国ピッツバーグの連邦大陪審（federal grand jury）は，他の共謀者とともに NotPetya を含む複数の破壊的なマルウェアの開発・拡散を共謀した罪でロシア国籍・在住のハッカー6名を起訴（indictment）した。その起訴状においては，これらの6名がいずれも，「特別技術メインセンター（GTsST）」，「Sandworm Team」，「Telebots」等の別称・異名で知られる GRU74555部隊の要員であったこと，うち4名が NotPetya の構成要素の開発に関わった上で，スピアフィッシング，（特に NotPetya 事案については）広く普及しているソフトウェアの更新バージョンの改竄等のネットワーク侵入手法を実行するために偽名でサーバ，電子メール・アカウント，URL 等を入手・維持・利用したこと等を詳述している[161]。上記(2)の場合と同様，国内刑事手続の一環として容疑者による越境サイバー侵害行動の実行及び同容疑者と侵害国との関係を検証・公表することにより，越境サイバー侵害行動の一部について，侵害国への帰属の認定の根拠を示していると言える。

160　Greta BOSSENMAIER, Chief, Communications Security Establishment (CSE), "CSE Statement on the NotPetya Malware" (March 24, 2021 (Date modified)), Government of Canada, at https://www.cse-cst.gc.ca/en/information-and-resources/news/cse-statement-notpetya-malware

161　Press release "Six Russian GRU Officers Charged in Connection with Worldwide Deployment of Destructive Malware and Other Disruptive Actions in Cyberspace" (October 19, 2020), Office of Public Affairs, U.S. Department of Justice, at https://www.justice.gov/opa/pr/six-russian-gru-officers-charged-connection-worldwide-deployment-destructive-malware-and#; "United States of America v. Yuri Sergeyevich Andrienko, Sergey Vladimirovich Detistov, Pavel Valeryevich Frolov, Anatoliy Sergeyevich Kovalev, Artem Valeryevich Ochichenko, and Petr Nikolayevich Pliskin" (Indictment before the United States District Court for the Western District of Pennsylvania, Criminal No.20-316, Filed on October 15, 2020), at https://www.justice.gov/opa/press-release/file/1328521/download

3 考　察

EU 加盟各国が（当時 EU 加盟国であった英国を除き）公式の声明等の形で
ロシアへの帰属の認定は行わなかった一方，2020 年 6 月，EU の Cyber
Diplomacy Toolbox に基づく最初の制限措置として，NotPetya 事案に関与し
たとされる GTsST を含む団体・個人に対して EU 域内への渡航の禁止，資産
凍結及び EU の個人・団体による資金の提供の禁止から成る制裁を科しており，
GTsST がロシア軍に所属する組織であることを公に明らかにしている点にお
いて，この制裁を事実上，侵害行為のロシアへの帰属を認定したものと評価す
る余地があることは，上記(2)で述べたとおりである。

　以上(1)〜(3)の事例は，いずれも関係国が国際法規範への違反を明示的に認定
していない点において，厳密な意味では，当該国際法規範についての「国家実
行」ないし「適用につき後に生じた慣行」に当たるとは必ずしも言えない。し
かしながら，これらの事例がいずれも，上述(a)及び(b)の規範認識を有し，その
旨を自らの立場表明等で公にしている諸国による実行であることにかんがみれ
ば，同事例は，これらの規範認識を共有する諸国が，先述した帰属の認定・立
証の困難さにもかかわらず，上述(a)又は(b)に該当し得る越境サイバー侵害行動
事案について侵害国を特定し，今後，何らかの国際法規範を適用して（当てはめ
て）その責任を何らかの形で問う余地を残す試みと評価し得よう。

3　考　察
　幅広い各国の立場表明の検証（上記 1 ）を通じ，越境サイバー侵害行動につ
いて適用されるとの規範認識（法的確信ないし条約規範の解釈についての合
意）が「結晶化」しつつあると認められる実定国際法規範のそれぞれに関し，
各国が実際の越境サイバー侵害行動事案への適用（当てはめ）を試みたとみら
れる事例の検証（上記 2 ）を踏まえ，以下，国家実行ないし条約規範の「適用
につき後に生じた慣行」の今後あり得べき展開を考察する。

(1)　武力による威嚇・武力の行使の禁止
　2007 年 4 月，エストニアの旧ソ連解放戦勝記念像の移設を機に発生した同国
の政府機関（外務省，国防省等），金融機関，報道機関等に対する大規模な
DDoS 攻撃は，これらの機関のウェブサイト・電子メールの遮断等，一時は同
国の政治・経済・社会全体の機能が危ぶまれる事態を招来した[162]。エストニア

61

II 一次的規範（保護法益）

政府・議会内では一時，かかる DDoS 攻撃を武力攻撃と認定して北大西洋条約機構（NATO）加盟国による個別的又は集団的自衛権の行使を可能とする北大西洋条約第5条を援用する可能性も取り沙汰されたが，同国政府当局者は，ロシアの保安当局の直接の関与を明言する一方[163]，NATO がかかるサイバー攻撃のみを以て軍事行動（武力攻撃）と認定する見込みがないとの理由から，ごく早い段階で北大西洋条約第5条の援用を否定した[164]。

また，2010年夏，USB を介してイラン・ナタンズの核燃料濃縮施設のシステム内に侵入・拡散していたマルウェア Stuxnet により同施設の濃縮分離器約1,000基が破壊され，同施設の長期にわたる稼働停止を余儀なくされる事態となった[165]。危険な力を内蔵する原子力関連施設に物理的損害をもたらしており，1981年及び2007年，イスラエル空軍がそれぞれイラク，シリアに建設中であった原子力施設に対して行ったとされる空爆を想起させたことも相俟って，学界では，同マルウェアによる攻撃が少なくとも国際連合憲章第2条第4項により禁止される武力の行使に該当する可能性が高いとの見方が有力と言える[166]。しかしながら，イランは，被害発生の判明から8ヶ月余り後，軍当局者が「調査の結果，Stuxnet の起源（source）が米国及びシオニスト体制で生まれたものであることが明らかとなった」と述べたものの[167]，これを武力の行使ないし

162　Eneken TIKK, Kadri KASKA and Liis VIHUL, "International Cyber Incidents: Legal Considerations" (2010), NATO Cooperative Cyber Defence Centre of Excellence (CCDCOE), at https://ccdcoe.org/uploads/2018/10/legalconsiderations_0.pdf, pp. 18–25.

163　"Russia accused of unleashing cyberwar to disable Estonia" (17 May 2007), The Guardian, at https://www.theguardian.com/world/2007/may/17/topstories3.russia

164　TIKK, KASKA and VIHUL, *supra* note 162, pp. 25–26.

165　"Stuxnet worm targeted high-value Iranian assets" (23 September 2010), British Broadcasting Corporation (BBC), at https://www.bbc.com/news/technology-11388018; Ramin MOSTAFAVI, "Iran accuses Siemens over Stuxnet virus attack" (April 17, 2011), Reuters, at https://www.reuters.com/article/us-iran-nuclear-stuxnet-idUSTRE73G0NB20110417/

166　SCHMITT and VIHUL (eds.) (Tallinn Manual 2.0), *supra* note 1, p. 342, para.10 (commentary to Rule 71); Duncan B. HOLLIS, "Could Deployment Stuxnet be a War Crime?" (25 January 2011), OpinioJuris, at https://opiniojuris.org/2011/01/25/could-deploying-stuxnet-be-a-war-crime/; Reese NGUYEN, "Navigating Jus Ad Bellum in the Age of Cyber Warfare", *California Law Review*, Vol.101 (2013), p. 1079, pp. 1082–1083; DELERUE, *supra* note 23, pp. 309–310.

167　MOSTAFAVI (Reuters), *supra* note 165.

3 考　察

武力攻撃であったと公に認定することはなかった。

　さらに，2022年2月のロシアによるウクライナ侵略の直前・直後には，ウクライナの電気通信事業者，政府機関，商業衛星通信ネットワーク等が相次いでサイバー攻撃を受け，それぞれ数時間〜1日程度遮断され[168]，少なくとも潜在的にはウクライナの政治・経済・社会の機能を危うくし得る状況にあった。それにもかかわらず，ウクライナ及び当該攻撃の被害が波及した欧米諸国・機関は，これらのサイバー攻撃へのロシアの関与を非難しつつも，当該サイバー攻撃自体を違法な武力の行使ないし武力攻撃とは認定していない[169]。

　以上の事例から，大多数の国が越境サイバー侵害行動に対して自衛権の行使により対処する可能性，換言すれば越境サイバー侵害行動が武力攻撃に該当する可能性を完全に排除はしていない一方，各国が実際に受ける越境サイバー侵害行動についてその強度・烈度が武力攻撃の水準に達したと認定し，自衛権を行使する事例は，今後も極めて稀であろうと予想される[170]。

168　Raphael SATTER, "Recent Ukraine outage caused by modest cyberattack, data shows" (February 18, 2022), Reuters, at https://www.reuters.com/technology/recent-ukraine-outage-caused-by-modest-cyberattack-data-shows-2022-02-17/; Christopher BING and Raphael SATTER, "Ukraine telecom company's internet service disrupted by 'powerful' cyberattack" (March 29, 2022), Reuters, at https://www.reuters.com/business/media-telecom/ukrainian-telecom-companys-internet-service-disrupted-by-powerful-cyberattack-2022-03-28/; "UK blames Russia for satellite internet hack at start of war" (10 May 2022), British Broadcasting Corporation (BBC), at https://www.bbc.com/news/technology-61396331

169　SATTER (Reuters), *Ibid.*; BING and SATTER (Reuters), *Ibid.*; Foreign, Commonwealth and Development Office (FCDO) and National Cyber Security Centre (NCSC), "UK assesses Russian involvement in cyber attacks on Ukraine" (18 February 2022), UK Government (GOV.UK) at https://www.gov.uk/government/news/uk-assess-russian-involvement-in-cyber-attacks-on-ukraine (「ウクライナの主権が相変わらず無視されていること」に言及); Press Statement, Antony J. BLINKEN, Secretary of State, "Attribution of Russia's Malicious Cyber Activity Against Ukraine" (May 10, 2022), U.S. Department of State, at https://www.state.gov/attribution-of-russias-malicious-cyber-activity-against-ukraine/ (「サイバー空間におけるルールに基づく国際秩序の擁護 (upholding)」に言及); Press Release, "Russian cyber operations against Ukraine: Declaration by the High Representative on behalf of the European Union" (10 May 2022), Council of the European Union (EU), at https://www.consilium.europa.eu/en/press/press-releases/2022/05/10/russian-cyber-operations-against-ukraine-declaration-by-the-high-representative-on-behalf-of-the-european-union/pdf (「違法かつ不当なウクライナへの侵略の不可分の一部を成す」と言及).

II　一次的規範（保護法益）

サイバー等の新たな害敵手段による攻撃が武力の行使，更にはその「最も重大な形態」たる武力攻撃[171]の水準に達するか否かの判断基準に関し，学説上は，大別して，①当該攻撃のもたらす損害が従前は運動力学兵器による攻撃によってのみ達成し得るものであったかを検証する「（害敵）手段に基づく（instrument-based）」アプローチ，②重要インフラに対する当該攻撃を自動的に武力攻撃として扱う「攻撃対象に基づく（target-based）」ないし「厳格責任」アプローチ，③当該攻撃が被害国にもたらす効果（effect）の諸要素を勘案して当該攻撃の重大性（gravity）を総合的に判断する「効果／結果に基づく（effects/consequences-based）」アプローチの3通りの考え方が提唱されている。

170　もっとも，英国が2018年3月，同国ソールズベリーで発生した元ロシアの諜報員及びその娘の暗殺未遂事件に関して「ロシア国家による英国に対する違法な武力の行使」の認定を行っていること，同年5月のライト法務総裁の講演において「重要医療サービスを標的とする行動は，サイバーの手段により実行される場合であっても同様に，禁止された干渉又は武力攻撃にさえ該当する。」（傍点引用者）等と述べていることを踏まえ，英国を含む一部諸国が，少数の人の死傷をもたらす越境サイバー侵害行動についてもその無差別性・潜在的破壊力に着目して武力の行使ないし武力攻撃と認定する可能性が排除されないとの指摘が見られる。Theresa MAY, "PM Commons Statement on National Security and Russia: 26 March 2018" (26 March 2018), at https://www.gov.uk/government/speeches/pm-commons-statement-on-national-security-and-russia-26-march-2018; WRIGHT (UK Attorney General), *supra* note 12; 河野桂子「『タリン・マニュアル2』の有効性考察の試み—サイバー空間における国家主権の観点から—」『防衛研究所紀要』第21巻第1号（2018年12月）53頁，59–62頁。しかしながら，その後，かかる見解を表明・示唆する他の国の存在は確認されず，英国自身も，上述のような越境サイバー侵害行動については不干渉義務違反を認定する方針をより前面に打ち出していると考えられる。BRAVERMAN (UK Attorney General), *supra* note 12, 4th–6th paras.

171　*Nicaragua v. United States of America, Merits, I.C.J., supra* note 17, pp. 101, para.191. 米国は従来より，武力の行使が武力攻撃に該当するための敷居（threshold）は存在せず，潜在的にはあらゆる違法な武力の行使に対して自衛権を行使し得るとの立場を表明しているが，他にかかる立場を公に示している国は確認されず，学説上も，上記のICJニカラグア軍事的・準軍事的活動事件判決（本案）（1986年）の判示のとおり，武力の行使には該当するが武力攻撃には至らない「隙間（gap）」が存在するとの見解が多数説と言える。KOH（米国国務省法律顧問），*supra* note 12, p. 7; 岩沢雄司『国際法』（東京大学出版会，2020年）706〜707頁；Marco ROSCINI, *Cyber Operations and the Use of Force in International Law*（Oxford University Press, 2014）, pp. 72–73; Patrick DAILLIER, Mathias FORTEAU et Alain PELLET, *Droit International Public (8ᵉ édition)*（L.G.D.J. - Lextenso éditions, 2009）, p. 1041.

3 考　　察

　このうち「(害敵) 手段に基づく」アプローチ (①) は，攻撃に用いられる (害敵) 手段の種類・態様に着目した上で，国際連合発足以前から戦闘の手段・方法を規律する戦時国際法規 (ハーグ法) が専ら運動力学兵器を規制の対象としてきたこと，国際連合憲章の下でも，安全保障理事会が認定した侵略行為等に対してとり得る「兵力の使用を伴わない…措置 (measures not involving the use of armed force)」として「電信，無線通信その他の運輸通信の手段の全部又は一部の中断 (complete or partial interruption of ... telegraphic, radio and other means of communication)」を例示する一方 (国際連合憲章第41条)，かかる措置では不充分な場合には「空軍，海軍又は陸軍の行動 (action by air, sea, or land forces)」をとり得る (同第42条) 旨定めていること等を踏まえ[172]，実際に攻撃に用いられた (害敵) 手段と陸海空軍が通常用いる (害敵) 手段すなわち運動力学兵器との類似性を以て，その攻撃が実定国際法上の武力の行使 (同第2条第4項) ないし武力攻撃 (同第51条) に該当するか否かの判断基準とする考え方[173]である。この基準に従えば，爆発・熱・破砕等の運動エネルギーを伴わず「通信の手段の全部又は一部の中断」に他ならない越境サイバー侵害行動は，武力の行使ひいては武力攻撃に該当する余地がない上[174]，今後，国際連合憲章が改正されない限り，運動エネルギーを利用しない他の新型の兵器による攻撃を受けた国が自衛権の行使により対処する可能性をも一切閉ざしてしまうこととなる。かかる解釈は硬直的に過ぎ，広範な諸国の支持を得られるとは考え難い。

　また，「攻撃対象に基づく」ないし「厳格責任」アプローチ (②) は，攻撃の対象の性格に着目した上で，その対象が重要インフラである場合には，その攻撃の意図 (の有無)・規模・烈度等の評価を要することなく直ちに武力攻撃

---

[172] Oona A. HATHAWAY, Rebecca CROOTOF, Philip LEVITZ, Haley NIX, Aileen NOWLAN, William PERDUE and Julia SPIEGEL, "The Law of Cyber-Attack", *California Law Review*, Vol.100 (2012), p. 817, p. 846; Duncan B. HOLLIS, "Why States Need an International Law for Information Operations", Lewis and Clark Law Review, Vol.11 (2007), p. 1023, p. 1041; David J. DICENSO, "Information Operations: An Act of War?" (July 31, 2000), Air & Space Power Journal Chronicles Online, at https://www.airuniversity.af.edu/Portals/10/ASPJ/journals/Chronicles/dicenso1.pdf, III. b.& c.; NGUYEN, *supra* note 166, pp. 1117-1118.

[173] HATHAWAY *et al.*, *Ibid.*, pp. 845-846; NGUYEN, *supra* note 166, p. 1117.

[174] HATHAWAY *et al.*, *supra* note 172, pp. 845-846; HOLLIS, *supra* note 172, p. 1041; NGUYEN, *supra* note 166, pp. 1118-1119.

Ⅱ　一次的規範（保護法益）

とみなし，迅速に自衛権の行使により対処することを可能とすべきとの考え方である[175]。その論拠は必ずしも明確ではないが，提唱者は，国家の安全保障や経済全体の機能，国民の生命・健康等に直結している重要インフラの機能を防護する必要性を強調している[176]。重要インフラへの越境サイバー侵害行動に対し即時の越境サイバー侵害行動による反撃，ハックバック等の能動的サイバー防御（active cyber defense）ひいては先制的自衛（anticipatory self-defense）により対処する必要性を強調する論者が少なくなく，中には，武力攻撃だから能動的サイバー防御や先制的自衛権で対処するのではなく，これらの対処を可能とするために武力攻撃と認定すべきというに近い主張も見られる[177]。重要インフラの防護の実効性を高める必要性は首肯できるものの，重要インフラに対する越境サイバー侵害行動の態様は意図しない単発的な漏洩データの閲覧から組織的・計画的なマルウェア拡散によるシステム全体の機能停止に至るまで様々であること，現状において重要インフラの範囲は各国が各々の事情を踏まえて行う分野・インフラの指定に委ねられていることにかんがみれば，かかる考え方は，重要インフラに対する武力攻撃の成立を過度に容易にし，越境サイバー侵害行動ひいては武力の行使の応酬のエスカレーションを誘発するおそれがあり[178]，①と同様，広範な諸国の支持は得られないであろう。

　以上に対し，「効果／結果に基づく」アプローチ（③）は，特に①の考え方の限界を克服すべく，運動力学兵器がその攻撃対象にもたらす効果に着目するもので，運動力学兵器とその効果との関係を特徴付ける深刻度，即時性，直接

175　Walter G. SHARP, Sr., *Cyberspace and the Use of Force*（Ageis Research Corp, 1999）, pp. 129-132; Sean M. CONDRON, "Getting It Right: Protecting American Critical Infrastructure in Cyberspace", *Harvard Journal of Law & Technology*, Vol.20, No.2（Spring 2007）, p. 403, pp. 415-416; HOLLIS, *supra* note 172, p. 1041; NGUYEN, *supra* note 166, pp. 1119-1120. 本アプローチを主張する SHARP, CONDRON 等は，本文後述のように先制的自衛権による対処を重視する観点から，重要インフラに対する越境サイバー侵害行動の事実を以て直ちに（武力の行使ではなく）武力攻撃と認定すべきとする。

176　SHARP, *Ibid.*; CONDRON, *Ibid.*, pp. 406-407.

177　例えば，SHARP, *Ibid.*, pp. 129-131; Eric T. JENSEN, "Computer Attacks on Critical National Infrastructure: A Use of Force Invoking the Right of Self-Defense", *Stanford Journal of International Law*, Vol.38（2002）, p. 207, pp. 229-231; CONDRON, *Ibid.*, pp. 415-416.

178　HATHAWAY *et al.*, *supra* note 172, pp. 846-847; NGUYEN, *supra* note 166, pp. 1120-1121.

3 考 察

性等の諸要素[179]を特定した上で，そのそれぞれについて，実際に行われた攻撃と典型的な通常兵器（運動力学兵器）による攻撃との近接性・類似性を評価し，大多数の要素について通常兵器による攻撃との近接性・類似性が高い場合，総合的な判断の上で，その攻撃を武力の行使ないし武力攻撃と判定する[180]。総合的判断という手法故に，各国が上述の諸要素をいかなる手法・優先度で評価するかによって異なる結論が導かれ得る等の課題がなお存在し，改善ないし精緻化の余地はあるものの[181]，武力攻撃の該非の伝統的な判断基準（①）を出発点としつつ，攻撃の効果に関連する諸要素を考慮することにより，越境サイバー

---

179 「効果／結果に基づく」アプローチを最初に提唱した SCHMITT（元米国空軍法務官（judge advocate））は，深刻度（severity ／攻撃が通常兵器による攻撃がもたらすような規模の身体の殺傷や財物の破壊に類する効果をもたらすか），即時性（immediacy ／攻撃の効果が即時に生じ，いったん攻撃に着手すると，交渉・仲介等の平和的解決の努力でその効果の発生を防ぐことが不可能なものか），直接性（directness ／攻撃が他の要因の介在・寄与なしに，直接その効果をもたらすか），侵襲性（invasiveness ／攻撃行為が国境を越えて，被害国内でも行われるものか），計量可能性（measurability ／攻撃の効果を数量化できるか），正当性の推定（presumptive legitimacy ／攻撃の方法・手段が国内法又は国際法により不法とされるものか）の 6 要素を挙げている。Michael N. SCHMITT, "Computer Network Attack and the Use of Force in International Law: Thoughts on a Normative Framework", *Columbia Journal of Transnational Law*, Vol.37（1999），p. 885, pp. 913-915. 同アプローチについて論ずる他の論者も，同アプローチの下で考慮すべき要素としてはこれらの 6 要素を踏襲している（例えば HATHAWAY *et al., supra* note 172, p. 847; NGUYEN, *supra* note 166, pp. 1122-1123.）。

「タリン・マニュアル2.0」では，武力攻撃のみならず武力の行使の判定についても適用し得るアプローチ・基準として，これらの 6 要素に軍事的性格（military character ／攻撃と軍事作戦との間に密接な関係（nexus）があるか，攻撃対象となるサイバーインフラが軍事的性格を有するものか），国家の関与（State involvement ／攻撃と国家との関係がどの程度明白・密接か）を加えた 8 要素を提唱している（SCHMITT and VIHUL（Tallinn Manual 2.0），*supra* note 1, pp. 333-337, paras.8-10, esp. para.9 (f) & (g)（commentary to Rule 69））。追加の 2 要素は，いずれも（サイバー）攻撃行為の国家の軍隊又は国家への帰属の認定（本文Ⅲ 1 (1)ア，2 (2)及び 3 (1)）に関連する判断要素であるが，越境サイバー侵害行動が国家・軍以外の個人・団体により実行される場合が多いこと，特に武力攻撃についてはかかる非国家主体によるものでも自衛権行使の対象となり得ること（本文Ⅲ 3 (6)末尾参照）も踏まえ，武力攻撃ないし武力の行使の該非の判断をより慎重・厳正に行う観点から追加されたものであろう。

180 SCHMITT（1999），*Ibid.,* pp. 915-917; NGUYEN, *supra* note 166, pp. 1122-1123.

101 NGUYEN, *supra* note 166, pp. 1123-1124; HATHAWAY *et al., supra* note 172, pp. 847-848.

Ⅱ　一次的規範（保護法益）

侵害行動という新たな攻撃手法の特性に適応した妥当な武力攻撃該当性の判断を行うことを可能とするバランスのとれた判断枠組みといえ[182]，既に米国国防省[183]等が越境サイバー侵害行動の効果ないし結果（consequences）に重点を置いて判断する考え方を明らかにしている。こうした「効果／結果に基づく」アプローチは，ICJ が従来判示してきている，軍事行動等の「規模及び効果（scale and effects）」により「武力攻撃」に該当するか否かを判断するとの考え方[184]に最も整合的でもあり，今後も，同アプローチが広範な諸国に支持され，採用されていくことが見込まれよう。各国が今後，同アプローチの下で攻撃の効果を評価するに当たり上述の諸要素のうちどの要素を，いかなる方法・優先度で勘案するかを見極める必要はあるが，例えば，損害が当該攻撃と並行して行われた他の害敵手段による攻撃ではなく，当該攻撃が直接の原因となったものかを評価する「直接性」，当該攻撃による損害を数量化できるかが問われる「計量可能性（measurability）」[185]，さらに「軍事的性格（military character）」[186]といった要素については，多くの場合において越境サイバー侵害行動のみでは満たすことは困難であろう。特に，武力攻撃に該当し自衛権の行使の対象となり得るためには，当該越境サイバー侵害行動が「兵力（armed force）」に相当する，すなわち，その規模・効果において一定の水準を上回る「物理的損壊又は人の死傷を直接生じさせる」（傍点引用者）ものである必要があることから[187]，同アプローチの下でも，越境サイバー侵害行動が単独でかかる武力攻撃に該当すると認定することは容易ではないと思われる。

---

182 SCHMITT（1999），*supra* note 179, pp. 917–920; Herbert S. LIN, "Offensive Cyber Operations and the Use of Force", *Journal of National Security Law & Policy*, Vol.4 (2010), p. 63, pp. 73–74.

183 Department of Defense, Office of General Counsel, "An Assessment of International Legal Issues in Information Operations" (Second Edition, November 1999), *reprinted in* Michael N. SCHMITT and Brian T. O'DONNELL (eds.), "Computer Network Attack and International Law", *International Law Studies*, Vol.76 (2002), at https://digital-commons.usnwc.edu/cgi/viewcontent.cgi?httpsredir=1&article=1381&context=ils, p. 483.

184 *Nicaragua v. United States of America, Merits, I.C.J., supra* note 17, p. 101 & pp. 103–104, paras.191.& 195.

185 SCHMITT（1999），*supra* note 179, pp. 913–915.

186 SCHMITT and VIHUL (eds.) (Tallinn Manual 2.0), *supra* note 1, p. 336, para.9(f) (commentary to Rule 69).

3 考 察

　武力攻撃への該当性に関する上述の検討を踏まえると，従来，各国が自衛権の行使により対処する可能性を排除しないとしてきた越境サイバー侵害行動事案の多くは，むしろ武力攻撃に至らない違法な武力の行使又は武力による威嚇に該当すると認定する余地があることとなる。しかしながら，違法な武力の行使，武力による威嚇のいずれについてもその該非を判断した国際裁判例[188]が乏しく，各国にとって，それらを越境サイバー侵害行動に当てはめることは，武力攻撃以上に困難であろう。また，ある国が，他国からの越境サイバー侵害行動について違法な武力の行使又は武力による威嚇と認定する場合，一般に，国際違法行為に対して対抗措置をとる場合であっても，国際連合憲章に定める武力による威嚇・武力の行使の禁止の義務（同憲章第2条第4項）に従わなければならないことから[189]，当該他国に対して類似の越境サイバー侵害行動により対抗措置をとる選択肢を事実上失うこととなる[190]。したがって，今後，越境サイバー侵害行動による対抗措置の余地を残しておきたい多くの国々は，他国からの武力攻撃の水準に至らない越境サイバー侵害行動についてあえて違法な武力の行使又は武力による威嚇と認定しようとせず，むしろ，不干渉義務違反，主権侵害等，他の一次的規範の違反の認定を選好することが想定される。対抗

187　SCHMITT（1999），*supra* note 179, p. 929; SCHMITT and VIHUL（eds.）（Tallinn Manual 2.0），*supra* note 1, pp. 341-342, paras.6-10（commentary to Rule 71）。「一定の水準」が具体的にいかなる水準かは未だ明確になっておらず，例えば，Stuxnet 事案（2010年夏）について，タリン・マニュアル2.0の検討・執筆に当たった国際専門家グループ（IGE）内でも，武力攻撃に該当するとする見解と，武力の行使に該当するが武力攻撃には至らなかったとする見解とに分かれている（SCHMITT and VIHUL（eds.）（Tallinn Manual 2.0），*Ibid.*, p. 342, para.10（commentary to Rule 71））。また，SCHMITTは少なくとも1999年時点において，「物理的損壊又は人の死傷を直接生じさせる」ことを意図した（is intended to cause）ものである必要があるとしているが（SCHMITT（1999），*Ibid.*），IGE 内ではかかる意図の存在を武力攻撃たる要件に含める見解は少数で，越境サイバー侵害行動の規模及び効果のみに基づき判断すべきとの見解が多数派を占める（SCHMITT and VIHUL（eds.）（Tallinn Manual 2.0），*Ibid.*, pp. 343-344, para.14（commentary to Rule 71））。

188　例えば，武力による威嚇について，Arbitral Tribunal Constituted Pursuant to Article 287, and in Accordance with Annex VIII, of the United Nations Convention on the Law of the Sea, In the Matter of an Arbitration Between: Guyana and Suriname, Award of the Arbitral Tribunal（The Hague, 17 September 2007），at https://pcacases.com/web/sendAttach/902, pp. 143-144 & 147, paras.439 & 445.

189　ILC 国家責任条文案コメンタリー，pp. 131-132, Article 50 and paras.⑷ & ⑸（*Commentary to Article 50*）。

69

Ⅱ　一次的規範（保護法益）

措置として越境サイバー侵害行動を行う能力を有さず，精密爆撃・標的殺害（targeted killing）等の限定的な実力の行使を行おうとする国が，違法な武力の行使又は武力による威嚇を認定する可能性は排除されないものの，先述したように一般に武力の行使・武力による威嚇を伴う対抗措置が禁止されていることとの関連で，かかる実力の行使自体に伴う政治的その他のリスクは大きく，その選択肢をとることは容易ではなかろう。

(2)　不干渉義務・他国の（領域）主権侵害の禁止

　上記1(2)で述べたように，慣習国際法上の規範である不干渉義務が越境サイバー侵害行動に対して適用され得ることについては，広範な諸国の法的確信が存在すると言えるが，同義務の適用可能性に関する各国の立場・見解や学説をより具体的に検証すると，従来，越境サイバー侵害行動に対して実際に同義務が援用された事例が存在しなかったことの理由・背景が明らかとなる。ICJ がニカラグア軍事的・準軍事的活動事件判決（本案）（1986年）で判示し，以後踏襲してきた同義務の二要素，すなわち①「政治的，経済的，社会的及び文化的な体制の選択」や「外交政策の形成」等，「国家主権の原則により各国が自由に決定することが許容されている事項」を対象とすること，②「強制の手法（methods of coercion）」を用いること[191]のうち，多くの国[192]・学説[193]が，越境サイバー侵害行動について後者の「強制」要素を立証・認定することが困難としている。

　例えば，2016年6月，米国の民主党全国委員会（DNC）のコンピュータ・システムがロシアのハッカー集団の侵入を受け，同党幹部間の電子メール等の

190　厳密に言えば，例えば，武力攻撃に至らない武力の行使又は武力による威嚇に対しては，比例性を有する（proportionate）対抗措置等として，何らかの形で武力又はその威嚇を伴う対抗措置をとり得ると主張する可能性（詳細は本文Ⅲ3(6)にて後述）は排除されない。しかしながら，この点は，各国間，学説いずれにおいても争われており，各国にとって，国際的に武力による威嚇又は武力の行使として指弾され得る方法により対抗措置に踏み切ることは，政治的その他のリスクが大きい選択肢となる。

191　*Nicaragua v. United States of America, Merits, I.C.J., supra* note 17, pp. 107-108, para.205.

192　例えば，EGAN（米国国務省法律顧問），*supra* note 11, p. 175（「（強制措置の禁止を内容とする不干渉義務は）一般に，相対的に適用範囲の狭い（relatively narrow）慣習国際法の規則であると目されている」）。EGAN は当時（2016年2月～2017年1月）の米国国務省法律顧問。

やり取り及び同年の大統領選挙のトランプ共和党候補に関する調査データの漏洩の可能性があることが明らかとなり[194]，その後同年7月，約2万通に上る同電子メールがWikiLeaksにより公開される事態となった。同電子メールの中には，同党幹部が同年の民主党予備選挙の際，ヒラリー・クリントン前国務長官と大統領候補指名を争ったサンダース上院議員が不利となる質問をするよう同党関係者に呼びかける内容等が含まれていたことから[195]，早い段階において，クリントン民主党候補への信頼を損なうことによりトランプ共和党候補の当選の可能性を高めることを目的とした大統領選挙への介入，あるいは米国内の分断を強調し米国の政治制度そのものへの信頼を失墜させるための介入の可能性が指摘された[196]。しかしながら，同年10月，米国の国土安全保障省及び選挙安全国家情報局長室（Office of the Director of National Intelligence on Election Security）はその共同声明において，これらの情報の窃取・公開がロシアの関係当局者の最上層部を含むロシア政府の指揮による（directed）ものであることを明言するとともに，「米国の選挙プロセスへの介入を意図している（are intended to interfere with the US election process）」としつつも，併せて「国家の要員（a nation-state actor）を含む何者かがサイバー攻撃又はサイバー侵入により実際の得票数の集計や選挙の結果を変更することは，極めて困難であ

---

193 例えば，William OSSOFF, "Hacking the Domaine Réservé: The Rule of Non-Intervention and Political Interference in Cyberspace", *Harvard International Law Journal*, Vol.62 No.1 (Winter 2021), p. 295, pp. 308–309; Thibault MOULIN, "Reviving the Principle of Non-Intervention in Cyberspace: The Path Forward", *Journal of Conflict & Security Law*, Vol.25 No.3 (2020), p. 423, pp. 441–443; SANDER, *supra* note 109, pp. 21–22; Jens D. OHLIN, "Did Russian Cyber Interference in the 2016 Election Violate International Law?", *Texas Law Review*, Vol.95 (2017), p. 1579, pp. 1588–1593.

194 David E. SANGER and Nick CORASANITI, "D.N.C. Says Russian Hackers Penetrated Its Files, Including Dossier on Donald Trump" (June 14, 2016), The New York Times, at https://www.nytimes.com/2016/06/15/us/politics/russian-hackers-dnc-trump.html

195 Tom HAMBURGER and Karen TUMULTY, "WikiLeaks Releases Thousands of Documents about Clinton and Internal Deliberations" (July 22, 2016), The Washington Post, at https://www.washingtonpost.com/news/post-politics/wp/2016/07/22/on-eve-of-democratic-convention-wikileaks-releases-thousands-of-documents-about-clinton-the-campaign-and-internal-deliberations/

196 Mark HOSENBALL and Arshad MOHAMMED, "Behind Democrats' email leak, U.S. experts see a Russian subplot" (July 26, 2016), Reuters, at https://www.reuters.com/article/idUSKCN1052GB/

Ⅱ　一次的規範（保護法益）

ろう」とも述べ，その国際法上の違法性については明言しなかった[197]。これに対しロシアは，同年12月16日，ペスコフ大統領府報道官が「米国の選挙運動への介入についてロシアを根拠なく（groundlessly）非難する米国は品性を欠く」「米国は証拠を示すか，この件について口をつぐむべきだ」等と述べ，関与を暗に否定したが[198]，同年12月29日，米国の国土安全保障省全国サイバーセキュリティ・通信統合センター（NCCIC）及びFBIは，上述の共同声明を敷衍するものとして，ロシア軍のインテリジェンス機関が当該情報の窃取等に用いた手段・インフラ（IPアドレス等）の技術的詳細を示す共同分析報告書を公表した[199]。また，同日，米国大統領府は，本件に関与したGRU・ロシア連邦保安庁（FSB）の２機関，GRUの要員４名及びGRUのサイバー行動を支援した３団体に対する新たな制裁措置を発表するとともに[200]，同日付のオバマ大統領声明において「確立した国際的な行動規範に反して（in violation of established international norms of behavior）米国の利益を損なう試み」「確立した国際的な行動規範を毀損し，民主的な統治に介入する（undermine established international norms of behavior, and interfere with democratic governance）ロシアの試み」に言及したが，国際法違反との明快な言及は避けた[201]。その後，事案の表面化から１年余り後の2018年７月，米国コロンビア特別区の連邦大陪

197　"Joint Statement from the Department of Homeland Security and Office of the Director of National Intelligence on Election Security"（October 7, 2016）, U.S. Department of Homeland Security, at https://www.dhs.gov/news/2016/10/07/joint-statement-department-homeland-security-and-office-director-national

198　Laura SMITH-SPARK, "Russia challenges US to prove campaign hacking claims or shut up"（December 16, 2016）, Cable News Network（CNN）, at https://edition.cnn.com/2016/12/16/europe/russia-us-hacking-claims-peskov

199　U.S. Department of Homeland Security, National Cybersecurity and Communications Integration Center（NCCIC）and Federal Bureau of Investigation（FBI）, Joint Analysis Report "GRIZZLY STEPPE — Russian Malicious Cyber Activity"（Reference No. JAR-16-20296A, December 29, 2016）, at https://www.cisa.gov/sites/default/files/publications/JAR_16-20296A_GRIZZLY%20STEPPE-2016-1229.pdf

200　"FACT SHEET: Actions in Response to Russian Malicious Cyber Activity and Harassment"（December 29, 2016）, The White House, at https://obamawhitehouse.archives.gov/the-press-office/2016/12/29/fact-sheet-actions-response-russian-malicious-cyber-activity-and

201　本文Ⅱ２柱書，（注107）及び（注109）参照。

3 考 察

審は,「2016年の米国大統領選挙への介入を意図した (intended to interfere with the 2016 U.S. presidential election)」連邦法上の諸犯罪の容疑で GRU の要員12名を告訴 (indictment) したが, 司法省の報道資料, 告訴状のいずれにおいても, 引き続き国際法違反の有無への言及はなかった[202]。以上に関連して, 識者の多くは, 本来対外非公表であった情報の窃取・公開という手法によって (米国の有権者, 民主党, クリントン候補等のうち) 誰を強制の対象とし, (トランプ候補への投票, 棄権, クリントン候補の対ロシア姿勢軟化等のうち) いかなる結果を得ようとしていたのか, そのような手法を (国家としての) 米国に対する強制とみなし得るのか等が不明であることを指摘し, 上述の「強制の手法」(②) の要素を満たす可能性に疑問を呈している[203]。同年11月の大統領選挙の2日後に行った講演で, 米国国務省のイーガン法律顧問が「(強制措置の禁止を内容とする不干渉義務は) 一般に, 相対的に適用範囲の狭い (relatively narrow) 慣習国際法の規則であると目されている」「国家によるサイバー行動が, 選挙を実施する他国の能力に介入し (interfere with another country's ability to hold an election), 又は他国の選挙の結果を操作する (manipulate) 場合には, 不干渉の規則の明白な違反となるであろう (would be a clear violation of)」(傍点引用者) と述べていること[204]も, かかる学界の見方と軌を

202　Press Release "Grand Jury Indicts 12 Russian Intelligence Officers for Hacking Offenses Related to the 2016 Election" (July 13, 2018), Office of Public Affairs, U.S. Department of Justice, at https://www.justice.gov/opa/pr/grand-jury-indicts-12-russian-intelligence-officers-hacking-offenses-related-2016-election; "United States of America v. Victor Borisovich Netyksho, Boris Alekseyevich Antonov, Dmitriy Sergeyevich Badin, Ivan Sergeyevich Yermakov, Aleksey Viktorovich Lukachev, Sergey Aleksandrovich Morgachev, Nikolay Yuryevich Kozachek, Pavel Vyacheslavovich Yershov, Artem Andreyevich Malyshev, Aleksandr Vladimirovich Osadchuk, Aleksey Aleksandrovich Potemkin and Anatoliy Sergeyevich Kovalev" (Indictment before the United States District Court for the District of Colombia, Criminal No. ..., Filed on July 13, 2018), at https://en.wikisource.org/wiki/U.S._v._Viktor_Borisovich_Netyksho,_et_al

203　藤澤『前掲書』(注33) 355-357頁 : SCHMITT (2017), *supra* note 112, p. 8 ; OHLIN, *supra* note 193, pp. 1588-1593 ; Sean WATTS, "International Law and Proposed U.S. Responses to the D.N.C. Hack" (October 14, 2016), Just Security, at https://www.justsecurity.org/33558/international-law-proposed-u-s-responses-d-n-c-hack/; OSSOFF, *supra* note 193, pp. 308-309 ; MOULIN, *supra* note 193, pp. 439-441. 異なる見解として, 例えば, DELERUE, *supra* note 23, pp. 248-250。

204　EGAN (米国国務省法律顧問), *supra* note 12.

73

Ⅱ　一次的規範（保護法益）

一にするものと解されよう。

　上述の米国 DNC 事案の表面化から11ヶ月後の2017年5月，今度はフランス大統領選挙のマクロン候補陣営「前進！（En Marche!）」がハッキングを受け，膨大な電子メール及び文書が Archive.org（非営利法人によるデジタル・アーカイブサービス），Pastebin（テキストデータの保存・公開・閲覧が可能なウェブアプリケーションサービス）及び 4Chan（主に英語圏を対象とした匿名画像掲示板プラットフォーム）上で，その後同年7月には WikiLeaks により公開される事案が発生した[205]。同年に入り大統領選挙戦が本格化した当初から政府が外国勢力の介入を警戒していたこと[206]，マクロン候補陣営自らが同年1月以降相次ぐフィッシング攻撃の対象となってきたことを認識し，その旨公表していたこと[207]に加え，公開された電子メール・文書の中にマクロン候補の性的嗜好の揶揄等，明らかに偽造された虚偽のものが含まれていたこと[208]等から，早い段階で外国による介入の可能性が指摘された。米国のロジャース国家安全保障庁（NSA）長官は，窃取されたデータの公開に先立ち，ロシア人

205　Jean-Baptiste JEANGÈNE VILMER, Alexandre ESCORCIA, Marine GUILLAUME et Janaina HERRERA, *Les Manipulations de l'information : un défi pour nos démocraties*, rapport du Centre d'analyse, de prévision et de stratégie（CAPS）du ministère de l'Europe et des Affaires étrangères et de l'Institut de recherche stratégique de l'École militaire（IRSEM）du ministère des Armées, Paris, août 2018, at https://www.diplomatie.gouv.fr/IMG/pdf/les_manipulations_de_l_information_2__cle04b2b6.pdf, pp. 109-111. 同報告書は，フランス欧州・外務省の情報分析部門である分析・予測・戦略センター（CAPS）とフランス軍学校戦略研究所（IRSEM）による共同報告書であり，フランス政府の公式見解ではないものの，少なくとも同政府内の関係当局者の分析・認識の傾向を反映するものと言える。

206　« Jean-Yves Le Drian: "Face à une cyberattaque, la France peut riposter par tous les moyens" »（8 janvier 2017）, Le Journal du Dimanche, at https://www.lejdd.fr/politique/jean-yves-le-drian-face-une-cyberattaque-la-france-peut-riposter-par-tous-les-moyens-78307; Martin UNTERSINGER, « Cyberattaques : la France menace de "mesures de rétorsion" tout État qui interférerait dans l'élection »（15 février 2017）, Le Monde, at https://www.lemonde.fr/pixels/article/2017/02/15/cyberattaques-la-france-menace-de-mesures-de-retorsion-tout-etat-qui-interfererait-dans-l-election_5080323_4408996.html.

207　Michel ROSE and Eric AUCHARD, "Macron campaign confirms phishing attempts, says no data stolen"（April 27, 2017）, Reuters, at https://www.reuters.com/article/us-france-election-macron-idUSKBN17S127/

208　JEANGÈNE VILMER *et al.*, *supra* note 205, p. 110.

74

3 考　察

（Russians）が同陣営のコンピュータ・インフラに侵入していることを把握し
その旨をフランス政府に通報していたことを公表した[209]他，多くの民間の専門
家・サイバー企業が，フィッシングに使用された電子メールアドレスやソー
シャルメディアのアカウントの使用履歴，流出した Excel データにおけるキリ
ル文字の使用，ロシア大統領府に近いとされるロシア人インフルエンサーの発
言等の分析を根拠として，ロシアが関与したとの見方を示した一方[210]，ロシア
のプーチン大統領は，同年 5 月29日の記者会見で「（大統領選挙前に，クレム
リンで対立候補のル・ペン国民戦線党首による表敬に応じたこと）は，我々が
選挙に影響を及ぼそうとしたことを全く意味しない。…そのようなことはいず
れにせよ不可能だった（that would have been impossible as well）。」と述べ，
これを暗に否定していた[211]。フランス政府自身は，同年 6 月，国家情報システ
ム・セキュリティ庁（ANSSI）のプパール（Guillaume POUPARD）長官が
「（マクロン候補陣営に対するサイバー）攻撃は非常に一般的（générique）か
つ単純なもので，誰でも実行者たり得る（il pourrait s'agir de n'importe
qui）」と述べる等，本件ハッキング行為の帰属を認定していない[212]。同政府は
また，従前より「…大統領選挙に影響を及ぼし，又は同選挙を操作する行為…
が（他の）国家により行われる場合，その行為は，受け入れがたい干渉（une
ingérence insupportable）である。なぜならば，一国の選挙プロセスを標的と
することにより，その国の民主的根幹，すなわち主権を脅かす（on attente à
ses fondements - démocratiques（sic.），donc à sa souveraineté）からである。」
（ル・ドリアン国防大臣，2017年 1 月）[213]，「この不干渉の原則（ce principe de
non-ingérence）を損なおうとの誘惑に駆られる者に対し，必要な場合には報

209　Martin MATISHAK, "NSA chief: U.S. warned France about Russian hacks before
　　　Macron leak"（9 May 2017），Politico, at https://www.politico.com/story/2017/05/09/
　　　us-warned-france-russia-hacking-238152

210　JEANGÈNE VILMER *et al.*, *supra* note 205, p. 111-113.

211　"France's Macron holds 'frank exchange' with Putin"（29 May 2017），British
　　　Broadcasting Corporation（BBC），at https://www.bbc.com/news/world-
　　　europe-40082346

212　JEANGÈNE VILMER *et al.*, *supra* note 205, p. 113. CAPS と IRSEM による同報告
　　　書自体は，本件の主導者は少なくともロシアの権益（intérêts russes）に繋がる者で，
　　　クレムリンの世界観に親近感を寄せる米国・フランス両国の極右勢力の支援を得たとい
　　　うことが「比較的確実に言える」としている。

213　Le Journal du Dimanche（Jean-Yves Le Drian），*supra* note 206.

Ⅱ　一次的規範（保護法益）

復措置（mesures de rétorsion）をとることを含め，明確に限界を知らしめなければならない。なぜならば，いかなる外国も，フランス国民の選択に影響を及ぼすことはできず，将来の共和国大統領を選ぶことはできないからである。」（エロー外務大臣，同年２月）[214]等の立場を表明しているものの，これらの言及が法的な不干渉義務違反を指すものかは，少なくとも明確とは言えない[215]。

　以上のように，ICJニカラグア軍事的・準軍事的活動事件判決（本案）（1986年）で定式化された不干渉義務違反の要件に厳密に従う限り，越境サイバー侵害行動について同義務の違反を認定し得るケースは，例えば，上記(1)で紹介したエストニアに対する大規模なDDoS攻撃事案（2007年４月）[216]，Stuxnet事案（2010年夏）[217]等のように，武力攻撃又は武力の行使には至らないとしても，他国に対し当該越境サイバー侵害行動がなければとらなかったであろう行動をとらせ，又はとったであろう行動を差し控えることを強いる潜在力（potential）を有する[218]，換言すれば他国の行動を特定の具体的な方向に変更させるほどの強力な「強制」を伴うものに限定されよう。また，学説上は，同判決を含む国際判例や関連の国家実行に照らせば，国際法上違法な干渉を構成する「強制」の判断基準は未だ確立しておらず，各国にとって，武力の行使や武力による威嚇，反政府組織への武器・弾薬・訓練・資金等の支援の提供等に該当する場

214　UNTERSINGER, Le Monde, *supra* note 206.

215　フランスでは，2017年大統領選挙で最終的にマクロン候補が決選投票で大差をつけて当選したこともあり，本件サイバー行動について，選挙の帰結に影響を与えることなく失敗に終わったとの評価が一般的であり（JEANGÈNE VILMER *et al.*, *supra* note 205, p. 113-117），その国際法上の違法性を論ずる文献も少ない。このことは，本文中で引用した閣僚の「(不)干渉」や「主権」への言及を（法的立場の表明というよりは）政治的なメッセージとして受け止める向きが多い可能性を示唆していると言えよう。偽情報の大量作成・頒布等，他の行為との組合せの総体が不干渉義務違反を構成する可能性を指摘するものとして，例えば，DELERUE, *supra* note 23, p. 254。

216　Terry D. GILL, "Non-intervention in the Cyber Context", in Katharina ZIOLKOWSKI (ed.), *Peacetime Regime for State Activities in Cyberspace* (NATO Cooperative Cyber Defence Centre of Excellence (CCD COE), 2013), p. 217, p. 234; DELERUE, *supra* note 23, pp. 240-241.

217　GILL, *Ibid.*, pp. 234-236; DELERUE, *supra* note 23, p. 241. エストニア，Stuxnetいずれの事案も，ここでは，問題となる越境サイバー侵害行動の侵害国（ロシア／米国・イスラエル）への帰属が明確に立証・認定された場合を想定した仮想事例として例示している。

218　SCHMITT and VIHUL (eds.) (Tallinn Manual 2.0), *supra* note 1, pp. 318-319, para.21 (commentary to Rule 66).

合[219]を除き，具体的な措置に当てはめて不干渉義務の違反の有無を認定することは困難とする見解も少なくない[220]。

　しかしながら，その一方で，先述（上記1(3)ア及び2）のとおり，厳密にはICJニカラグア軍事的・準軍事的活動事件判決（本案）（1986年）で示された意味における「強制の手法」（2）の要件を満たさないが，(a)重要インフラ又は(b)国の公的機関の物理的損害又は機能の喪失をもたらす越境サイバー侵害行動については，何らかの国際法違反を認定すべきとの認識が，広範な諸国の間で共有されつつある。これまでの各国の立場表明，GGE・OEWGにおける議論及び近年の学説の展開を踏まえると，かかる国際法違反の認定について，今後，各国がそれぞれの従前の原則的立場，政策上のニーズ等を勘案しつつ，次のア，イいずれかの方法で行う実行に繋がっていく可能性がある（後掲図Ⅱ3(2)（イメージ）参照）。現在の英国（及びおそらく米国[221]）のイに消極的な原則的立場にかんがみれば，今後の各国の実行が両者のいずれかに収斂していくことまでは展望し難いものの，少なくとも(a)及び(b)の越境サイバー侵害行動が不干渉義務，主権侵害の禁止のいずれかの国際法規範に違反するという，いわば

219　*Nicaragua v. United States of America, Merits, I.C.J., supra* note 17, pp. 107-108 & 124-125, paras.205, 241 & 242. ICJニカラグア軍事的・準軍事的活動事件判決（本案）（1986年）は，米国による対ニカラグア経済援助停止・砂糖輸入数量割当の90％削減・輸出禁止等の経済的措置について，「本法廷としては，慣習（国際）法上の不干渉原則の違反とみなすことができないと言う他ない（the Court has merely to say that it is unable to regard … as a breach of the customary-law principle of non-intervention）」と判示しているが（*Nicaragua v. United States of America, Merits, I.C.J., Ibid.*, pp. 125-126, paras.244-245），これは，①かかる経済的措置が「強制」に該当しないことは自明である，②当該経済的措置についてニカラグアが示した説明・証拠が不十分で，「強制」に該当するか否かを判断するに至らなかった，③国際法上の「強制」の判断基準自体が不明確なので，ICJとして経済的措置が「強制」に該当するか否かを確定的に判断する能力を欠いている，のいずれの意味にも解し得よう。藤澤『前掲書』（注33）344頁参照。

220　藤澤『前掲書』（注33）351-354頁及び355-357頁；DAILLIER, FORTEAU et PELLET, *supra* note 171, pp. 487-488.

221　本文1(3)アで述べたように，米国は，越境サイバー侵害行動が「国家主権」の侵害を禁ずる国際法規範に違反し得ると明言することは避ける一方，サイバー活動に当たり「国家主権」が考慮されなければならないこと，他国の領域内で同意を得ずに行うサイバー活動が一定の状況において，武力の行使や不干渉義務の敷居を下回る場合であっても国際法違反を構成し得ることに言及する等，「国家主権」の規範性について曖昧な立場をとっている。

Ⅱ　一次的規範（保護法益）

「緩やかな」規範認識が定着することは，越境サイバー侵害行動に対する実定
国際法による実効的な規律・対処の観点から英国等を含む大多数の国にとって
有意義な進展といえ[222]，将来的に，広範な諸国の間で実行を伴って確立してい
く余地はあろう。

　ア　不干渉義務違反の認定における「強制」要件の判断基準の実質的な緩
　　　和・調整

　これまでに検討した様々な越境サイバー侵害行動の事例からも明らかなよう
に，越境サイバー侵害行動は，他の国家に対し記念像の移設，核開発計画の廃
棄といった特定の作為・不作為を強いることは稀で，不特定多数の団体・個人
がデータ，重要インフラ，基幹サービスの提供等を管理（control）する能力
を失わせるものである場合がほとんどである。国際法学界では，先述のICJニ
カラグア軍事的・準軍事的活動事件判決（本案）（1986年）で示された「強制
の手法」要件の判断基準を踏襲する限り，こうした特性を有する越境サイバー
侵害行動を不干渉義務の射程に適切に含めることができないとの問題意識から，
(i)「強制」概念の再検討・再解釈[223]や一部の国々の立場表明[224]等に依拠し，
「強制」を侵害国の故意により被侵害国から管理（control）ないし主権の行使
における自由意思（free will）を剥奪することを目的とする圧力（pressure …

222　重要インフラの物理的損害・機能喪失（本文(a)）に関し，御巫「前掲論文」（注53）
　　10-11頁。英国のブレイヴァーマン法務総裁（Attorney General）は，不干渉義務と主
　　権の関係について言及する文脈で「実務（practice）において重要なことは，国際法違
　　反があったかどうかである。法的立論の相違により，一定の類型の受け入れがたい，違
　　法なサイバー行動について存在する…共通理解が損なわれる（obscure the common
　　ground）ことがあってはならない。」と述べており，英国がかかる「緩やかな」規範認
　　識を受け入れる余地があることを示唆している。BRAVERMAN（UK Attorney
　　General），*supra* note 12参照。
223　Robert JENNINGS and Arthur WATTS (eds.), *Oppenheim's International Law
　　(Ninth Edition): Volume I Peace* (Oxford University Press, 2008), p. 432.（「(違法な)
　　干渉（intervention）を構成するためには，介入（the interference）が実力の行使を伴
　　い（forcible），命令的で（dictatorial）又は他の態様により強制的で（otherwise
　　coercive），その効果が介入を受けた国から問題となっている事項に対する管理
　　（control）を剥奪するものでなければならない。」（傍点引用者））
224　例えば，2021 GGE Compendium: Australia, 1. 8th para., p. 5.（「『強制的な手段』とは，
　　本質的に主権に属する問題（matters of an inherently sovereign nature）について管理
　　し，決定し，又は規律する能力を国家から実効的に剥奪し，又は剥奪することを目的と
　　する手段をいう。」（傍点引用者））

to deprive the target state of）と定義し直すこと[225]，(ii)上述の「強制」概念の再検討・再解釈に加え友好関係原則宣言[226]等に依拠し，越境サイバー侵害行動により悪影響を受ける被侵害国の利益の性格，被侵害国において生ずる効果の規模及び悪影響を強いられる被害者の人数を勘案した上で，被侵害国の権威（authority）を毀損すると認められる幅広い行為を「強制」と位置付けること[227]等[228]が提唱されている。これまで ICJ が不干渉義務違反の有無を判示してきた事案はいずれも，武力攻撃又は武力の行使及びこれらに密接に関連する行

225　Harriet MOYNIHAN, "The Application of International Law to State Cyberattacks: Sovereignty and Non-intervention" (December 2019), Chatham House (The Royal Institute of International Affairs), at https://www.chathamhouse.org/sites/default/files/publications/research/2019-11-29-Intl-Law-Cyberattacks.pdf, pp. 29–32; MOULIN, *supra* note 193, pp. 444–446.

226　友好関係原則宣言, *The principle concerning the duty not to intervene in matters within the domestic jurisdiction of any State, in accordance with the Charter.*（「いかなる国…も，理由のいかんを問わず，直接又は間接に，他国の国内又は対外の事項に干渉する（intervene）権利を有しない。」「いずれの国も，他国によるいかなる介入（interference）も受けずに，その政治的，経済的，社会的及び文化的体制を選択する奪うことのできない権利を有する。」（傍点引用者））

227　Sean WATTS, "Low-Intensity Cyber Operations and the Principle of Non-Intervention", *Baltic Yearbook of International Law*, Vol.14 (2014), p. 137, pp. 146–149; Russel BUCHAN, "The International Legal Regulation of State-Sponsored Cyber Espionage", in Anna-Maria OSULA and Henry ROGIAS (eds.), *International Cyber Norms: Legal, Policy & Industry Perspectives* (NATO Cooperative Cyber Defence Centre of Excellence (CCD COE), 2016), p. 65, p. 78; Steven J. BARELA, "Cross-Border Cyber Ops to Erode Legitimacy: An Act of Coercion" (January 12, 2017), Just Security, at https://www.justsecurity.org/36212/cross-border-cyber-ops-erode-legitimacy-act-coercion/; SANDER, *supra* note 109, pp. 21–23. WATTS 等が提唱する三つの考慮要素（越境サイバー侵害行動により「悪影響を受ける被侵害国の利益の性格」，「被侵害国において生ずる効果の規模」及び「悪影響を強いられる被害者の人数」）は，武力の行使等を含むより広義の強制（coercion）について国際法上許容されるべきか否かを判断するに当たり考慮すべき分類として McDOUGAL and FELICIANO が提唱した「帰結の重大性（consequentiality）」の三つの側面（dimensions），すなわち（広義の）強制により「損なわれた価値（values）の重要性・数」，「それらの価値が損なわれた程度」及び「その価値が損なわれた関係国・関係者（participants whose values are so affected）の数」を越境サイバー侵害行動の「強制」性の判断に当てはめるものと言える。Myres S. McDOUGAL and Florentino P. FELICIANO, "International Coercion and World Public Order: the General Principles of the Law of War", *The Yale Law Journal*, Vol.67 No.5 (1958), p. 771, pp. 782–783; WATTS, *Ibid.*, p. 146; SANDER, *Ibid.*, pp. 22–23.

Ⅱ 一次的規範（保護法益）

為（反政府武装組織への軍事支援・訓練の提供，後方支援等）が問題とされたものである[229]。上述の(ⅰ)及び(ⅱ)の学説はいずれも，武力の行使に至らない介入の事案について，各国の立場表明や，国際連合総会においてコンセンサスで採択され，慣習国際法の内容を反映するとされる[230]友好関係原則宣言等を考慮することにより，従来のICJの判断枠組みの発展的な再解釈・調整を志向するものであり，合理性がある[231]。また，電力供給の停止[232]，放送・インターネットその他の通信インフラの停止[233]，天然ガス・パイプラインの遮断[234]，金融システムの機能停止[235]，重要な医療関連サービス・研究施設等の停止[236]，選挙管理システムのハッキング・改竄・機能停止[237]，議会の運営の根幹への介入[238]等，多くの国が懸念する越境サイバー侵害行動による介入を違法と認定することを

---

228 本文(ⅰ)及び(ⅱ)の他，2016年の米国DNC事案等の越境サイバー侵害行動による選挙への介入について，その被害者が（国家というより）国民（people）であることに着目し，人民の自決の権利の侵害と位置付けることを提唱する学説が注目される。OHLIN, *supra* note 193, pp. 1594-1597. もっとも，OHLIN自らも認めているように，人民の自決の権利は従来，植民地支配，外国による占領等から脱しようとする人民について，その新たな国家の建設に先立って援用されてきた国際法規範であり（p. 1596），これを既に確立した国家たる主要先進国等が援用することに多くの開発途上国の支持を得ることは困難であろう。SCHMITT (2018), *supra* note 109, pp. 55-56.

229 ICJ自身，ニカラグア軍事的・準軍事的活動事件判決（本案）（1986年）において「本法廷は，（不干渉）原則の諸側面のうち（付託された）紛争の解決に関連するとみられる（which appear to be relevant to）もののみを定義する」としている。*Nicaragua v. United States of America, Merits, I.C.J., supra* note 17, pp. 107-108, para.205; *Democratic Republic of the Congo v. Uganda, Judgment, I.C.J., supra* note 28, pp. 226-227, paras.161-164.

230 *Nicaragua v. United States of America, Merits, I.C.J., supra* note 17, pp. 106-107, paras.202-203, *Democratic Republic of the Congo v. Uganda, Judgment, I.C.J., supra* note 28, pp. 226-227, para.162.

231 MOYNIHAN, *supra* note 225, para.82.

232 New Zealand HP, para.10; 2021 GGE Compendium: Norway, 3.2 3rd para., p. 69.

233 New Zealand HP, para.10; 2021 GGE Compendium: Norway, 3.2 3rd para., p. 69.

234 Government of Canada HP, para.24.

235 WRIGHT (UK Attorney General), *supra* note 12; BRAVERMAN (UK Attorney General), *supra* note 12; New Zealand HP, para.10; 2021 GGE Compendium: Australia, 1. 9th para., p. 5.

236 2021年日本政府の立場2.(2)第5段落，3頁 ; 2021 GGE Compendium: United Kingdom of Great Britain and Northern Ireland, para.9, pp. 116-117; United States of America, III.A. 4th para., p. 140.

3 考　察

可能とするものであり，今後の OEWG における議論，各国による具体的事例への当てはめの事例の蓄積等による精緻化は要するものの，これらの学説を参照しつつ「強制」要件の判断基準を再解釈・調整していくことに関しては，広範な諸国の支持を得られることが期待される。かかる再解釈・調整に当たっては，情報頒布・言論・交渉・利益の提供等による正当な影響力の行使を妨げることとないよう，違法な干渉（「強制」）の判断基準を過度に引き下げないことに細心の注意を要する[239]。また，例えば，同一の越境サイバー侵害行動による介入の試みに対し，サイバー防衛能力の高い国はこれに効果的に対処して自らの行動・政策の変更を強いられずに済む一方，そのような能力の低い国は介入を甘受し行動・政策を変更することを余儀なくされる場合においても，不干渉義務違反の成否に関しては同じ結論に至る判断基準でなければならない[240]。この観点から，（被侵害）国の「権威」という抽象的な判断基準（(ii)）よりも，政策・施策・手続等の方向性を決定付ける（被害）国の能力ないし意思に対し，圧力（介入）が課す制約の程度を客観的に評価することを要求され，かつ，その圧力による制約の結果そのような能力・意思を実際に喪失したかどうかではなく，制約がその喪失を目的とする（「剥奪することを目的とする」）ものかどうか[241]を判断する「管理」ないし「自由意思」の基準（(i)）の方が，より多く

237　WRIGHT (UK Attorney General), *supra* note 12; BRAVERMAN (UK Attorney General), *supra* note 12; Government of Canada HP, para.24; 2021 GGE Compendium: Australia, 1. 9th para., p. 5; Brazil, 2. 3rd para., p. 19; Germany, II. b) 5th para., p. 35; Norway, 3.2 3rd para., p. 69; United States of America, III.A. 4th para., p. 140.

238　WRIGHT (UK Attorney General), *supra* note 12; 2021 GGE Compendium: Australia, 1. 9th para., p. 5.

239　SCHMITT and VIHUL (eds.) (Tallinn Manual 2.0), *supra* note 1, pp. 318–319; MOULIN, *supra* note 193, pp. 443–444. 各国の立場として，2021 GGE Compendium: Germany II. b) 3rd para., p. 34。

240　Mohamed S. HELAL, "On Coercion in International Law", *International Law and Politics*, Vol.52 (2019), p. 1, pp. 60–65; MOULIN, *supra* note 193, pp. 445–446. 各国の立場として，AU Common Position, para.32, p. 5. なお，HELAL は，AU 国際法委員会（AUCIL）委員・サイバー空間における国際法の適用に関する特別報告者として AU Common Position の執筆・取りまとめを主導した。

241　越境サイバー侵害行動に関しては，その即時性等ゆえに，通常の証拠収集等の方法で立証することが難しいため，その目的は，当該越境サイバー侵害行動に用いられた電子的手段（例えば，マルウェア，DDoS 等）の特徴・性能・数等の分析に基づいて推定することとなろう。MOULIN, *supra* note 193, p. 445.

Ⅱ　一次的規範（保護法益）

の支持を得ると思われる。(ii)の考慮要素として挙げられる被侵害国の侵害利益の性格，効果（被害）の規模，被害者の人数の３要素は，(i)のアプローチを採用する場合においても，各要素について越境サイバー侵害行動の準備・着手（例えば，マルウェアの開発・拡散）の時点における想定を推定することにより，当該越境サイバー侵害行動がもたらす制約の目的及び程度を客観的に評価する上で有益な指標として，同アプローチに取り込むことが可能であろう。

　イ　他国の（領域）主権侵害の判断基準の明確化

　上記１(3)アで述べたように，英国（及びおそらく米国[242]）を除く諸国は，（領域）主権が越境サイバー侵害行動についても適用され，その違反を問い得る国際法規範であることを肯定するか，少なくともそのことを否定していない。国際法学界も同様で，これを否定する少数の学説[243]を除き，（領域）主権が国際法規範である旨が累次の国際判例[244]で確認されてきていること，同規範がこれまで，典型的な領土・領海・領空への侵入事案に加え，領海内における沿岸国の同意のない掃海活動[245]，核実験による放射性降下物の領域内への降下[246]，他国の宇宙物体の破片の領土内への落下[247]，反政府武装組織への支援[248]，陸上国境地帯における水路建設[249]等，広範な事例について援用されてきており，（特定の分野・事項にのみ適用される特別法ではなく）一般的に適用される法規範であると認められること[250]等を根拠として，（領域）主権が適用可能な実体法規範であることを肯定する見解が多数説と言える[251]。

242　（注221）参照。

243　（注38）参照。

244　*Affaire du Détroit de Corfou, Arrêt, C.I.J., supra* note 39, p. 35; *Nicaragua v. United States of America, Merits, I.C.J., supra* note 17, p. 128, para.251; *Costa Rica c. Nicaragua / Nicaragua c. Costa Rica, arrêt, C.I.J., supra* note 39, p. 703, paras.92-93.

245　*Affaire du Détroit de Corfou, Arrêt, C.I.J., supra* note 39, p. 35.

246　"Memorial on jurisdiction and admissibility submitted by the Government of Australia"（*Nuclear Tests*, 23 November 1973）, *I.C.J. Pleadings 1974*, p. 249, p. 336, para.456.

247　"Settlement of Claim Between Canada and the Union of Soviet Socialist Republics for damage Caused by 'Cosmos 954'"（Released on April 2, 1981）at https://www.jaxa.jp/library/space_law/chapter_3/3-2-2-1_e.html, Statement of Claim, para.21.

248　*Nicaragua v. United States of America, Merits, I.C.J., supra* note 17, p. 128, para.251.

249　*Costa Rica c. Nicaragua / Nicaragua c. Costa Rica, arrêt, C.I.J., supra* note 39, p. 703, paras.92-93.

3 考　察

　しかしながら，いかなる越境サイバー侵害行動がこの（領域）主権の規範に
違反すると評価されるか，換言すれば，越境サイバー侵害行動による（領域）
主権侵害をいかなる基準により判断すべきかに関しては，学説も分かれている。
例えば，異なる諸国の法律専門家20名で構成され「タリン・マニュアル2.0」
の検討・執筆に当たった国際専門家グループ（IGE）[252]は，越境サイバー侵害
行動による国家主権の侵害を判断する根拠として①「被侵害国の領土保全に対
する侵襲（infringement）の程度」及び②「本質的に政府に属する機能
（inherently governmental functions）への介入（interference）又は当該機能
の侵奪（usurpation）の有無」の２つを検討し，②については物理的な損壊・
死傷や機能の喪失を伴うか否かにかかわらず主権の侵害に該当するとの見解で
一致した一方，①に関しては，(i)物理的な損壊・死傷を伴う場合，(ii)機能の喪
失を伴う場合，(iii)機能の喪失に至らない場合の３段階に区別して検討したもの
の，(ii)が主権の侵害に該当する場合の具体的な判断基準，及び(iii)が主権の侵害
に該当し得るかどうかについてコンセンサスに至っていない[253]。

250　Michael N. SCHMITT and Liis VIHUL, "Respect for Sovereignty in Cyberspace", *Texas Law Review*, Vol.95（2017），p. 1639, pp. 1644-1647 & 1650-1666; Kevin J. HELLER, "In Defense of Pure Sovereignty in Cyberspace", *International Law Studies*, Vol.97（2021），p. 1432, pp. 1436-1448; Phil SPECTOR, "In Defense of Sovereignty, in the Wake of Tallinn 2.0", *AJIL Unbound*, Vol.111（2017），p. 219, pp. 220-225 & 222-223.

251　HEINTSCHEL VON HEINEGG, *supra* note 78, p. 123, pp. 126 & 128-129; SCHMITT and VIHUL (eds.)（Tallinn manual 2.0），*supra* note 1, p. 17, Rule 4; SCHMITT and VIHUL, *Ibid.*; HELLER, *Ibid.*, pp. 1436-1448; SPECTOR, *Ibid.* 学界及び各国間におけるサイバー空間での主権侵害を肯定する立場・否定する立場の概観・比較について，黒﨑将広「サイバー空間における主権—その論争が意味するもの」森肇志・岩月直樹（編）『サブテクスト国際法—教科書の一歩先へ—』（日本評論社，2020年）31頁。

252　票決権を有しないオブザーバー１名を含む。「タリン・マニュアル2.0」は，この20名に加え，85名の法律実務者・学識者・技術専門家が寄稿者，法的側面の査読者（Legal peer reviewers），技術的側面の査読者（Technical peer reviewers）又は法的事項の調査者（Legal Research）として関与しているほか，オランダ政府が主催した「ハーグ・プロセス」を通じ，草案段階でチャタム・ハウス・ルールの下，50を超える国・国際機関から非公式なコメントを得た上で執筆されており，IGEの専門家の出身国のみにとどまらず，より幅広い国々の学識者・法律実務者等の見解を反映していると言える。SCHMITT and VIHUL (eds.)（Tallinn manual 2.0），*supra* note 1, pp.xii-xviii（Tallinn Manual 2.0 International Group of Experts and Other Participants) & pp. 5-6（Drafting Process).

83

Ⅱ　一次的規範（保護法益）

　これら 2 つのあり得べき根拠のうち，まず，①（領土保全への侵襲）に関し，(i)（物理的な損壊・死傷）及び(ii)（機能の喪失）のうち，上述の(a)重要インフラ若しくは(b)国の公的機関の物理的損害若しくは機能の喪失，又はこれらに直接起因する人の死傷をもたらす越境サイバー侵害行動については，不干渉義務違反（上記ア）に該当しない場合であっても，（領域）主権の侵害に該当することにつき，広範な諸国の支持を得られる可能性があろう。ただし，この点で諸国の立場が一致したとしても，（領域）主権の侵害の水準に至るための機能の喪失の程度（DDoS 攻撃による数時間程度のアクセス遮断で足りるか，サーバ・ハードディスクの取替え，ソフトウェアの変更等の修理を要する機能喪失であることが必要か等）[254]に関しては，これまでの各国の立場表明や実行が乏しく，諸国間の議論・実行の収斂には一定の時間を要すると思われる。また，重要インフラ又は国の公的機関の物理的な損壊・死傷又は機能の喪失以外の場合，例えば，上記(i)及び(ii)のうち民間の個人・企業等の重要インフラ以外の財産・施設の損傷・機能喪失について国家の主権の侵害と認定される範囲・条件[255]，上記(iii)のうち，物理的損壊や機能の喪失は生じないが端末・システム内のデータが改変され，又は消去される場合，マルウェアを侵入させるが，閲覧（監視）・傍受するのみか，侵害機能を起動させない場合等に関しても，同様に学説は様々である一方，各国の立場表明，実行ともに希少であり，（領域）主権侵害の該非が明らかでない「グレイゾーン」の状況の解消になお時間を要することは否めない[256]。特に，物理的損壊や機能の喪失を生じず，データや通信

253　SCHMITT and VIHUL (eds.) (Tallinn manual 2.0), *supra* note 1, pp. 20–22 (commentary to Rule 4). 物理的な損壊・死傷を伴う場合（本文(i)）に主権の侵害が成立するとする学説として，例えば Katharina ZIOLKOWSKI, "General Principles of International Law as Applicable in Cyberspace", in Katharina ZIOLKOWSKI (ed.), *Peacetime Regime for State Activities in Cyberspace* (NATO Cooperative Cyber Defence Centre of Excellence (CCD CoE), 2013), p. 163; HEINTSCHEL VON HEINEGG, *supra* note 78, pp. 128–129. 物理的な損壊・死傷や機能の喪失を伴わない場合（本文(iii)）を含め，他国に所在するシステム・端末に侵入・アクセスするあらゆる越境サイバー侵害行動が主権の侵害を構成するとする学説として，例えば DELERUE, *supra* note 23, pp. 215–219; HELLER, *supra* note 250, pp. 1464–1486 & 1489–1498.

254　Michael N. SCHMITT and Sean WATTS, "Beyond State-Centrism: International Law and Non-state Actors in Cyberspace", *Journal of Conflict & Security Law*, Vol.21 No.3 (2016), p. 595, pp. 598–599; SCHMITT (2017), *supra* note 112, pp. 6–7.

255　SCHMITT and WATTS, *Ibid.*, pp. 598–599.

256　SCHMITT (2017), *supra* note 112, pp. 6–7; 黒﨑「前掲論文」（注47）31–32頁。

3 考　察

を改変することなく閲覧（監視）・傍受・録取（複製）することを目的とした端末・システム内への侵入，バックドアの設置等に関しては，諜報活動（espionage）を国際法上違法とはしない立場[257]をとる国が少なくないとみられることにかんがみれば，これを一律に（領域）主権を侵害する国際違法行為と認めることについて，広範な諸国の立場が一致する可能性は乏しいと考えられる。

　②（政府機能への介入・侵奪）に関しては，これを主権の侵害を判断する根拠の１つとすることを否定する国は見られない一方，その具体的な判断基準については，若干の国がその立場表明において，社会福祉サービスの提供・選挙の実施・徴税・国防に関連する公的機関と市民との間のデジタル通信の阻害・改変，警察組織の通信の操作を例示し[258]，又は国内犯罪の捜査において他国に所在するサーバ等で保存されているデータにアクセスする必要が生ずる場合に常に当該他国の同意を得るべきかどうかについて問題提起している[259]ものの，判断基準自体に踏み込んだ見解は示していない。これらの例示・問題提起のうち，政府機能への「介入」に当たる公的機関・市民間のデジタル通信の阻害・改変及び警察の通信の操作に関しては，上記アの不干渉義務の「強制」要件の判断基準の実質的な緩和・調整の一環として，又はこれと併せて，不干渉義務違反に至らないものであっても主権を侵害する国際違法行為に該当し得るか，該当し得るとすればその判断基準は何かという観点から検討・議論される可能性があろう。また，政府機能の「侵奪」に当たる犯罪捜査のための他国に所在するデータへのアクセスに関しては，上述の「タリン・マニュアル2.0」のIGE の一致した見解として，ある国の当局が執行管轄権の行使の一環として他国に所在するデータにアクセスする場合において，当該データが（例えば，イ

---

[257]　学説上は，諜報活動を一律に禁ずる国際法上の規範は存在せず，諜報活動の方法・手法によっては主権の尊重，不干渉義務等の国際法規範に違反する可能性があるというのが多数説と言える。例えば，中谷「前掲論文」（注45）２-７頁；Christian SCHALLER, "Spies"（September 2015）, *Max Planck Encyclopedia of Public International Law*（MPEPIL）, at https://opil.ouplaw.com/display/10.1093/law:epil/9780199231690/law-9780199231690-e295; SCHMITT and VIHUL（eds.）（Tallinn manual 2.0）, *supra* note 1, pp. 169-170, paras.5-6（commentary to Rule 32）; DELERUE, *supra* note 23, pp. 198-200.

[258]　2021 GGE Compendium: Norway, 3.1 9th para., p. 68; Switzerland, I.2. 3rd para., p. 87.

[259]　2021 GGE Compendium: Netherlands, *Respect for sovereignty* 6th para., pp. 56-57.

Ⅱ　一次的規範（保護法益）

ンターネット上等）公に利用可能であるとき，及び（例えば，会員制の
（closed）オンライン広場（online forums），チャット・チャンネル，検索エン
ジン非掲載の専用（private）インターネット・ホスティング・サービス，
「ダーク・ウェブ」等）公に利用可能ではないものの（前記のオンライン広場
等の管理者・提供者にログイン ID・パスワードを申請・入手すること等によ
り）執行国内に所在する不特定多数の個人が利用することができるときは，当
該アクセスは自国領域内における執行管轄権の行使に該当するとし，他国の主
権を侵害し得る領域外への執行管轄権の行使には当たらない旨を明らかにして
いる[260]ことが注目される。そもそも国際法上，他国の領域内において執行管轄
権を行使することは，国際法により明示的にその国に権限が付与されている場
合及び当該他国（領域国）が同意している場合を除き，当該他国の主権を侵害
する違法な行為とされるが[261]，作成したデータを他国に保存し，その閲覧・録
取・改変等を自国にいながら瞬時に行うことを可能とした最新の情報通信技術
の特性及びこの特性を利用したサイバー犯罪の急増を踏まえ，かかる執行管轄
権の域外行使に関する国際法規範を犯罪捜査の効率・実効性を損なうことなく，
その一環として行われる他国内のデータへのアクセスにどのように当てはめる
べきかについて，政府間で様々な国際的な議論・交渉が行われてきている。そ
の結果，例えば，2001年に欧州評議会により作成され，2024年6月現在，日本
を含む72ヶ国が締結している「サイバー犯罪に関する条約」（以下「ブダペス
ト条約」という）では，他国に所在する公に利用可能な蔵置された（stored）
コンピュータ・データにアクセスする場合（ブダペスト条約第32条 a ），及び

---

[260]　SCHMITT and VIHUL（eds.）（Tallinn manual 2.0），*supra* note 1，pp. 69-70，
paras.12-13（commentary to Rule 11）。「タリン・マニュアル2.0」の同箇所において
IGE は「アクセス（access/accesses/accessed/accessible）」の語を定義していないが，
同じ規則11のコメンタリー内で併用されている gaining access to（the information）
（para.15），permit remote access … to the data（para.17）等の表現に照らせば，デー
タの改変・消去を伴わない閲覧（監視）・傍受・録取（複製）までの行為を指すものと
解される。
　　「タリン・マニュアル2.0」の同箇所の記述が，本文記載の2つの場合における他国に
所在するデータへのアクセスが主権侵害に当たらないことを意味することに関し，
HELLER, *supra* note 250, p. 1472.
[261]　サイバーの手法による執行管轄権の行使についても本規範が適用されることについ
て，SCHMITT and VIHUL（eds.）（Tallinn manual 2.0），*supra* note 1，pp. 66-67，Rule
11 & para.1（commentary to Rule 11）。

3　考　　察

他国に所在する蔵置されたコンピュータ・データについて，これを「開示する正当な権限を有する者」の「合法的かつ任意の同意」を得た上で自国内にあるコンピュータ・システムを通じてアクセス・受領する場合（同第32条 b ）[262]には，当該他国の許可を要しないことで合意している[263]。先述の IGE の見解は，

---

[262]　ブダペスト条約と同時に採択された同条約の逐条コメンタリーでは，誰が「開示する正当な権限を有する者」に該当するかは具体的状況，（データを管理する）個人・団体の性格及び適用のある関係法により異なり得るとしつつ，一例として，他国に蔵置された電子メールについて，その電子メール・サービスのサービス・プロバイダ又は当該電子メールを送受信した個人若しくは団体自身を挙げている。European Treaty Series -No.185, "Explanatory Report to the Convention on Cybercrime"（23 November 2021）, Council of Europe, at https://rm.coe.int/16800cce5b, p. 53, para.294.

[263]　ブダペスト条約第二追加議定書は，①ドメイン名の登録情報の要請（第 6 条）については直接，②サービス・プロバイダへの加入者情報の開示ないし提出の命令については直接（第 7 条）又は他の締約国への要請の一部として（第 8 条），③サービス・プロバイダが保有・管理する通信記録の提出の命令については他の締約国への要請の一部として（第 8 条），それぞれ他の締約国内に所在するドメイン名登録団体ないしサービス・プロバイダに対して行うための権限を自国の権限のある当局に与える旨規定している（ただし，②のうち他の締約国内のサービス・プロバイダに対する直接の命令（第 7 条）及び③（第 8 条のうち通信記録の提出命令）については留保可）。同議定書は未発効であるが，これらの規定は，「サービス・プロバイダその他の団体のために明確性及び法的な確実性の向上」（前文第九段落）を図る観点及びこれらの団体との間の「直接の協力に関する追加の手段により，特定の捜査又は刑事訴訟を目的としたサイバー犯罪に関する協力及びあらゆる犯罪に関する電子的形態の証拠の収集を一層強化する」（前文第十段落）観点から，ブダペスト条約第32条 b の規定の趣旨を更に精緻化・敷衍するものと言える（なお，日本は2023年 8 月，同議定書の受諾に当たり，第 7 条の規定を適用しない旨留保を付している。令和 5 年 8 月14日（月）官報（号外第169号）30頁・外務省告示第333号参照）。
　　この他，情報技術犯罪アラブ条約は，ブダペスト条約第32条とほぼ同内容の規定を含む（第40条）。
　　また，AU サイバー条約の第31条 3 は，各締約国（State Parties）に対し，①一の締約国（a State Party）の領域内にあるコンピュータ・システム又は電子データ保存媒体に蔵置されているデータが真実を立証する上で有用である場合には，請求を受けた裁判所がコンピュータ・システムの全部又は一部に他のコンピュータ・システムからアクセスするための捜索（search）を行うことができること（同条 3 (a)），②必要な場合には，予審判事（the investigating judge）がサービス・プロバイダに対し，自国の領域内でコンピュータ・システムを通じて移転された特定の通信の内容に関するデータについて，自国の領域内又は各締約国（State Parties）の領域内にある既存の技術的設備を利用して収集し，又は記録することを義務付ける（compel）ことができること（同条 3 (b)）を確保するために必要な立法措置をとることを規定している（傍点引用者）。これらの規定は，同条約の締約国間でデータの所在国の同意を得ることなく，①については裁判

87

II　一次的規範（保護法益）

このように相当数の諸国がサイバー犯罪捜査の文脈で既に合意している2つの判断基準を踏まえつつ，そのうち第2の基準（ブダペスト条約第32条ｂ）にいう「開示する正当な権限を有する者」及びその「合法的かつ任意の同意」を得る方法を敷衍した上で，執行管轄権の行使全般に適用され得る判断基準として定式化を試みたものと言えよう。データの所在国ではなくサービス・プロバイダ等の同意のみによるアクセスであっても所在国の主権を侵害しないとすることに関しては，学説[264]，各国政府の立場[265]，各国の国内判例[266]それぞれにおいて疑問・批判が見られる一方，アクセス対象のデータに何ら変化を生じさせず[267]，かつ，（他国で保存されている文書の提出命令等の場合とは異なり）他

所による越境リモートアクセス，②については予審判事の令状に基づくサービス・プロバイダによる越境リモートアクセスをそれぞれ行うことを認めているようにも解し得る。いずれも，条文については（注3）の各リンク参照。

264　例えば Kristen E. EICHENSEHR, "Data Extraterritoriality", *Texas Law Review See Also*, Vol.95（2017），p. 145, pp. 149–153 & 159–160; Asaf LUBIN, "The Prohibition on Extraterritorial Enforcement Jurisdiction in the Datasphere", in Austen L. PARRISH and Cedric RYNGAERT（eds.）, *Research Handbook on Extraterritoriality in International Law*（Edward Elgar Publishing, 2023），p. 339, pp. 348–349.

265　ブダペスト条約第32条への中国・ロシアの懸念・批判に関し，Joint Statement of China Institute of Contemporary International Relations（CICIR）and Center for Strategic and International Studies（CSIS）, "Bilateral Discussions on Cooperation in Cybersecurity China Institute of Contemporary International Relations（CICIR）-Center for Strategic and International Studies（CSIS）"（June 2012），at https://csis-website-prod.s3.amazonaws.com/s3fs-public/120615_JointStatement_CICIR_0.pdf?CFz2JufG0oC4F7bOh144QShbkYfhOFtS, p. 3; "UN Rejects International Cybercrime Treaty"（21 April 2010），Infosecurity Magazine, at https://infosecurity-magazine.com/news/un-rejects-international-cybercrime-treaty/. また，AU は，他国の領域から実行されるサイバー行動に対する執行管轄権（enforcement authority）の行使及び他国の領域内の情報通信技術インフラへの許可のないアクセス（unauthorized access）は，当該他国に悪影響（harmful effects）を生じない場合であっても許容されず違法との立場を表明している（AU Common Position, paras.15-16, p. 3. AU サイバー条約第31条3（注263）との関係は確認できていない）。

　なお，中・露やアフリカ諸国も参加している国際連合のサイバー犯罪に関する新条約交渉のアドホック委員会の「最終会合」（2024年1～2月）において議論された条約案には，ブダペスト条約第32条に相当する法執行当局の越境リモートアクセスに関する規定は含まれていない一方，同条約がサイバー犯罪に関する他の条約の適用や国際法に基づく他の権利・義務等に影響を及ぼすものではない旨の規定（第60条）が置かれている。U.N. Doc. A/AC.291/22/Rev.2, pp. 17-31（国際協力（犯罪人引渡し，犯罪収益その他の司法共助に関する規定）& p. 37（第60条）参照。

国に所在する個人・団体に対する命令的，強制的又は権力的な作用をもたらすことなく，もともと自国内からアクセス可能なデータにアクセスするものであ

---

266 米国の第1審と控訴審で判断が分かれた著名な事案として，*Microsoft Corporation v United States of America*, 829 F3d 197 (2d Circ 2016), rehearing *en banc* denied, No 14-2985, 2017 WL 362765 (2d Cir, 24 January 2017)，同事案について Robert J. CURRIE, "Cross-Border Evidence Gathering in Transnational Criminal Investigation: Is the Microsoft Ireland Case the "Next Frontier"?", *The Canadian Yearbook of International Law*, Vol.54 (2016), p. 63, pp. 84-91; EICHENSEHR, *supra* note 264, pp. 149-151. 同事案では，2013年12月，ニューヨーク南部地区裁判所がマイクロソフト社に対して1986年蔵置通信法 (Stored Communications Act (SCA)) に基づき発出した令状におけるアイルランドに蔵置された電子メール情報の提出の要求に関し，これを無効とする第2回巡回控訴裁判所の判断が2017年1月に確定したことを受け，同年6月，米国司法省が連邦最高裁判所に上告したが，2018年，連邦議会で SCA を改正し，米国の通信サービス事業者がクラウドサーバに蔵置するデータについてサーバの所在地のいかんを問わず適用対象とする旨を明記したデータ適法海外利用明確化法 (Clarifying Lawful Overseas Use of Data Act ("CLOUD" ACT)) が成立したことから，司法省は新 CLOUD 法に基づく新たな令状を請求，同年4月，連邦最高裁は司法省の請求に基づき上告を取り消し (vacate)，下級審に差し戻した。*United States v Microsoft Corporation*, 584 U.S. ____ (2018) No.17-2, Supreme Court of the United States (Per Curiam).

日本の事案として，大阪高判平成30年9月11日高刑速平成30年344頁 (30年11号) (「我が国の捜査機関が，刑訴法218条2項のリモートアクセス令状に基づいて，外国に存在するサーバ等の記録媒体に対し海外リモートアクセス等の処分を行うことが，当該他国の主権を侵害するか否かについては，国際的に統一された見解があるわけではなく…」「…我が国の捜査機関が，国際捜査共助の枠組み等により相手国の同意ないし承認を得ることなく，海外リモートアクセス等の処分を行った場合には，強制捜査であれ，任意捜査であれ，その対象となった記録媒体が所在する相手国の主権を侵害するという国際法上の違法を発生させると解する余地がある。」)。その後，上告を棄却した最高裁決定 (最第二小決令和3年2月1日刑集75巻2号123頁) では，この論点への言及はない。同事案について，竹内真理「リモートアクセス捜査と国家管轄権」『令和3年度重要判例解説』(有斐閣，2022年) 248-249頁。

自国内の自国民に対する命令に基づくリモートアクセスについてデータ所在国の主権侵害を否定した他国の事案として，Supreme Court of Norway, "Tidal Music AS v. The public prosecution authority" (HR-2019-610-A (case no. 19-010640STR-HRET), 28 March 2019), at https://www.domstol.no/globalassets/upload/hret/decisions-in-english-translation/hr-2019-610-a.pdf , pp. 7-8, paras. ⑩-⑫. 同事案について，西村弓「越境サイバー対処措置の国際法上の位置づけ」『国際法研究』第14号 (2024年3月) 53頁，65-66頁。

267 「タリン・マニュアル2.0」で用いられるデータへの「アクセス」の意味に関し，(注260) 参照。

Ⅱ　一次的規範（保護法益）

ることから，他国の主権を侵害しないと整理することに一定の合理性が認めら
れる[268]。特に，クラウド上のデータについては，その蔵置されるサーバが複数
のサーバ所在地国にわたって不定期・頻繁に変更されたり，複数の国のサーバ
に同時に蔵置されたりする等，そもそも当該データの所在地国を特定すること
が困難である上，仮に特定されたとしても，そのようなデータ所在地国と当該
データとの連関は極めて希薄であるのが通例であり[269]，当該データへのアクセ
ス権者や当該データを管理するサービス・プロバイダ等との間に真正の実質的
連関を有する他の国（当該アクセス権者又はサービス・プロバイダの居住国
等）が当該アクセス権者又は当該サービス・プロバイダ等に対して執行管轄権
を行使する場合には，そのような執行管轄権の行使の一環として当該データへ
のリモートアクセスを行うことは必ずしも妨げられないと解する余地があろ
う[270,271]。既に主要国を含む複数の国々が国内法上，捜査当局が司法共助によ

268　御巫「前掲論文」（注53）12-14頁。

269　もっとも，例えば，当該データがその所在地国の国内法上，法的な保護（例えば，
思想・表現の自由）の対象とされており，他国が当該データに対して当該所在地国の同
意する条件・手続的保障に従うことなく執行管轄権を行使すると当該法的な保護を侵害
することとなる等，当該データの所在地国に一定の実質的連関が認められる場合もあり
得よう。

270　西村弓「前掲論文」（注266）64-67頁；LUBIN, *supra* note 264, pp. 352-354。西村弓，
LUBIN いずれも，データが自国内に所在するとの連関に基づく執行管轄権（領域性
（territoriality））の主張を絶対的・排他的なものとみなさず，他の連関（データの所有
者の国籍・所在地，データ管理者（例えば，データの所有者が契約しているソーシャル
メディア・サービス・プロバイダ）の本社所在地，データ管理者と契約しているクラウ
ド・サービス・プロバイダの本社所在地，捜査対象の犯罪行為の実行地又は結果発生地
等）に基づく複数の執行管轄権の主張を併せて合理的に評価・衡量し，最も適切ないし
関連性を有する国による執行管轄権の行使が認めることを提唱する。執行管轄権の行使
の一環としてのデータへのアクセスにおいて当該データがどの国に所在するか（領域
性）の基準が必ずしも妥当しない旨を表明する各国の立場として，2021 GGE
Compendium: Netherlands, *Respect for Sovereignty*, 5th & 6th paras., pp. 56-57;
Switzerland, I. 2. Sovereignty, 2nd para., p. 87.

271　データの所在地国（以下「データ所在地国」という）と，当該データへのアクセス
権者や当該データを管理するサービス・プロバイダ等の所在地国（以下「アクセス権者
等所在地国」という）との間において，アクセス権者等所在地国が当該アクセス権者又
は当該サービス・プロバイダ等に対する執行管轄権の行使の一環として当該データにリ
モートアクセスしようとする場合には，当該データに対する執行管轄権の競合が顕在化
することとなる。かかる場合において，アクセス権者等所在地国による当該リモートア
クセスについてデータ所在地国が異議を唱えるときは，当該リモートアクセスがデータ

3 考　察

ることなく（すなわち，データ所在地国の同意を得ることなく），自国内の個人に対し他国に保存したデータの提出を命ずる権限を認めていること[272]にかんがみれば，当面は一部の国々による異なる立場表明・実行を伴いつつも，IGEの判断基準に即した国家実行が徐々に多数派となっていく可能性があろう。もっとも，法執行当局が「欺罔により（under false pretences）」，すなわち氏名・身分・経歴等の同定事項や目的・思想・嗜好等を偽ってID・パスワード等を入手の上アクセスする場合であっても自国領域内における執行管轄権の行使に当たるとした[273]点については，法執行当局者が同定事項等を偽って監視・証拠収集等を行う権限を有しているか，どの法執行当局にかかる権限が付与されているか等は各国の法令により異なることにかんがみると，抵抗感を示す国々が少なくないことは予想に難くない。これに対し，他国に所在するデータにアクセスするためのID・パスワード等を有する正当なアクセス権者が自国内に所在する場合において，法執行当局が令状その他の国内法令上の権限に基

所在地国の主権を侵害するものでないと直ちには認め難く，事後的にであれ，データ所在地国との間で当該データの利用・処理の条件・手続等について調整・同意することが必要となり得ると考えられる。例えば，大阪高裁は，上掲（注266）の大阪高判平成30年9月11日高刑速344頁において「しかしながら，相手国が捜査機関の行為を認識した上，国際法上違法であるとの評価を示していればともかく，そうではない場合に，そもそも相手国の主権侵害があったといえるのか疑問がある。」（傍点引用者）と判示しており，その後，上告を棄却した最高裁決定（最第二小決令和3年2月1日刑集75巻2号123頁）においても，主権侵害の有無については明言していないものの，リモートアクセスに係る捜査の経過等について「外国から反対の意思が表明されていたような事情はうかがわれない」旨指摘している。
　かかる理解は，複数の執行管轄権が競合する可能性を前提とした上掲（注270）の諸学説とも符合すると思われる。

272　CURRIE によると，既に豪州，英国，フランス，カナダ，デンマーク，アイルランド，イタリア，スペイン，ポルトガル，ルーマニア，マレーシアがかかる国内法制を有している。CURRIE, *supra* note 266, pp. 91-93. また，2012年時点でブダペスト条約の「証拠の越境収集」，すなわち同条約第32条に懸念を示していた中国も，2016年，法執行当局に対し，「遠隔ネットワーク捜査（remote network inspections）」により，海外のデータにその所在地のいかんを問わずアクセスする権限を付与する規則を整備したとされる。Susan HENNESSEY and Chris MIRASOLA, "Did China quietly Authorize Law Enforcement to Access Data Anywhere in the World?" (March 27, 2017), Lawfare, at https://www.lawfaremedia.org/article/did-china-quietly-authorize-law-enforcement-access-data-anywhere-world.

273　SCHMITT and VIHUL (eds.) (Tallinn manual 20), *supra* note 1, pp. 69-70, para.13 (commentary to Rule 11).

91

Ⅱ　一次的規範（保護法益）

図Ⅱ3(2)　(a)重要インフラ又は(b)国の公的機関の物理的損害又は機能の喪失をもたらす越境サイバー侵害行動が不干渉義務，主権侵害の禁止のいずれかに違反するという「緩やかな」規範認識の形成（イメージ）

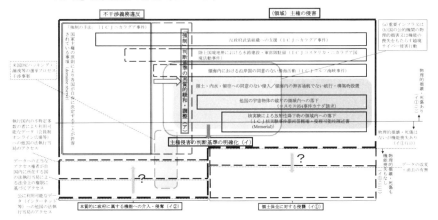

づいて当該データにアクセスするとき[274]については，当該他国及び当該他国に所在する当該データの管理者との関係における欺罔の問題は生じないことから，法執行当局によるリモートアクセスを国際法上違法な主権の侵害を構成するものと国際法により許容されるものとに切り分ける判断基準として，将来，広範な諸国の支持を得られる可能性があると思われる。

　なお，先述の米国民主党全国委員会（DNC）ハッキング事案（2016年6月），フランス大統領選挙マクロン候補陣営「前進！」ハッキング事案（2017年5月）等を機に，選挙管理委員会・政党・候補者・陣営事務局等のネットワークへの侵入，データの窃取・公開，自国民名義に偽装したネット荒らし（troll）・ボット（bot）による偽情報の混入・拡散等の手法による選挙介入への注目・懸念が高まっている。これを反映し，各国の立場表明においても，欧米や中南米諸国を中心に，選挙ないし民主的政策決定過程への介入が不干渉義務違反又は主権の侵害に該当し得るとするものが散見される一方，GGE，OEWGいずれの報告書にも，先述の重要インフラ又は国の公的機関の物理的損害・機能喪失（上記2柱書参照）とは異なり，（不干渉義務への一般的な言及を超えて）選挙・民主的政策決定過程への介入について明示的・具体的言及は含まれてい

---

[274]　御巫「前掲論文」（注53）12-14頁。

3 考　　察

ない。また，選挙・民主的政策決定過程への介入に言及する各国の立場表明に
ついても，その多くは，介入の具体的手法を特定することなく一般的に不干渉
義務違反，主権の侵害等に該当する可能性に言及するか[275]，得票集計結果や有
権者登録名簿の改竄，選挙関連機材の機能喪失等，国の当局・公的機関を標的
として公正な選挙（投開票）の実施そのものを不可能とするサイバー行動に言
及するに留まり[276]，政党・候補者・陣営事務局等選挙に関与する幅広い非政府
の団体・個人を対象として行われるデータの窃取・公開，偽情報の混入・拡散
等にまで言及するものは少ない[277]。前者の国の選挙当局・公的機関に対するサ
イバー侵害行動はともかく，後者の非政府の選挙関連団体・個人のデータの窃
取・公開，偽情報の混入・拡散等に関しては，重要インフラ又は国の公的機関
の物理的損害・機能喪失について見られるような，何らかの国際法違反を認定
すべきとの規範認識が諸国間で幅広く共有されるには至っていないと見るべき
であろう[278]。この論点は，学界においても高い関心を集めて議論されているが，
データの改竄や選挙関連機材の機能喪失を伴わない越境サイバー侵害行動につ

---

[275]　Government of Canada HP, para.18（領域主権の侵害）; 2021 GGE Compendium:
Brazil, 2. 3rd para., p. 19（不干渉義務違反）; Estonia, I., **Non-intervention** 2nd para., p. 25
（不干渉義務違反）; Germany, II. a) 2nd para., p. 32（主権の侵害）; Norway, 3.1 9th para.
and 4.2 7th para., pp. 68 & 72（主権の侵害，相当の注意義務違反）.

[276]　Government of Canada HP, para.24（不干渉義務違反）; EGAN（米国国務省法律顧
問）, *supra* note 12, p. 175（不干渉義務違反）; BRAVERMAN（UK Attorney General）,
supra note 12, **Illustrative examples** 10th para.（不干渉義務違反）; New Zealand HP,
para.10（不干渉義務違反）; Israel's Perspective, p. 403（不干渉義務違反）; Finland's
national positions, **Illegal intervention** 2nd para., p. 3（不干渉義務違反）; 2021 GGE
Compendium: Australia, 1. 9th para., p. 5（不干渉義務違反）.

[277]　2021 GGE Compendium: Germany, II. b) 4th-6th paras., pp. 34-35（不干渉義務違反）;
Norway, 3.2 3rd para., p. 69（不干渉義務違反）; Switzerland, I. 2. 3rd para., p. 87（主権の
侵害）.

[278]　ロシアは，その立場表明において，選挙・民主的政策決定過程への介入に言及して
いないものの，自らが行う当該介入を「情報戦（Information War）」，すなわち，米国
及びその同盟国のロシアに不利益をもたらす地政学上のアジェンダを推進するために西
側の大手メディアが仕掛けてきた対外情報活動の脅威に対する防御的な戦術と位置付け
ているとされる。Wenqing ZHAO, "Cyber Disinformation Operations（CDOs）and a
New Paradigm of Non-Intervention". *University of California, Davis Journal of
International Law & Policy*, Vol.27, No.1（2020）, p. 35, p. 46（Martin RUSSEL, "Russia's
information war: Propaganda or counter-propaganda?"（October 2016）, European
Parliamentary Research Service（EPRS）, PE 589.810より引用）.

93

Ⅱ　一次的規範（保護法益）

いて不干渉義務違反や主権の侵害を認定することは，先述した不干渉義務違反の「強制」要件の判断基準の実質的な緩和・調整（上記ア）又は主権侵害の判断基準の明確化（上記イ）を以てしても，それぞれ「管理／自由意思の剥奪」，領土保全に対する「侵襲」若しくは本質的に政府に属する機能への「介入若しくは侵奪」の要素を認めることが困難であり，容易でないとする見解が多数説と言える[279]（上掲図Ⅱ3⑵の中央左下，灰色の破線部）。非開示の情報の窃取・公開，情報の拡散における偽装名義のアカウントの使用，偽情報の混入，ボットの使用による多数の賛同・反響の偽装等の手法について，何らかの（国際法上の）違法性を認める余地はあるものの[280]，これらの手法の敢行を実効的に抑止し，対処するためには，国際人権法（プライバシーの権利，政治への参加の権利，（「知る権利」を含む）思想・表現の自由等）等の他の関連する実定国際法規範に依拠しつつ，民間の検索エンジンやソーシャル・メディア・プラットフォームへの規制と連携を組み合わせて行うこと，当該他の関連する実定国際法規範の要素を取り込んで新たなソフト・ロー（上述の検索エンジン，ソーシャル・メディア・プラットフォーム等の民間の利害関係者とともに作成し，実施するものを含む）又は条約規範を整備すること等が必要であるように思われる[281]。

---

[279]　OHLIN, *supra* note 193, pp. 1592–1594; SCHMITT（2018），*supra* note 109, pp. 44–48 & 49–53; SANDER, *supra* note 109, pp. 19–20 & 21–24; ZHAO, *Ibid.*, pp. 54–61; Francesco SEATZU and Nicolás CARRILLO-SANTARELLI, "Towards a Strengthening of Non-Interference, Sovereignty, and Human Rights from Foreign Cyber Meddling in Democratic Electoral Processes", *Brooklyn Journal of International Law*, Vol.48, No.2（2023），p. 579, pp. 588–590; Yannick ZERBE, "Cyber-enabled International State-Sponsored Disinformation Operations and the Role of International Law", *Swiss Review of International and European Law*, Vol.33（2023），p. 49, pp. 55–56 & 58.
　　こうした選挙介入を人民の自決の権利の侵害と位置付ける OHLIN の見解が，特に開発途上国を含む広範な諸国の支持を得ることが困難である点について，（注228）参照。
[280]　SCHMITT（2018），*Ibid.*, pp. 47 & 50–51; ZHAO, *Ibid.*, p. 58; ZERBE, *Ibid.*, pp. 56 & 58.
[281]　ZHAO, *Ibid.*, pp. 73–79（新たな条約規範又は ICJ 判決）; SANDER, *supra* note 109, pp. 55–56（国際人権法の枠組みに従った民間の検索エンジン等への規制と連携の組合せ）; SEATZU and CARRILLO-SANTARELLI, *supra* note 279, pp. 591–600（ソフト・ロー）; ZERBE, Ibid., pp. 73–74（新たな条約規範）.

⑶ 領域国の相当の注意義務

上記2で指摘したように，越境サイバー侵害行動について明示的に国際法違反を認定する国家実行が見られないことの背景には，サイバー行動の即時性，匿名性等ゆえに，⒤越境サイバー侵害行動の発信源の特定，⒤その発信を実行した個人・団体の特定，⒤当該発信源及び個人・団体の他国との関係（他国の指示・指揮・統制等）の法的評価のそれぞれについてハードルが高く，その他国への帰属を認定・立証することが困難であるとの事情がある。これは，基本的に上記1⑴～⑷で検証した全ての一次的規範の違反の認定について当てはまることではあるが，相当の注意義務（上記1⑶イ）に関しては，越境サイバー侵害行動の発信源となる領域国が技術的に特定されれば（上記⒤），当該越境サイバー侵害行動が当該領域国に帰属したとすれば他の一次的規範（武力による威嚇・武力の行使の禁止，不干渉義務，（領域）主権の尊重[282]）の違反を構成するものであること，及び当該領域国が「相当の注意」を欠いたことを認定・立証することによって同義務の違反の責を問うことが可能であり，発信行為の実行者の特定（上記⒤）や発信源・発信者と他国との関係の法的評価（上記⒤）によって当該越境サイバー侵害行動の当該領域国への帰属を立証する必

---

[282] 国際人道法（上記1⑷）に関しては，学説上，平時を含む全ての場合における国際人道法の尊重の確保（ジュネーブ諸条約の共通第1条，ジュネーブ諸条約第Ⅰ追加議定書第1条1），非国際的な武力紛争における敵対行為に直接参加しない者の人道的待遇及び傷病者の収容・監護（ジュネーブ諸条約の共通第3条），文民たる住民の一般的保護（ジュネーブ諸条約第Ⅰ追加議定書第51条1），文民・民用物を軍事行動から生ずる危険から保護するための予防措置（同第58条）等の規範に「相当の注意」の義務ないし「行動の（客観的）基準」が内包されるとの見解が有力であり，これらの義務ないし基準が武力紛争の一環として行われる越境サイバー侵害行動に対しても適用され得るとの指摘が存在する。ILA Study Group on Due Diligence in International Law, *supra* note 51, p. 15; Marco LONGOBARDO, "The Relevance of the Concept of Due Diligence for International Humanitarian Law", *Wisconsin International Law Journal*, Vol.37 No.1 (2020), p. 44, pp. 54-78; DIAS and COCO, *supra* note 17, pp. 157-161. しかしながら，これらの学説の主眼は，上述の各規範に基づく義務の違反自体は国家に帰属することを前提に，当該義務の違反の有無の判断基準が「相当の注意」によることを解明することにあると考えられ，国家実行・学説のいずれにおいても，外形上当該義務に違反しているが国家に帰属しない行為が存在し得ることを認め，かかる行為について，当該義務の違反ではなく（本書にいうところの）領域国としての相当の注意義務違反を認定することを支持する見解の存在は確認されないことから，本書における相当の注意義務の考察の射程からは国際人道法を除いている。

Ⅱ　一次的規範（保護法益）

要がない[283]。

　なお，学説上は，ICJ コルフ海峡事件判決（本案）（1949年）にいう「他国の権利に反する」は必ずしも国際法違反の行為，すなわち上述の「領域国に帰属したとすれば他の一次的規範…の違反を構成する」行為と同一視し得ないとの見解[284]，あるいは領域国が負う義務の本質は越境危害補償責任（liability for transboundary harm）ないし防止・回復の義務（obligation to prevent and redress）であり，少なくとも一定の範疇の越境サイバー侵害行動については，被害国が領域国の（補償）責任を追及するために自国内での損害の発生（及び加害行為との因果関係）を立証すれば足り，「相当の注意」の欠如の立証を要しないとする見解[285]がそれぞれ存在する。このうち，前者に関しては，国際法上，個別的・明示的に違法とされていない行為（作為又は不作為）についても相当の注意義務違反が成立し得る場合を念頭に置いた見解と考えられるが，そのような場合であっても，当該行為についての国際法上の責任を領域国（行為地国）に帰する以上，当該行為が他国の何らかの国際法上の保護法益，具体的には国家主権の原則により各国が自由に決定することが許容されている事項（domaine réservé）か，少なくとも（領域）主権を侵害していると理解するのが合理的であり，その意味において，当該行為が領域国に帰属したとすれば不干渉義務又は主権尊重の義務の違反を構成すると解すべきであろう[286]。

283　2021年日本政府の立場5–6頁，2.⑷第六段落；黒﨑「前掲論文」（注47）32–33頁。

284　DIAS and COCO, *supra* note 17, p. 132.

285　WALTON, *supra* note 38, pp. 1490–1494 & 1495–1503（国家に帰属するサイバー攻撃，国家の支援を受けたサイバー攻撃，サイバー対抗措置による意図せぬ第三国の被害については「絶対責任（"Absolute" Liability）」）; Rebecca CROOTOF, "International Cybertorts. Expanding State Accountability in Cyberspace", *Cornell Law Review*, Vol.103（2018），p. 565, pp. 600–606, 628–631 & 614–615（少なくとも国家による故意の加害，国家の高度の危険性を内蔵する活動に起因する害については「厳格責任（strict liability）」）; DIAS and COCO, *supra* note 17, pp. 139–148（「相当の注意義務」は，複数の一次的規範に由来し，異なるが互いに重複する「危害の防止・停止・回復の…義務（obligations to prevent, halt and redress … harms）」の「混成物（patchwork）」であり，「有意な（significant）越境危害の防止・回復の義務」は，ICJ コルフ海峡事件判決（本案）（1949年）で定式化された「防止の義務」とともにかかる「混成物」の一角を成す。越境危害の「有意」性は事故（損害）の発生の蓋然性と加害効果（injurious impact）の大きさとの組合せで評価され，越境損害の重大性（gravity）に応じ，より先駆的な警戒又は監視の措置（more proactive measures of vigilance or monitoring）が要求される）。

96

3 考 察

　また，後者の見解に関しては，領域国が国際法上の義務に違反していない場合であっても，一定の水準を上回る越境損害（transboundary damages）を防止することができず発生させた段階でまず補償責任（liability）を負い，それでもなお補償（compensation）を行わない場合に初めて国際違法行為に基づく責任（responsibility）を負うものであるとし[287]，かかる国際違法行為に基づかない国家間の（国際法上の）補償責任の存在はトレイル溶鉱所事件仲裁判断（1941年）において判示され，ICJ コルフ海峡事件判決（本案）（1949年）も実質的にこれを踏襲しており，その後の国際判例の蓄積，ILC による「危険性を内蔵する活動に起因する越境危害の防止に関する条文案」（以下「ILC 越境危害防止条文案」という）[288]の作成・採択等により環境以外の分野にも妥当し得る法原則・規範として浸透しつつあるとする[289]。しかしながら，上述の二つの仲裁判断・判決を含む国際判例のいずれも，他国への損害発生を防止する何らかの義務（の違反）に言及しており，かかる義務の違反（国際違法行為）に基づかない国家間の補償責任までも認定したものとは解し難い[290]。ILC 越境危害防止

---

286 SCHMITT and VIHUL（eds.）（Tallinn manual 2.0），*supra* note 1，pp. 35–36，paras.18 & 21–24（commentary to Rule 6）。DIAS and COCO は「タリン・マニュアル2.0」に関し，①「行為が領域国に帰属したとすれば…違反を構成する」か否かを当該行為が実行された時点の具体的状況に考慮して判断するのか，それとも領域国が負う義務に照らして抽象的に判断するのかが明確でない，②（領域国に帰属したとすれば）違法性阻却事由により違法とされないが物的損失（material loss）について被害国から補償を請求され得る事例について（ICJ コルフ海峡事件判決（本案）（1949年）の「他国の権利に反する」と）異なる結論が導かれる，の２点を指摘しているが（（注284）参照），①については，行為の主体が国か，非国家の個人・団体かの違い自体が具体的状況における大きな相違であり，ある程度抽象的に判断せざるを得ない。②については，そもそも非国家の個人・団体による行為について国際法上の違法性阻却事由を観念し得ない以上，被害国は，違法性阻却事由を顧慮することなく抽象的に「行為が領域国に帰属したとすれば…違反を構成する」ことを認定した上で（「相当の注意」の欠如を立証して）相当の注意義務違反を主張することで足りるとするのが合理的であり，領域国の相当の注意義務違反の違法性阻却事由については領域国自身が援用・立証すべきであろう。

　なお，被害国の物的損失に対する補償は，領域国の相当の注意義務違反の成否とは基本的に無関係である一方，領域国による違法性阻却事由の援用が（被害国に）認められるための条件となる場合がある。ILC 国家責任条文案コメンタリー，pp. 85–86，Article 27(b) and paras.(4)–(6)（*Commentary to Article 27*）。

287 WALTON，*supra* note 38，pp. 1486–1488 & 1502; CROOTOF，*supra* note 285，pp. 600, 603 & 617; DIAS and COCO，*supra* note 17，pp. 147–148。

II 一次的規範（保護法益）

288 U.N. Doc. A/RES/62/68, 6 December 2007, Annex: Prevention of transboundary harm from hazardous activities（以下「ILC 越境危害防止条文案」という）。また，U.N. Doc. A/CN.4/SER.A/2001/Add.1 (Part 2), para.98, PREVENTION OF TRANSBOUNDARY HARM FROM HAZARDOUS ACTIVITIES, pp. 148-170（以下「ILC 越境危害防止条文案コメンタリー」という）も参照。

　ILC 越境危害防止条文案は，2001年8月1日，ILC により採択されたが，同年12月12日，コンセンサスで採択された国際連合総会決議においては，「国際法により禁じられていない行為から生ずる有害な結果（injurious consequences）に関する国際補償責任（international liability）（危険性を内蔵する活動に起因する越境危害の防止）」の主題のうち「防止」の問題について行われた ILC の貴重な作業への謝意を表明（expresses its appreciation）しつつも，同条文案の作成が「防止」と「補償責任」から成る同主題に関する作業の一部であることにかんがみ，ILC に対して同主題の「補償責任」の側面に関する検討を再開するよう要請するに留まった。U.N. Doc. A/RES/56/82, 12 December 2001, paras.2 & 3. その後2006年，ILC の「補償責任」に関する検討の成果として「危険性を内蔵する活動から生ずる越境危害の事案における損失の配分に関する原則案」（以下「ILC 越境危害損失配分原則案」という。(注291) 参照）が採択されたことから，翌2007年12月6日，コンセンサスで採択された国際連合総会決議において，ILC 越境危害防止条文案，ILC 越境危害損失配分原則案の双方について，将来のいかなる行動も予断することなく，各国政府が注意を払うよう勧奨している（commends … to the attention of Governments, without prejudice to any future action）。U.N. Doc. A/RES/62/68, 6 December 2007, paras.3 & 4.

289 WALTON, *supra* note 38, pp. 1478-1484; CROOTOF, *supra* note 285, pp. 600-604; DIAS and COCO, *supra* note 17, pp. 139-141. WALTON は関連の国際判例として，(注50) の各判例（アラバマ号事件仲裁判断（1872年）を除く）のほか，*Gabčíkovo-Nagymaros Project (Hungary/Slovakia), Judgment, I. C. J. Reports 1997*, p. 7, p. 41, para.53（ICJ 核兵器使用勧告的意見（1996年）の引用）; *Usines de pâte à papier sur le fleuve Uruguay (Argentine c. Uruguay), arrêt, C.I.J. Recueil 2010*, p. 14, pp. 55-56 & 78, paras.101 & 193; *Costa Rica c. Nicaragua / Nicaragua c. Costa Rica, arrêt, C.I.J., supra* note 39, pp. 726-737, paras.177-217（ニカラグアがコスタリカの道路建設による重要な（significant）越境危害の発生を立証できなかったとして，コスタリカが重要な越境危害を生じさせない慣習国際法上の義務に違反したとするニカラグアの主張を却下）を引用している。WALTON はこれらに加え，Affaire du Lac Lanoux (Espagne, France), 16 novembre 1957, Recueil des Sentences Arbitrales, Vol. XII, p. 281等，水路の変更に伴う損害，油濁，工場汚染等の越境損害に関する二国間の仲裁判断も挙げているが，いずれも当事国間の二国間条約等の解釈・適用が争点となったものであり，慣習国際法上の義務を論じた上述の各判例と同列に論ずることはできないであろう。

290 Trail smelter case, *supra* note 50, pp. 1965-1966（「国際法の諸原則…によれば，いかなる国も，煤煙による損害（injury）の事案が重大な結果をもたらし，かつ，その損害が明白で納得できる証拠により立証される場合には，他国の領域内で若しくは他国の領域に対して，又は他国の領域内の財産若しくは人に対して煤煙による損害を生じさせるような方法で自国の領域を利用し，又はその利用を許可する権利を有しない」「本事

3 考 察

条文案及びその補償責任の側面を補完することを意図して ILC が交渉・採択した「危険性を内蔵する活動から生ずる越境危害の事案における損失の配分に関する原則案」(以下「ILC 越境危害損失配分原則案」という)[291]についても，国際法により禁じられていない活動のうち「その物理的な結果を通じて有意な越境損害を生じさせる（リスクを伴う）」もの（すなわち，危険性を内蔵する活動）に対象を絞り込んだ上で[292]，その活動地国（発生源国）が一定の実体法上・手続上の防止の義務（相当の注意義務）を負うこと及びかかる防止の義務の違反について責任を負うことを確認するとともに，各国が国内法又は危険性を内蔵する活動の各分野・類型毎に作成される条約・国際基準により，被害者への迅速かつ十分な補償を確保する民事責任の制度（事業者等への責任集中，

案の状況にかんがみれば，…カナダ自治領は，トレイル溶鉱所の行動について国際法上の責任を負う (is responsible in international law for)」「（トレイル溶鉱所の）行動が本仲裁判断の決定するカナダ自治領の国際法上の義務 (the obligation … under international law) に適合したものとなるように対処する (see to it that) ことは，同自治領政府の責務 (duty) である」); *Affaire du Détroit de Corfou, Arrêt, C.I.J., supra* note 39, pp. 22-23（「アルバニア当局が負っていた義務 (les obligations) は，航行全般の利益のために自国領海内の機雷原の存在を周知することと，英国海軍艦艇が接近した際に当該機雷原に晒される急迫した危険を警告することであった」「これらの義務は，…いくつかのよく知られた一般原則，例えば…全ての国が負う，自国の領域を他国の権利に反する行為にそれと知りつつ使わせてはならない義務に基づく」「アルバニアは，機雷原の存在の通告も，英国海軍艦艇への…警告も行わなかった。」「アルバニアは，国際法に従い，1946年10月22日にアルバニア領海内で発生した爆発及びそれに伴う損害・人的損失について責任を負う (est responsable)」); *Legality of the Threat or Use of Nuclear Weapons, Advisory Opinion, I.C.J., supra* note 50, pp. 241-242, para.29（「自国の管轄内及び管理下の活動が他国又は国の管理外の区域の環境を尊重することを確保する諸国の一般的義務 (the general obligation) の存在は，今日，環境に関する国際法の総体の一部を成している。」); *Usines de pâte à papier (Argentine c. Uruguay), arrêt, C.I.J., Ibid.,* pp. 55-56, paras.101 & 102（「慣習法規範としての防止の原則 (le principe de prévention) は，領域内における国の「相当の注意」に由来する（上述の ICJ コルフ海峡事件判決（本案）(1949年) を引用）。」「ウルグアイ河行政委員会 (CARU) への情報提供の義務は，…防止の義務 (l'obligation de prévention) の実施のために必要な締約国間の協力の稼働を可能とする。」); *Costa Rica c. Nicaragua / Nicaragua c. Costa Rica, arrêt, C.I.J., Ibid.,* p. 726, para.174（「本法廷はここで，コスタリカが慣習国際法…に基づき負う実体法上の義務の違反 (la violation … des obligations de fond) に関する申立ての検討に移る。」「ニカラグアの見解によれば，コスタリカは，ニカラグアに対して有意な越境危害を生じさせない慣習国際法上の義務に違反した (a … manqué à l'obligation)。」)。(傍点引用者)

Ⅱ　一次的規範（保護法益）

厳格（絶対）責任，基金・政府補填等による補完的補償等）を整備すべきとの指針を示す内容にとどまっている[293]。以上に加え，ILC 越境危害防止条文案及び ILC 越境危害損失配分原則案の作成・採択に至る経緯[294]，国際判例及びこ

291　U.N. Doc. A/RES/61/36, 4 December 2006, Annex: Principles on the allocation of loss in the case of transboundary harm arising out of hazardous activities（以下「ILC 越境危害損失配分原則案」という）。また，U.N. Doc. A/CN.4/SER.A/2006/Add.1（Part 2), para.67, DRAFT PRINCIPLES ON THE ALLOCATION OF LOSS IN THE CASE OF TRANSBOUNDARY HARM ARISING OUT OF HAZARDOUS ACTIVITIES, pp. 59-90（以下「ILC 越境危害損失配分原則案コメンタリー」という）も参照。

　　ILC 越境危害損失配分原則案は，2006年12月4日，コンセンサスで採択された国際連合総会決議において，ILC 越境危害防止条文案に先立ち国際連合総会によって留意されるとともに，各国政府が注意を払うよう勧奨された（commends … to the attention of Governments）。U.N. Doc. A/RES/61/36, 4 December 2006, para.2. また，1 年後の2007年12月 6 日には，（注288）にあるように，国際連合総会により，ILC 越境危害防止条文案とともに「将来のいかなる行動も予断することなく（without prejudice to any future action）」各国政府が注意を払うよう勧奨されている。

292　ILC 越境危害防止条文案, Article 1 & Article 2 paras.(a)-(c); ILC 越境危害防止条文案コメンタリー, pp. 152-153, paras.(1)-(9)（*Commentary to Article 2*）; ILC 越境危害損失配分原則案, Principle 1 and Principle 2 paras.(a), (c) & (e); ILC 越境危害損失配分原則案コメンタリー, pp. 61-62, para.(1)（*Commentary to Principle 1*）and pp. 64-70, paras. (1)-(18), (24) & (27)（*Commentary to Principle 2*）.

293　防止の義務及びその違反の責任について，ILC 越境危害防止条文案, Articles 3 & 6-17; ILC 越境危害防止条文案コメンタリー, pp. 153-155, paras.(3), (7) & (17)（*Commentary to Article 3*）; ILC 越境危害損失配分原則案, 7th preambular para. and Principle 5 paras.(a) & (b); ILC 越境危害損失配分原則案コメンタリー, pp. 59-61, para. (6)（*General commentary*）& para.(4)（*Commentary to Preamble*）and pp. 83-84, paras. (2) & (3)（*Commentary to Principle 5*）.

　　国内法又は条約・国際基準に基づく民事責任の制度の構築・発展について，ILC 越境危害損失配分原則案, 3rd 5th & 8th preambular paras., Principles 4, 6 & 7; ILC 越境危害損失配分原則案コメンタリー, pp. 59-60, paras.(2)-(5) & (11)-(12)（*General commentary*）（危険性を内蔵する活動の個々の分野・類型毎に特徴が異なり，補償についてそれぞれ異なるアプローチの採用が要求され得ること，異なる法体系の間でもアプローチ・選択が異なり得ること等にかんがみ，拘束力を有しない原則案の形式としており，国内法や法体系の調和を要求するものではない）and p. 89, para.(2)（*Commentary to Principle 7*）.

294　（注288）及び（注291）参照。ILC 国家責任条文案及び ILC 越境危害損失配分原則案は国際連合総会により「留意」されている一方，ILC 越境危害防止条文案はかかる「留意」の対象となっていない。

　　ILC 越境危害防止条文案（2001年）及び ILC 越境危害損失配分原則案（2006年）の採択を以て完了した ILC の「国際法により禁じられていない行為から生ずる有害な結

3　考　察

れらの条文案・原則案に関する各国及び学説の評価[295]等にかんがみれば，他国
への損害発生を防止し，回復する義務の違反について証明責任の免除・軽減を
伴う国家の補償責任が，慣習国際法上の規範・制度として確立しているとみる

果に関する国際補償責任」に関する作業は，そもそも，1956年に開始されたILCの国
家責任法の法典化に関する作業の過程において，1969年及び1973年，国家がその（国際
法上）違法な行為だけでなく，適法な活動から生ずる有害な結果についても国際法上の
責任を負う場合があり得るとの認識が示されたことから，1978年，国際違法行為に基づ
く国家責任法の法典化作業から後者（適法な活動から生ずる有害な結果に関する責任）
の問題を切り離し，別個の議題として開始された経緯がある。Alan E. BOYLE, "State
Responsibility and International Liability for Injurious Consequences of Acts Not
Prohibited by International Law: A Necessary Distinction ?", *International and
Comparative Law Quarterly*, Vol.39 (1990), p. 1, pp. 2-3; WALTON, *supra* note 38, pp.
1481-1482. 国家責任法の法典化作業がILC国家責任条文案（2001年）に結実し，同条
文案が累次のICJ判決・勧告的意見で引用される等，一般に国際違法行為に基づく国家
責任の制度を定式化したと評価されているのに対し，後者の作業の補償責任に関する成
果（ILC越境危害損失配分原則案）は民事責任に関する指針であり，国家間の（国家責
任に対応する）補償責任の制度を定式化するものとは言えない。

295　WALTON等が国際違法行為に基づかない国家の補償責任を認めた判例とするトレ
イル溶鉱所事件仲裁判断（1941年）に関しては，学説上，⑴損害の重大性や明白性を加
害国の国家責任が生ずる条件とし，科学的根拠に基づく予見可能性を前提としてそのよ
うな損害（結果）の回避義務を導き出した，⑵損害が認定される場合にカナダが米国に
賠償金（indemnity）を支払うこと自体は事前に両国間で合意した上で仲裁に付託した
ものであり，そもそも賠償責任ないし補償責任を論点としていない，等の見解が多く見
られる。西村智朗「領域使用の管理責任―トレイル溶鉱所事件」『国際法判例百選（第
3 版）』別 冊 Jurist No.255 (2021 年) 54 頁，55 頁；Karin MICKELSON, "Rereading
Trail Smelter", *The Canadian Yearbook of International Law*, Vol.31 (1993), p. 219, pp.
222-223 (footnote 12); Patricia BIRNIE, Alan BOYLE and Catherine REDGWELL,
International Law and the Environment (Third Edition) (Oxford University Press,
2009), pp. 216-219.
　　ILC越境危害防止条文案及びILC越境危害損失配分原則案に関しては，ILCが「国
際法により禁じられていない行為から生ずる有害な結果に関する国際補償責任」に関す
る作業を開始した当初より，学説上，国際違法行為に基づく国家責任と区別して論ずる
ことの法理論・法実務上の実益の観点から，同作業の意義に疑念を呈する見解が少なか
らず存在した。例えばBOYLE, *Ibid.*, p. 13 (Ian BROWNLIE, *State Responsibility (Part I)*
(Oxford, Clarendon Press, 1983), p. 50の批判を引用) and pp. 21-24; Rosalyn HIGGINS,
Problems and Process: International Law and How We Use It (Oxford, Clarendon
Press, 1995), pp. 164-165. ILCは当初，国際法により禁じられていない行為全般につい
て国家間の補償責任を定式化しようとしたが，国家実行を欠き一般国際法として定着す
る基盤がないとの認識が共有されたことから，1983年にまず対象を実質的に環境分野に
限定し，その後1996年には民事の厳格責任の制度の整備・普及を追求する方針に転換し

Ⅱ　一次的規範（保護法益）

ことは困難であろう[296]。

　したがって，本項（3(3)）冒頭で述べたとおり，越境サイバー侵害行動の国家への帰属の立証に伴う負担・困難を克服する観点から，被害国が依拠することを検討し得る実定国際法規範は，領域国（加害行為地国）が負う相当の注意義務であると言える。相当の注意義務違反を援用することができれば，被害国はかかる帰属の立証の負担を相当程度軽減することができ，今後，国際法による越境サイバー侵害行動へのより実効的な対処を実現していく上で重要な鍵となろう。

　そのためには，既に(1)及び(2)で考察した他の一次的規範の違反の判断基準に加え，「相当の注意」の射程について，広範な諸国の間で認識が共有される必要がある。上記1イで述べたとおり，この点に関する各国の立場は，自国領域内から行われる（当該領域国が実行したとすれば）国際法上違法となる越境サイバー侵害行動の終止又は防止のため「合理的に実施可能な全ての適当な措

たものであり，かかる経緯及びその後の国際判例・国家実行に照らせば，国際違法行為に基づかない国家間の補償責任が現行の慣習国際法規範として定着しているとは言えないというのが，学界の多数説と言えよう。岩沢『前掲書』（注171）565-566頁；CROOTOF, *supra* note 285, pp. 602-603（環境分野への限定の経緯）; BIRNIE, BOYLE and REDGWELL, *Ibid.*, pp. 216-224; Alain PELLET, "The Definition of Responsibility in International Law", in James CRAWFORD, Alain PELLET, Simon OLLESON and Kate PARLETT（eds.）, *The Law of International Responsibility*（Oxford University Press, 2010）, p. 3, pp. 10-11.

　各国の評価に関しては，（注52）〜（注55）で例示した各国の立場表明，GGE・OEWG の報告書のいずれにおいても，「補償責任」の語の使用，又は（相当の注意義務と異なり）通常の国家責任法（二次的規範）とは異なる国際責任が適用される他の義務への言及は確認されない。Finland's national positions では，「越境危害」への言及や，脚注における ILC 越境危害防止条文案の抜粋が見られるものの，いずれも相当の注意義務の一例として紹介している（p. 4）。

296　WALTON, CROOTOF 等は，越境損害を防止することができず発生させた段階で（国際違法行為に基づく国家責任ではなく）補償責任のみが発生することにより，被害国による安易な対抗措置及びこれが誘発する対抗措置の過度の応酬を回避することができる実益も強調しているが，「実益」に立脚したかかる議論は，これらの論者が越境危害補償責任について，現行法（*lex lata*）として確立しておらずあるべき法（*lex ferenda*）の側面が強いと認識していることを吐露するものであろう。特に CROOTOF は自ら，サイバー活動による越境損害の発生，損害額等の認定を行う新たな多数国間の制度の構築への期待を述べている。WALTON, *supra* note 38, pp. 1515-1517; CROOTOF, *supra* note 285, pp. 604-605, 613-614 & 637-643.

置」をとるべきとの認識で一定の収斂が見られる一方，その具体的内容・外縁については，なお領域国の能力等の個別具体的な検討に依らざるを得ず，共通の理解に至っているとは言えない。学説上は，（領域国が実行したとすれば）国際法上違法となる越境サイバー侵害行動が「相当の注意」義務違反を構成するための要件として，①当該越境サイバー侵害行動が被害国に一定の水準を上回る「深刻な（serious）」，「重要な（substantial）」ないし「有意な（significant）」危害（harm）又は有害な結果（adverse consequences）をもたらす必要があるが，当該危害又は有害な結果が必ずしも物理的損壊や人の死傷である必要はないこと[297]，②当該越境サイバー侵害行動が自国の領域内で行われていることを領域国が実際に知っていたことまで立証する必要はなく，その具体的事実関係において，通常の状況の国家であれば自国内で当該越境サイバー侵害行動が行われていることを把握したであろうこと，すなわち構成的了知（constructive knowledge）を立証することで足りること[298]，③領域国が，当該越境サイバー侵害行動を終止し又は防止するため，同一又は類似の状況下にある合理的に行動する国家が講じたであろう全ての合理的に実施可能な手段を講じなかったこと[299]に関しては，概ね異見は見られない。これに対し，同義務が領域国に④具体的状況から実行が差し迫っており，又は過去と同様の手段・手法による再度

---

[297] SCHMITT and VIHUL (eds.) (Tallinn Manual 2.0), *supra* note 1, pp. 36-38 (commentary to Rule 6)。危害又は有害な結果の有害性は客観的事実に基づいて評価され，「深刻な」が最も高く，「重要な」がそれに次ぎ，「有意な」は単に探知可能な（detectable）だけに留まらないことを指す（ILC 越境危害防止条文案コメンタリー，p. 152, para.(4)（*Commentary to Article 2*）（越境危害）; ILC 越境危害損失配分原則案，p. 65, para.(2)（*Commentary to Principle 2*）（越境損害））。

　本文にいう危害又は有害な結果の「一定の水準」を「深刻な」，「重要な」，「有意な」のいずれの水準に設定するか（①）は，どの水準の危害又は有害な結果の発生を防止できなかった段階で「相当の注意」を欠いていたと判断され得るかという意味では「相当の注意」の欠如の判断基準の一部を成す一方，被害国の国際法上の保護法益（国家主権の原則により各国が自由に決定することが許容されている事項（domaine réservé），（領域）主権等）がどの程度侵害されると（相当の注意）義務違反が成立し得るかを示す指標でもあり，その意味において，当該越境サイバー侵害行動が領域国に帰属したとすれば他の一次的規範の違反を構成するかどうかの判断基準としての側面を有する。したがって，その「一定の水準」は，実質的には，越境サイバー侵害行動が国家に帰属する場合における不干渉義務違反の「強制」要件の判断基準の緩和・調整（本文(2)ア）及び主権侵害の判断基準の明確化（本文(2)イ），特に主権侵害に該当する領土保全への侵襲，本質的に政府に属する機能への介入・侵奪の判断基準がそれぞれどの水準で収斂するかに符合することとなろう（本文後掲図Ⅱ 3(3)参照）。

103

Ⅱ　一次的規範（保護法益）

の実行が予期される個々の越境サイバー侵害行動の防止に留まらず，越境サイバー侵害行動全般が自国領域内で行われることを防止するための措置をとることまで義務付けるものか[300]，⑤前記④の一般的防止のため，又は前記③の全ての合理的に実施可能な手段を講じ得る前提条件として，自国領域内のサイバー活動の監視（monitor），サイバー侵害行動の犯罪化，関係企業等によるサイバー侵害行動事案の報告の義務付け等所要の立法上・行政上の措置を講ずることまで要求するものか[301]に関しては，学説もなお分かれている[302]。

　以上の要件のうち，①に関しては，GGE・OEWG の報告書に明示的な言及はなく，各国の立場表明等においても言及は少ないものの[303]，多数の国々が重大な被害を伴うことが想定される重要インフラに対する越境サイバー行動に多大な関心を示し，GGE，OEWG のいずれにおいても中心的な議題の一つになってきたこと等にかんがみれば，被害国に一定の水準を上回る危害ないし有害な結果をもたらすことを要件とすることについて，広範な諸国の認識が一致

298　SCHMITT and VIHUL (eds.) (Tallinn Manual 2.0), *Ibid.*, pp. 40-41 (commentary to Rule 6); 西村弓「前掲論文」(注51) 308-309頁. ただし，一部の国には異見があり得る（New Zealand HP, para.17参照）。

　なお，越境サイバー侵害行動に用いられるデータ，マルウェア等が自国領域内の光ファイバーケーブル等を通過するのみの国（通過国）についても，相当の注意義務自体が適用されないと解すべき理由はないが，実際に通過国が本文②の了知の要件を満たし，相当の注意義務違反を問われるケースは極めて稀であろう。SCHMITT and VIHUL (eds.) (Tallinn Manual 2.0), *Ibid.*, pp. 33-34 (commentary to Rule 6); 西村弓「前掲論文」(注51) 310-311頁.

299　SCHMITT and VIHUL (eds.) (Tallinn Manual 2.0), *Ibid.*, p. 47 (commentary to Rule 7); 西村弓「前掲論文」(注51) 309-310頁.

300　これを否定する立場として，SCHMITT and VIHUL (eds.) (Tallinn Manual 2.0), *Ibid.*, pp. 44-45 (commentary to Rule 7). 具体的な防止措置の選択について領域国の幅広い裁量を認めつつも，原則的に肯定する立場として，Russel BUCHAN, "Cyberspace, Non-State Actors and the Obligation to Prevent Transboundary Harm", *Journal of Conflict & Security Law*, Vol.21 No.3 (2016), p. 429, pp. 435-437.

301　これを否定する立場として，SCHMITT and VIHUL (eds.) (Tallinn Manual 2.0), *supra* note 1, pp. 44-45 (commentary to Rule 7). 具体的な防止措置の選択について領域国の幅広い裁量を認めつつも，原則的に肯定する立場として，BUCHAN, *Ibid.*, pp. 435-437. 今後，広範な諸国の支持を得て条約又は慣習国際法上の義務となる可能性を肯定する立場として，Eric T. JENSEN, "State Obligations in Cyber Operations", *Baltic Yearbook of International Law*, Vol.14: 2014 (2015), p. 71, pp. 79-80 (国内のサイバー活動の監視); BANNELIER, *supra* note 50, pp. 656-657 (重要インフラ防護).

3　考　察

する可能性が高い。もっとも，相当の注意義務違反の援用のトリガーとなる危害ないし有害な結果の「一定の水準」をどの程度とするか（「深刻な」「重要な」「有意な」等）に関しては，そもそも個別具体的に判断せざるを得ないこともあり，その具体的な水準について各国が一定の共通認識に達するまでにはなお時間を要しよう。特に，（領域国への帰属を認定することができない）非国家の団体・個人による選挙・民主的政策決定過程への介入（上記(2)末尾参照）等，物理的損壊や人の死傷，金銭的損害を伴わない越境サイバー行動に関しては，そのもたらす危害又は有害な結果の水準を比較可能なように可視化すること自体が難しく，当該「一定の水準」は，例えば関連データが大規模に改竄・消去されている，選挙・投票自体を実施し得ない状況に陥っている等，当該危害又は有害な結果が極めて深刻であることが明白な場合に限定される可能性が高いように思われる[304]。

②の「構成的了知」に関しても，これまでGGE・OEWGの報告書や各国の立場表明等での言及が少ないのは同様であるが[305]，相当の注意義務に関する累次の国際判例でも確認・適用されてきており[306]，プロキシを利用した越境サイバー侵害行動に利益を見出す少数の国による抵抗の可能性はあるが最終的には

302　「相当の注意」を別途の一次的規範に内包される「行動の客観的基準」ないし「注意の基準」と位置付ける学説（注51）に立脚すると，本文④の一般的防止義務及び⑤の防止のために必要な立法措置等をとる義務は，「相当の注意」ではなく当該別途の一次的規範に由来する「結果（達成）の義務（obligation of result）」と位置付けられ，「相当の注意」の欠如の有無により違反の有無が判断される「注意深い行動の義務（obligation of diligent conduct）」とは区別されることとなる。PISILLO-MAZZESCHI, *supra* note 51, pp. 26-30, 34-36, pp. 40-41 & 46-49（外国人・他国の国家代表の安全，他国の安全保障（中立法規・武装集団への支援），環境保全の３分野における「保護の義務（obligation to protect）」に「（当該）義務の尊重を通常であれば確保することができる法令上・行政上の制度（a legal and administrative apparatus normally able to guarantee respect）を恒常的に保有しておく義務」が内在）; WALTON, *supra* note 38, p. 1497（「越境危害を防止する義務（duty to prevent）」）; DIAS and COCO, *supra* note 17, pp. 136-137（相当の注意義務と一対を成すが，同義務とは別個の（separate）「最小限の統治の基盤を整備する（put in place the minimum governmental infrastructure）義務」）。

　いずれにせよ，越境サイバー侵害行動に適用され得るそのような別途の一次的規範の存否についても，各国の立場，学説ともに収斂していないことに変わりはない。

303　2021年日本政府の立場2(4)第五段落，5頁（「少なくとも，例えば，他国の重要インフラを害するといった重大で有害な結果をもたらすサイバー行動」）。

304　SCHMITT (2018), *supra* note 109, pp. 54-55; SANDER, *supra* note 109, pp. 25-26.

305　2021 GGE Compendium: Norway, 4.2 5th para., pp. 71-72.

Ⅱ　一次的規範（保護法益）

抵抗し切れず，広範な諸国の支持を得るに至ると考えられる。

　③の「合理的に実施可能な手段」に関しては，GGE の報告書で各国の拘束力を有しない自主規範として示された規範13⒞の具体的内容の一つである「自国の領域内で進行中の（越境サイバー侵害）行動を終止させるための合理的な措置をとる」（上記1⑶イ①）と同旨と考えられ，各国に顕著な異論があるとは思われない。

　これらの3つの要件に加え，上述の規範13⒞の他の具体的内容として示された，自国内における越境サイバー侵害行動事案に対処する能力を欠く国（領域国）が他国・民間に支援を求めることの奨励（上記1⑶イ②），被害国からの通報を受けた領域国による当該事案の調査の合理的努力（同③）の計5つの要件については，今後の OEWG の議論等を通じ，広範な諸国の立場が収斂に向かうことが期待される。

　これに対し，④の自国内からの越境サイバー侵害行動を一般的に防止する措置，⑤の自国内のサイバー活動の監視・サイバー侵害行動の犯罪化等のための制度整備・立法措置に関しては，既述のとおり，従来，各国の立場，学説ともに見解が分かれていることに加え，特に，過重な取組を要求されることに対する開発途上諸国の警戒感（上記1⑶イ）にかんがみると，直ちに各国の立場が収斂することは見通せず，各国の異なる利害・事情を考慮しつつ認識の懸隔を埋め，立場の収斂に繋げていく必要があろう。かかる観点から，GGE，OEWG の双方が重視し議論してきている信頼醸成措置及び能力構築のための取組[307]が果たす機能が注目される。例えば，GGE，OEWG はいずれも，その報告書において，(i)各国が信頼醸成措置の一環として，重大なサイバー事案の早期把握や通報・対応に活用し得る連絡窓口（Point of Contact（PoC））を政策担当者，外交当局，専門家の各段階で指名すること[308]，(ii)能力構築及びその支援の一環として，コンピュータ緊急事態対応チーム（Computer Emergency

---

306　*Affaire du Détroit de Corfou, Arrêt, C.I.J., supra* note 39, p. 18; *Application of the Convention on the Prevention and Punishment of the Crime of Genocide (Bosnia and Herzegovina v. Serbia and Montenegro), Judgment, I.C.J. Reports 2007*, p. 43, pp. 222-223, para.432.

307　2021年 GGE 報告書 V. and VI., pp. 18-22, 2021年 OEWG 報告書 Annex I: Final Substantive Report, paras.41-67, pp. 10-14。

308　2021年 GGE 報告書 paras.76, 77⒜&77⒝, p. 19, 2021年 OEWG 報告書 Annex I: Final Substantive Report, paras.47&51, p. 11&12。

3　考　察

Response Teams（CERTs））又はコンピュータ・セキュリティ事案対応チーム（Computer Security Incident Response Teams（CSIRTs））[309]を設置し，強化すること[310]を奨励しており，GGE はこれらに加え(iii)能力構築及びその支援の一環として，サイバー事案の探知・調査（investigate）・解決のための法的能力（legal capacity）を構築し，強化すること[311]を提唱している。コンセンサスで採択された国際連合総会決議に従い，国際連合加盟各国がこれらの提唱された取組・支援を進めていけば，将来的には，全ての加盟国が，少なくともPoC の指名（上述(i)），CERTs/CSIRTs の設置（同(ii)），サイバー事案の探知・調査・対処のために必要な一定の法整備（同(iii)）を実施し，これらの制度を活用して，自国内で発生したサイバー侵害行動を終止させるための措置（上述③），同侵害行動の被害国からの通報の受領及び自国内での国際違法行為の有無の調査等の対処を行うようになることが期待される。こうしたプロセスを

309　①コンピュータ緊急事態対応チーム（Computer Emergency Response Teams（CERTs））とは，サイバーセキュリティ事案に対応する組織をいう。政府機関や重要インフラを始めとする民間部門の情報システムのサイバーセキュリティを適切に確保するため，脆弱性情報や攻撃の痕跡（IoC）情報等の情報を集約し，これらを分析・評価することで得られる情報や知見を活用して，各情報システムの防護のための具体的かつ適時適切な措置を講じられるよう，政府機関や産業界への注意喚起・働きかけ，再発防止のためのルールづくり等の政策対応を行う。日本においては，国際連携の下でサイバー攻撃に対処する際，政府（内閣サイバーセキュリティセンター（National center of Incident readiness and Strategy for Cybersecurity（NISC））が総合調整役）と民間の専門組織（一般社団法人 JPCERT コーディネーションセンター（Japan Computer Emergency Response Team Coordination Center（JPCERT/CC））等）が連携して対応している。②コンピュータ・セキュリティ事案対応チーム（Computer Security Incident Response Teams（CSIRTs））は，企業や行政機関等において，情報システム等にセキュリティ上の問題が発生していないか監視するとともに，万が一問題が発生した場合にその原因解析や影響範囲の調査等を行う体制を指す。以上に関し，内閣サイバーセキュリティセンター（NISC）ホームページ：組織体制「ナショナルサート機能の強化について」（https://www.nisc.go.jp/about/organize/kinokyoka.html），総務省ホームページ：国民のためのサイバーセキュリティサイト—用語集「ナショナルサート（CSIRT/CERT）」（https://www.soumu.go.jp/main_sosiki/cybersecurity/kokumin/glossary/ja_05/），一般社団法人 JPCERT コーディネーションセンター（JPCERT/CC）ホームページ：JPCERT/CC について「JPCERT/CC とは」（https://www.jpcert.or.jp/about/）参照。

310　2021 年 GGE 報告書 para.89(b), p. 21; 2021 年 OEWG 報告書, Annex I: Final Substantive Report, para.61, pp. 13–14。

311　2021年 GGE 報告書 para.89(d), p. 21

II 一次的規範（保護法益）

図II(3) 領域国（加害行為地国）の「相当の注意」の内容（射程）の明確化（イメージ）

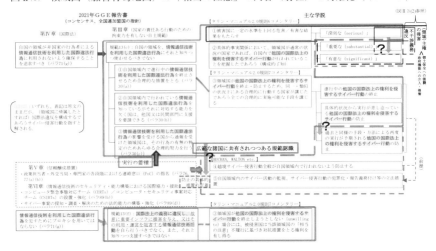

通じ、越境サイバー侵害行動の防止・対処において要求される「相当の注意」の具体的内容が明確化され、これに即した幅広い諸国による国家実行が蓄積していくことにより、将来的には、先述した累次の国際判例も相俟って、かかる内容の「相当の注意」が実定国際法上の義務として普遍的に受け入れられ、確立していく素地は十分にあると考えられる。

　また、先述（上記1(3)イ）の自主規範13(f)に含まれる、他国の重要インフラに損壊・利用阻害をもたらす情報通信技術活動であることを知りながら支援することの禁止に関しては、対象が重要インフラに限定されているため、諸国間の議論や実行が直ちに慣習国際法上の義務である「相当の注意」の要件ないし判断基準として結晶化していくとは考え難いが、今後のOEWGの議論等を通じ、「知りながら」の判断基準（構成的了知で可とするか）を含め、当該禁止の具体的内容がより明確化されれば、同じく各国の関心が高いテロリストによる情報通信技術の利用[312]等、他の越境サイバー侵害行動にも準用され、漸進的に、越境サイバー侵害行動全般に対する支援を控える不作為義務に発達していく可能性が出てこよう。

　（以上のような「相当の注意」の内容（射程）に関する各国の規範認識の形成・明

312　2021年GGE報告書 Norm13(d), p.10

確化の過程に関し，上掲図Ⅱ3⑶（イメージ）参照）

⑷　国際人道法

　上記1⑷で検証したとおり，国際人道法のどの原則・規定が「どのように」越境サイバー侵害行動に適用されるかに関しては，一部の国を除き，これまでの各国の立場表明は原則論に留まり，その具体論については今後のOEWG等における議論に待つところが大きい。国際人道法の諸規範は，ジュネーブ諸条約[313]の一部等，慣習国際法として確立しているものだけでも精緻で詳細にわたることに鑑みれば，本書で全ての論点を網羅することは困難であるが，とりあえず先述のGGEで確認された「確立した国際（人道）法上の諸原則」すなわち人道性，必要性，比例性，（軍民の）区別（以下「四原則」という）の適用のあり方に絞って考察すれば，今後のOEWGでの議論において想定される主な論点として，既に述べた越境サイバー侵害行動のみで武力紛争に該当し得るかとの論点（上記1⑷）に加え，以下の二点が挙げられる。

　①　戦闘員の範囲・敵対行為への直接参加の判断基準

　国際的又は非国際的な武力紛争の存在が認められ，その一環として行われる越境サイバー侵害行動が国際人道法の適用対象となる場合，当該越境サイバー侵害行動の実行者が戦闘員に該当し，当該越境サイバー侵害行動について紛争当事国の国内刑事法上の責任を免れる一方，敵国からの攻撃の対象となるのか，それとも文民として，区別原則により敵国の攻撃から，比例性原則により敵国の攻撃が過度に引き起こす巻き添えによる死傷等から保護されるのかが問題となる。当該実行者が国の軍の正規の構成員（例えば，軍のサイバー部隊の要員）である場合に戦闘員に該当することについては，各国とも異論の余地は乏しい[314]と思われる一方，同様の越境サイバー侵害行動が政府の文民部門のサイバー担当者や民間の契約事業者・専門家，さらには有志のハッカー等を募った「義勇兵」[315]により行われた場合において，それぞれが戦闘員に該当するかどうかに関しては，広範な諸国間における実行の収斂には時間を要しよう。すなわ

313　（注91）参照。

314　例えば，2019年フランス軍事省文書，Ⅱ. 2.2.2. 10ᵗʰ para. ("- The distinction between civilians and combatants") & 16ᵗʰ para. (in box), pp. 14 & 15。

315　例えば，黒﨑将広「ウクライナIT軍と戦闘員資格―サイバー武力紛争法の再確認か発展か―」『国際法研究』第11号（2023年3月）77頁参照。

109

Ⅱ　一次的規範（保護法益）

ち，国際的な武力紛争における戦闘員の地位に関するジュネーブ諸条約第Ⅰ追加議定書の規定[316]を踏まえれば，(i)武力紛争の際に適用される国際法の諸規則の遵守を確保する内部規律・指揮命令系統の存在，(ii)軍服の着用，武器の公然携行等による文民との区別，(iii)紛争当事国の国民でない場合，主として私的な利益のために高額の報酬を得る「傭兵」でないことの各基準に照らし，越境サイバー侵害行動への参加・関与の態様に応じて個別具体的に判断するとの見解が多くの国の支持を集める可能性は高いものの，例えば，事実上，軍と継続的に行動を共にしつつも身分は（軍服を着用しない）政府の文民公務員であるサイバー要員，紛争当事国の募集に応じて無報酬で大規模・高烈度のサイバー攻撃を行っているが軍の通常の指揮命令系統下にはない民間人ハッカー等については，これらの基準の適用（当てはめ）に関する各国の判断は，越境サイバー侵害行動の加害国・被害国の間等において分かれることが見込まれる。

　また，非国際的な武力紛争の非国家の当事者による戦闘行動の一環として行われる越境サイバー侵害行動に関しては，その実行者が当該非国家の当事者の軍事部門，すなわち敵対行為への直接参加を継続的な任務とする個人のみで構成される「組織された武装集団（organized armed groups）」の一員である場合には，戦闘員と同様，敵からの攻撃の対象となる[317]とする解釈が赤十字国際委員会（ICRC）により示され[318]，一定数の有力国も同様の見解を示している[319]。しかしながら，国際人道法全般の解釈・適用の問題として，非国際的な武力紛争についてこのように国際的な武力紛争における「戦闘員」に準じた区別の基準を導入することに関しては，関連条約[320]における根拠規定の欠如，紛

316　ジュネーブ諸条約第Ⅰ追加議定書第43条1及び2，第44条3及び第47条

317　ただし，国の軍隊の構成員が享有する国内刑事法上の免責，敵国の権力下に入った際の捕虜待遇等を享有しない点において，戦闘員とは異なる。真山全「文民保護と武力紛争法―敵対行為への直接的参加概念に関する赤十字国際委員会解釈指針の検討―」『世界法年報』第31号（2012）129頁，1(4)①及び2(3)②，135-136頁及び141-142頁参照。

318　Nils MELZER, *Interpretive Guidance on the Notion of Direct Participation in Hostilities under International Humanitarian Law* (International Committee of the Red Cross (ICRC), 2009)（以下「ICRC DPH Interpretive Guidance」という），pp. 27-36

319　例えば，2019年フランス軍事省文書，II. 2.2.2. 10th para. ("- The distinction between civilians and combatants") & 16th para. (in box), pp. 14 & 15; 2021 GGE Compendium: Germany, III. b) (1) 1st para., p. 37。米国も同様の立場（真山「前掲論文」（注317）152頁参照）。

争当事者間の法的非対称性（国対国内の反乱団体等），攻撃対象となる人の範囲が広がり文民保護を損なうおそれ等から，各国・学説で疑義・批判も示されている[321]。また，仮に反乱団体，過激主義・テロ集団等の軍事部門の一員であったとしても，その者が，制服・識別章など敵がそのことを知り得るような（文民との）区別を示すことは現実的には想定されず[322]，特にその中でも越境サイバー侵害行動に従事する者は，武器の常時携行など他の方法でそうした区別を示すことを期待できないとの事情もある。このため，今後の OEWG 等におけるサイバーの文脈での各国間の議論・検討でも，そもそもこうした非国際的な武力紛争（武力紛争の一方の当事者が反乱団体，過激主義・テロ集団等の非国家主体である場合）[323]について，区別原則に基づく人的攻撃目標の判断に

320　ジュネーブ諸条約の共通第3条及びジュネーブ諸条約第Ⅱ追加議定書。いずれも「締約国（の一）の領域」内における非国際的な武力紛争について定めるもので，敵対行為に直接に参加しない者（文民のほか，武器を放棄した軍隊の構成員，傷病兵，被抑留兵等）の保護について規定する一方，「組織された武装集団」の構成員について，国際的な武力紛争における「戦闘員及び捕虜の地位」（ジュネーブ諸条約第Ⅰ追加議定書第43条～第46条）に相当する規定を含まない。

　　国と，その国の領域外にいる非国家の武装集団との間の武力紛争についても，ジュネーブ諸条約の共通第3条（及びジュネーブ諸条約第Ⅱ追加議定書の規定のうち同条の精緻化を内容とするもの）ないしその慣習国際法化した規範が適用されると解されることに関し，後掲（注323）参照。

321　例えば，真山「前掲論文」（注317）136-137頁及び141-142頁；U.N. Doc. A/HRC/14/24/Add.6, Report of the Special Rapporteur on extrajudicial, summary or arbitrary executions, Philip Alston (May 28, 2010), pp. 19-21, paras.57-69. 学説上，かかる「組織された武装集団」の「構成員であること（membership）」の基準について国際法専門家の間に概ね広範なコンセンサスがあるとする見解も存在するが，そのような論者でも，「構成員である」ための条件について各国・論者の間で争いがあり，ICRCが示した継続的な戦闘任務（continuous combat function）等の条件が一致して支持されていないことは認めている。Kenneth WATKIN, *Fighting at the Legal Boundaries: Controlling the Use of Force in Contemporary Conflict* (Oxford University Press, 2016), pp. 238-241.

322　真山「前掲論文」（注317）142頁，2(3)②参照。ICRC DPH Interpretive Guidance は，ある者が継続的な任務として敵対行為に直接参加していること（継続的な戦闘任務（continuous combat function））は，制服・識別章・特定の武器の携行により公然と示され得るほか，その参加が偶発的，散発的又は一時的なものでないことを示す一定の状況の下で繰り返し敵対行為に直接参加する行動から特定することもできるとするが（p. 35），後者の当事者の行動から推認する方法については，判断基準として不明確で，過度に広範な「組織された武装集団」構成員を認定する方向に傾くおそれがあることは否定し得ないと思われる。

Ⅱ　一次的規範（保護法益）

当たって「組織された武装集団」への帰属の基準が適用されるべきかを巡り，各国の立場が分かれることが見込まれる。具体的には，自国の領域外にいる非国家の武装集団（過激主義・テロ集団等）との間で武力紛争の事態にあり，又はそのような事態が生ずる可能性の高い国々[324]は，上述の非国際的な武力紛争

[323]　ジュネーブ諸条約の共通第３条及びジュネーブ諸条約第Ⅱ追加議定書（第１条）の適用範囲が一（締約）国内におけるその国と非国家の武装集団との間の武力紛争であるのに対し，本文後述のように，国と，その国の領域外にいる非国家の武装集団との間で（当該非国家の武装集団が引き続きその国の領域外にありながら）武力紛争が発生する場合もある。両者の武力紛争は，一方の当事者が非国家主体であり，かつ，国際的な武力紛争すなわちジュネーブ諸条約第Ⅰ追加議定書に規定する事態（国対国又は国対いわゆる人民解放戦線）ではないという意味においては，いずれも「非国際的」と言え，本書ではその意味において「非国際的な武力紛争」と総称している。

　　後者の場合を「非国際的な武力紛争」，又は国際的・非国際的の別は必ずしも明らかでないが少なくとも「武力紛争」と位置付け，ジュネーブ諸条約の共通第３条（及びジュネーブ諸条約第Ⅱ追加議定書の規定のうち同条の精緻化を内容とするもの）ないしその慣習国際法化した規範を適用したとみられる国家実行（国内判例等）として，Hamdan v. Rumsfeld, 548 U.S. 557（2006）, pp. 629-630（米国同時多発テロ事件（2001年）後の対アル・カイーダ軍事行動を非国際的な武力紛争と位置付け，ジュネーブ諸条約の共通第３条を適用）; Government of Israel, Ministry of Foreign Affairs, "Hamas-Israel Conflict 2023: Key Legal Aspects — Annex 2: Legal Aspects of the Hamas-Israel Conflict 2023"（Updated to November 2, 2023）, at https://www.gov.il/en/departments/news/hamas-israel-conflict2023-key-legal-aspects#ANNEX%202（イスラエルのガザ地区からの撤退（2005年）以降の状況に関し，非国際的な武力紛争に該当することを強く示唆しつつ，いずれにせよ武力紛争であり武力紛争法規が適用されることを肯定し，ハマスがジュネーブ諸条約第Ⅱ追加議定書第８条，第11条，第13条等に反映された慣習国際法規範に違反している旨指摘）。これらを以て，後者の場合についても，慣習国際法上，国際的・非国際的の別は必ずしも明らかでないにせよ「武力紛争」に該当する場合には，少なくとも，国際的・非国際的双方の武力紛争に適用されるべき最低限の人道原則を反映したジュネーブ諸条約の共通第３条が適用されるとの規範が成熟するに至っていると解し得よう。*Nicaragua v. United States of America, Merits, I.C.J., supra note 17*, pp. 113-114, paras.218-219; 新井京「『テロとの戦争』における武力紛争の存在とその性質」『同志社法学』第61巻第１号（2009年７月）１頁，32-41頁（ただし，新井は，そもそも領域外の非国家主体によるテロ事案が領域国による反撃の時点まで継続して「武力紛争」に該当する可能性に懐疑的）。

[324]　例えば，現在もアル・カイーダと武力紛争の事態にあると認識している米国。真山「前掲論文」（注317）152頁参照。また，米国の他，海外に軍の部隊・要員を派遣し，又は駐留させているフランス（2019年フランス軍事省文書，Ⅱ. 2.2.2. 10th para.（"- The distinction between civilians and combatants"）& 16th para.（in box）, pp. 14 & 15）・英国等，ハマスやヒズボッラーから頻繁にサイバー攻撃を含む攻撃を受けるイスラエルも，同様の立場をとる可能性が高いと思われる。

全般，又は少なくとも国とその領域外にいる非国家の武装集団との間の武力紛争についてかかる基準を適用し，非国家の武装集団に所属するサイバー要員も人的攻撃目標と認めることを支持するとみられる。これに対し，これらの国々以外の諸国，特に，当該武装集団について民族・宗教等の観点から支持し，又は親近感を抱く諸国や，前記の国々と政治的に対立している諸国，自国内に反政府・反体制の武装集団を抱える諸国は，（サイバーに限らず）非国際的な武力紛争全般について「組織された武装集団」への帰属の基準を適用することに反対するか，仮に領域外の「組織された武装集団」との武力紛争に限定して同基準の適用を認める場合であっても，武器を携行・使用する他の武装集団の構成員と比べて非構成員との区別が更に困難なサイバー要員については，文民を標的とする攻撃の際限ない拡大に繋がらないよう同基準の適用対象から除外することを主張する可能性が高い。したがって，国家以外の武装集団のサイバー要員に同基準を当てはめ，人的攻撃目標と認めることについて，広範な諸国の見解が一致に至る可能性は低いと考えられる。

　なお，上述の戦闘員ないし「組織された武装集団」の構成員に該当しない文民であっても，敵対行為に直接参加する場合には，その直接参加している間に限り，人的な軍事目標として敵の攻撃の対象となる[325]。敵対行為の一環として行われる越境サイバー侵害行動自体は，多くの場合，瞬時でその効果（敵のサーバ，データの損壊等）が生じ完結する一方，当該越境サイバー侵害行動を実行するための準備もその不可分の一部と位置付けられる[326]。個々の越境サイバー侵害行動の状況・態様に応じて具体的に判断する必要はあるものの，例えばマルウェアの開発，標的とするネットワークの特定，ネットワークへのマルウェアの侵入，マルウェアの起動という一連のプロセスのどの段階から準備と位置付けられるのかに関しては，越境サイバー侵害行動を比較的頻繁に受ける国[327]がマルウェアの開発等の早い段階から敵対行為への直接参加に該当するとの立場をとる一方，その他の諸国，特に自ら越境サイバー侵害行動を行い，又は支援している国々は，現に越境サイバー侵害行動が行われ財物の損壊，人の

325　ジュネーブ諸条約第Ⅰ追加議定書第51条３，ジュネーブ諸条約第Ⅱ追加議定書第13条３及びICRC DPH Interpretive Guidance，特に pp. 41-82参照。上述の「組織された武装集団の構成員」の場合と同様，紛争当事国の国内刑事法上の免責，敵国の権力下に入った際の捕虜待遇等を享有しない点において，戦闘員とは異なる。

326　ICRC DPH Interpretive Guidance, pp. 65-67

Ⅱ　一次的規範（保護法益）

死傷等の損害が発生するまでは敵対行為に直接参加しているか否かを判断することができない，との立場をとる可能性が高い。両者の立場が収斂する可能性は，当分の間は低いとみるべきであろう。

　②　軍事目標の範囲及び比例性原則によっても許容される文民・民用物への「付随的損害（collateral damage）」の程度

　サイバー空間においては，軍事目標・民用物の別を問わず情報通信端末・サーバ・ネットワーク等の相互接続が高度に進んでいる（相互接続性）。このため，敵対行為の一環として行われ，国際人道法の適用対象となる越境サイバー侵害行動は，他の兵器体系による攻撃とは異なりその着手から効果発生に至るまでに要する時間が極めて短く，かつ，その効果が地理的制約や軍・民の別をも超えて広範囲に及び得る（即時性）との特性を有する。軍・民両面の諸制度・活動において近年，情報通信インフラへの依存度が飛躍的に高まっていることは，こうした傾向を更に強めるとともに，越境サイバー侵害行動の効果，特に文民・民用物に及ぼす付随的損害の範囲・規模を一層拡大するおそれがある。敵対行為におけるサイバー手段の利用に伴う以上の特性を踏まえると，OEWG 等において，今後，次の諸点について，従来の国際人道法上の区別原則・比例性原則がそのまま適用可能かが論点となることが想定される。

(ⅰ)「軍事目標」の範囲。特に，軍（戦闘員）が民間の情報通信技術インフラを文民と共用する形で利用している場合，その利用の程度・期間・頻度がどの水準に至れば，当該情報通信技術インフラを「軍事目標」として「攻撃」の対象とすることができるか。基本的には，軍が道路・鉄道を利用する場合や軍民共用の港湾・空港の場合と同様，「疑義がある場合には，軍事活動に効果的に資するものとして使用されていないと推定」するという前提の下[328]，

327　例えば，先述の WannaCry, NotPetya に加え，国際テレビ放送局 TV 5 Monde のケーブル・衛星放送，ソーシャルメディア・アカウント等の遮断（2015年 5 月），大統領選挙のマクロン候補陣営「前進！」のネットワークへの侵入・通信内容の暴露（2017年 4 月，本文上記⑵柱書参照）等多数の越境サイバー侵害行動を受けているフランスは，本文で例示した各段階について，敵対行為の一環たる越境サイバー侵害行動の準備（ないし着手）に該当することを肯定する立場をとっている。2019年フランス軍事省文書，Ⅱ. 2.2.2. 12ᵗʰ para. ("- The distinction between civilians and combatants"), p. 15参照。フランスの他，欧米諸国の多く，ハマスやヒズボッラーから頻繁にサイバー攻撃を含む攻撃を受けるイスラエルも，同様の立場をとる可能性が高いと思われる。

328　ジュネーブ諸条約第Ⅰ追加議定書第52条 3

3 考 察

事案毎に注意深い評価を行った上で軍事目標とすることが可能，という原則[329]自体については，大多数の諸国の見解が一致すると見込まれる。しかしながら，軍による敵対行為の一環としての越境サイバー侵害行動は，民間の情報通信技術インフラをごく稀に利用する場合（例えば，新規のアカウントを取得し，通常は利用していないソフトウェア及び電気通信事業者の回線をそれぞれ1回だけ利用して，越境サイバー侵害行動を行う場合）であっても，多大な軍事的成果を挙げることが可能である。このような場合においても軍事目標とすることが認められるかどうかに関しては，上述のとおり「疑義がある場合には，軍事活動に…使用されていないと推定」した上でも，越境サイバー侵害行動を比較的頻繁に受ける国々とその他の諸国，特に自ら越境サイバー侵害行動を行い，又は支援している国々との間で，見解・判断は分かれ，容易に収斂しないであろう。

(ⅱ)「攻撃」に該当するか否か（上述1(4)における，越境サイバー侵害行動のみで武力紛争に該当し得るかに関する各国の規範認識の検証も参照）。敵対行為の一環として行われる越境サイバー侵害行動がその対象とする財物に直接の物理的損害をもたらさず，その機能の停止のみをもたらす場合，当該財物内に保管されたデータのみを毀損する場合等が問題となり得る。当該越境サイバー侵害行動による直接の物理的損害がない場合であっても，少なくとも，当該財物の機能の停止やデータの毀損のもたらす（その意味において，当該越境サイバー侵害行動との関係では「間接的な」）物理的損害や人の死傷が，当該財物に対する運動力学兵器（kinetic weapons）による攻撃がもたらすであろう損害・死傷に相当するとき，例えば，機能の停止したコンピュータ端末のハードディスクやシステムのサーバの交換を要するとき，ダムを管理するシステムのデータの破壊によるダムの放水により下流域に居住・展開していた軍の要員や一般住民が死亡・負傷するとき等は，「攻撃」に該当し得ると解するのが合理的と言える。こうした見解は，複数の主要国が採用しており[330]，学界でも有力であることから[331]，各国の立場が同見解に収斂するか否かが焦点となろう。仮に，敵対行為の一環として行われる越境サイバー侵

---

329 SCHMITT and VIHUL (eds.) (Tallinn Manual 2.0), *supra* note 1, p. 448, Rule 102. また，2019年フランス軍事省文書，II. 2.2.2. 9th para. ("- The distinction between military objectives and civilian objects"), p. 14; 2021 GGE Compendium: Germany, III. b) (1) 3rd para., p. 37参照。

115

Ⅱ　一次的規範（保護法益）

害行動について自由裁量を最大限確保することを望む国々の抵抗により議論が収斂せず，これらのいずれの場合も「攻撃」には該当しないとの結論に至るとすれば，そのような越境サイバー侵害行動について区別原則や比例性原則が適用される局面は極めて限定されることとなる[332]。

(iii)文民・民用物への「付随的損害」の範囲。上記(ii)で挙げた，物理的損害ではなく機能の停止のみを生ずる場合や，データのみを毀損する場合[333]に加え，これらに起因して生ずることが見込まれる民用物の物理的・金銭的損害，文民の死傷等の間接損害も「付随的損害」の一部として予測し，「予期される具体的かつ直接的な軍事的利益」との比較衡量において勘案すべきか否か[334]が議論となることが見込まれる。比例性原則において，「軍事的利益」との比較でその規模・程度が問われるのは「攻撃」がもたらす「付随的損害」であるので[335]，上記(ii)の「攻撃」に該当する暴力行為（具体的には，その帰結たる損害・死傷）の閾値に関する議論と同様，上述の間接損害が運動力学兵器による攻撃がもたらすであろう損害・死傷に相当する場合には，その範囲においてかかる間接損害も「付随的損害」として勘案すべきとする整理が，議論の結果，異なる各国の立場がまとまる収束点となり得よう。ただし，

330　例えば，Government of Canada HP, para.49; Israel's perspective, pp. 400-401; 2021 GGE Compendium: Australia, 2. 2nd para., p. 6; United Kingdom of Great Britain and Northern Ireland, para.24, p. 119.

331　SCHMITT and VIHUL (eds.) (Tallinn Manual 2.0), *supra* note 1, pp. 391 & 396, Rules 84 & 85.

332　軍事行動の一環として行われる越境サイバー侵害行動は，「攻撃」に該当しない場合であっても，軍事行動の対象の軍事目標への限定（ジュネーブ諸条約第Ⅰ追加議定書第48条１），軍事行動から生ずる危険からの文民の一般的保護（同第51条１）等　特に区別原則に関する一般的な規則により規律される一方，比例性原則を含む無差別攻撃の禁止（同第51条４及び５），文民たる住民の生存に不可欠な物に対する攻撃の禁止（同第54条），危険な力を内蔵する工作物・施設に対する攻撃の禁止（同第56条）等，より具体的な規範の適用は及ばないこととなる。

333　文民・民用物のデータ（銀行，医療等）が区別原則・比例性原則による保護の対象に含まれることを肯定する見解として，例えば，2019年フランス軍省文書，Ⅱ. 2.2.2. 7th para. ("- The distinction between military objectives and civilian objects") & 15th para. (in box), pp. 14 & 15, 2021 GGE Compendium: Germany, b) (1) 3rd para., p. 37。

334　かかる間接損害も勘案すべきことを肯定する見解として，例えば，2019年フランス軍事省文書，Ⅱ. 2.2.2. 21st para. ("・The principles of proportionality and precaution")，p. 16。

3 考 察

「軍事的利益」の追求を優先する国々がこれに抵抗する可能性も考えられ，今後の各国間での議論は，必ずしも容易でないことが想定される。また，データのみの毀損や金銭的損害に関しては，「付随的損害」に含めることを肯定する国が存在する一方[336]，「攻撃」の検討・着手の時点においてこれらの非物理的損害まで含めて損害を予測し，評価することは容易でないことから，当分の間，これらの非物理的損害を「付随的損害」に含めるか否かについて広範な諸国の見解の一致をみることは難しいと思われる。

以上の考察を踏まえれば，少なくとも，軍の正規の構成員が，通常兵器による軍事行動と連携して（例えば，通常兵器による攻撃のための偵察，支援，援護等として）越境サイバー侵害行動を行う場合に四原則[337]が適用されることについては，今後の OEWG 等の議論においても異論の余地が乏しく，比較的早期に各国の法的確信の収斂が確認されることが見込まれる。この範疇を超える越境サイバー侵害行動，すなわち，軍の正規の構成員でない契約民間事業者・ハッカー等が関与する場合，通常兵器による軍事行動を伴わない場合等に関しては，必ずしも各国の立場が一致しておらず，これらの場合における武力紛争の発生（すなわち国際人道法の適用）の有無，戦闘員の範囲・敵対行為への直

335　ジュネーブ諸条約第Ⅰ追加議定書第51条 4 及び 5(b)（傍点引用者）
「4　無差別な攻撃は，禁止する。（以下略）
　5　特に，次の攻撃は，無差別なものと認められる。
　(a)　（略）
　(b)　予期される具体的かつ直接的な軍事的利益との比較において，巻き添えによる文民の死亡，文民の傷害，民用物の損傷又はこれらの複合した事態を過度に引き起こすことが予測される攻撃」

336　例えば，2019 年フランス軍事省文書．II. 2.2.2. 21st para.（"・The principles of proportionality and precaution"），p. 16。

337　本文 1(4)における越境サイバー侵害行動のみで武力紛争に該当し得るかに関する各国の規範認識の検証及び本文①②の検討においては，人道性，必要性の両原則について個別には検討していないが，（注80）にあるように，両原則はいずれも国際人道法の規範全体に反映され，かつ，個々の規則の解釈の指針となるものであることから，国際人道法の適用が肯定される状況・対象については，常にこれらの原則も適用されると言える。もっとも，現行の国際人道法が特定の状況・対象を規律する規則を欠く場合において，人道性，必要性の両原則がその欠缺を補完する規範的性格まで有するか否かに関しては，各国・学説の見解も分かれており（MAČÁK and RODENHÄUSER, Paper 2#, *supra* note 79, 5th para.）．OEWG 等における今後の議論でも，各国から相異なる立場が示される可能性が高い。

Ⅱ　一次的規範（保護法益）

接参加の判断基準等については，特に，自国外にある軍の正規の構成員でない者・集団からの越境サイバー侵害行動又はその脅威に現に直面し，自国の軍がこれらの者・集団を攻撃の対象とする必要性を認識する国々と，自らの越境サイバー侵害行動の自由の確保等の観点からこれに消極的な国々との間[338]で，当分の間，見解・実行が収斂する可能性は低いと考えられる。特に，反乱団体，過激主義・テロ集団等の非国家主体による越境サイバー侵害行動に対する四原則の適用に関しては，かかる非国家主体に対する人的攻撃目標の範囲・選定に関連する敵対行為への直接参加の判断基準（「組織された武装集団」への帰属の基準の適否等）をめぐる議論（上述①）に加え，そもそも関連条約において（国家間の）国際的な武力紛争と比べ限られた程度・範囲で人道性，区別の各原則を適用する旨規定するに留まること[339]，当該非国家主体がこれらの関連条約の非締約国から越境サイバー侵害行動を行う場合[340]におけるこれらの原則の適用については，当該関連条約のどの規定が慣習国際法化しているか[341]の評価・検証も要すること等にかんがみると，各国間の見解・実行の収斂をみることは一層難しいであろう。また，いずれの場合においても，問題となる越境サイバー侵害行動が（軍事目標に加え）文民施設・財産にもたらすことが予測さ

338　もっとも，これらの者・集団を国際人道法上の戦闘員又は敵対行為への直接参加者とみなすべきとする前者の国々と，後者の国々とが常に画然と分かれるわけではないことには，留意を要する。例えば，特定の他国の支援を受けた民間人ハッカー集団から頻繁にサイバー攻撃を受けている国であっても，当該集団又は当該他国に対し自らサイバー攻撃で反撃する際の行動の自由を確保する思惑から，あえて国際人道法の適用が及ばないとの立場をとることは，十分に考えられる。

339　ジュネーブ諸条約の共通第3条は敵対行為に直接に参加しない者（文民，武器を放棄した軍隊の構成員，傷病兵，被抑留兵等）に対する人道的待遇について，ジュネーブ諸条約第Ⅱ追加議定書はかかる人道的待遇の規律の精緻化に加え攻撃の際の区別原則の一部（第13～16条）について，それぞれ「締約国の一の領域内に生ずる」非国際的な武力紛争に適用される旨規定している。

340　ジュネーブ諸条約の共通第3条やジュネーブ諸条約第Ⅱ追加議定書を交渉・締結していない非当事者（国）たる非国家主体がこれらの条約・議定書に（国際法上）拘束されることの理論上・学術上の根拠付けは容易ではないが，少なくとも締約国の領域内で非国家主体により実行（実行の着手を含む）される軍事行動・攻撃に関しては，当該締約国が締結し国内法制に受容していること等を以て，これらの条約・議定書の関連規範の法的拘束力が及んでいると解する余地があると言えよう。藤田久一『国際人道法（新版増補）』（有信堂，2000年）225-226頁，黒﨑将広・坂元茂樹・西村弓・石垣友明・森肇志・真山全・酒井啓亘『防衛実務国際法』（弘文堂，2021年）447-448頁及び557-558頁。

3 考　　察

れる損害がどの水準（規模）を超えるときに区別原則・比例性原則に違反することとなるかに関しては，当該越境サイバー侵害行動による直接の物理的損害・人の死傷に加え，当該越境サイバー侵害行動による財物の機能の停止やデータの毀損が間接的にもたらす損害や人の死傷も，当該財物に対する運動力学兵器による攻撃がもたらすであろう損害・死傷に相当する場合には「付随的損害」として勘案することにつき，各国の見解が収斂していくかが，当面の焦点となり得よう。

もっとも，これまでロシア・ジョージア（2008年8月）[342]，ロシア・ウクライナ（2014年，2022年2月～）[343]等，武力紛争に関連するサイバー攻撃事案が国際的に注目されてきたにもかかわらず，実際に各国が国際人道法違反を認定した事例は確認されていない。この事実に鑑みると，武力の行使（ひいてはその最も深刻な形態である武力攻撃）の禁止と同様，国際人道法についても，越境サイバー侵害行動がその適用対象たり得ることは否定されない一方，今後も，当該越境サイバー侵害行動が通常兵器など他の害敵手段による軍事行動の一環として（その準備・支援等として）行われ，当該軍事行動が全体として国際人

341　ジュネーブ諸条約の共通第3条に関しては，国際判例等に照らしても，国家実行・学界の双方において慣習国際法として受け入れられていると言えるので，この慣習国際法化の論点は，主にジュネーブ諸条約第Ⅱ追加議定書の各規定について評価・検証を要することになる。*Nicaragua v. United States of America, Merits, I.C.J., supra* note 17, pp. 113-114, paras.218-219; *The Prosecutor v. Duško Tadić*, Case No. IT-94-1-AR72, International Tribunal for the Prosecution of Persons Responsible for Serious Violations of International Humanitarian Law Committed in the territory of the Former Yugoslavia since 1991 (ICTY), Appeals Chamber, Decision on the Defence Motion for Interlocutory Appeal on Jurisdiction (2 October 1995), p. 54, para.98; *The Prosecutor v. Jean-Paul Akayesu*, Case No. ICTR-96-4-T, International Criminal Tribunal for Rwanda (ICTR), Trial Chamber, Judgment (2 September 1998), pp. 246-247, paras.608-609. 国家とその領域外にある非国家主体との間の武力紛争への（条約規範ないし慣習国際法化した規範としての）ジュネーブ諸条約の共通第3条の適用に関しては，（注323）参照。

　なお，慣習国際法の評価・検証に当たっては，ジュネーブ諸条約の共通第3条及びジュネーブ諸条約第Ⅱ追加議定書には規定されていないが，非国際的な武力紛争に適用される慣習国際人道法規範も特定する必要がある。例えば，比例性原則（注81）は，少なくとも一国内における非国際的な武力紛争には適用されると一般に考えられている。*The Prosecutor v. Zoran Kupreškić, Mirjan Kupreškić, Vlatko Kupreškić, Drago Josipović, Dragan Papić and Vladimir Šantić (also known us "Vlado")*, Case No. IT-95-16-T, ICTY, Trial Chamber, Judgment (14 January 2000), pp. 203-204, para.524参照。

119

Ⅱ　一次的規範（保護法益）

道法違反を問われる状況は現実的に想定し得るものの，当該越境サイバー侵害行動のみで「攻撃」に該当し，国際人道法が適用される事例は極めて稀とみられる。

⑸　小　　括

以上の考察を踏まえ，越境サイバー侵害行動に関する実定国際法の一次的規範の援用・適用について今後を展望すると，個々の越境サイバー侵害行動事例

342　例えば，Noah SHACHTMAN, "Georgia Under Online Assault"（August 10, 2008），WIRED, at https://www.wired.com/2008/08/georgia-under-o/, John MARKOFF, "Georgia Takes a Beating in the Cyberwar with Russia"（August 11, 2008），The New York Times, at https://archive.nytimes.com/bits.blogs.nytimes.com/2008/08/11/georgia-takes-a-beating-in-the-cyberwar-with-russia/, "Georgia says Russian hackers block govt websites"（August 12, 2008），Reuters, at https://www.reuters.com/article/us-georgia-ossetia-hackers-idUKLB2050320080811/。学説上も，ロシア・ジョージア間の武力紛争の間に発生したサイバー行動への武力紛争法規（国際人道法）の適用を肯定するものがある一方，「攻撃」への該非（効果の重大性）・国家への帰属について不明確ないし疑義があるとして否定的なものもあり，見解は一致していない。SCHMITT and VIHUL（eds.）（Tallinn Manual 2.0），*supra* note 1, p. 376, para.3（commentary to Rule 80）（肯定）; Eneken TIKK, Kadri KASKA, Kristel RÜNNIMERI, Mari KERT, Anna-Maria TALIHÄRM and Liis VIHUL, "Cyber Attacks Against Georgia: Legal lessons Identified"（November 2008），NATO Cooperative Cyber Defence Centre of Excellence（CCDCOE），pp. 18–23（否定ないし懐疑的）。

343　例えば，Dave LEE, "Russia and Ukraine in cyber 'stand-off'"（5 March 2014），British Broadcasting Corporation（BBC），at https://www.bbc.com/news/technology-26447200; James PEARSON and Christopher BING, "The cyber war between Ukraine and Russia: An overview"（May 10, 2022），Reuters, at https://www.reuters.com/world/europe/factbox-the-cyber-war-between-ukraine-russia-2022-05-10/; James Andrew LEWIS, "Cyber War and Ukraine"（June 16, 2022），Center for Strategic and International Studies（CSIS），at https://www.csis.org/analysis/cyber-war-and-ukraine; John SAKELLARIADIS and Maggie MILLER, "Ukraine gears up for new phase of cyber war with Russia"（25 February 2023），Politico, at https://www.politico.com/news/2023/02/25/ukraine-russian-cyberattacks-00084429. ロシアのウクライナ侵略（2022年2月〜）の前後にウクライナに政府機関・企業，ウクライナ軍が利用する商業衛星通信ネットワーク等が被害を受けた越境サイバー侵害行動について，ウクライナ及び欧米の諸国・機関がロシアの関与を認定・非難する声明等を行っているが，いずれも，国際人道法違反の有無に明示的に言及していない。例えば，PEARSON and BING（Reuters），*Ibid.*; FCDO and NCSC（GOV.UK），*supra* note169; Press Statement, BLINKEN（U.S. Department of State），*supra* note 169; Press Release（Council of the EU），*supra* note 169.

3 考　察

の内容及び認定・立証の難易度に応じ，いずれの規範を援用するかは様々であろうが，各国の関心が高い重要インフラ及び国の公的機関の物理的損壊又は機能の喪失（及びこれらに直接起因する人の死傷）をもたらす事案について，不干渉義務違反又は主権の侵害を援用しようとする動きに繋がっていく可能性がある。今後，かかる国家実行が蓄積し，これらの慣習国際法規範の越境サイバー侵害行動事案への適用に際しての判断基準として「結晶化」していく上では，越境サイバー侵害行動の国家への帰属の認定・立証の負担・困難を回避する観点から，領域国が払うべき「相当の注意」の射程について広範な諸国の間で認識が明確化・共有され，非国家の個人・団体による越境サイバー侵害行動について相当の注意義務違反を認定する素地が整うことが鍵となろう。

Ⅲ　二次的規範及び対処方法

1　各国の立場表明

　本章Ⅲでは，越境サイバー侵害行動に対して適用される実定国際法の二次的規範，すなわち，上記Ⅱで検討した一次的規範に違反する国際法上違法な越境サイバー侵害行動についていかなる法的帰結が生じるかに関する規範について，さらに，被害国その他の関係国がどのように対処することが国際法上認められるかについて，各国の認識を検証する。上記Ⅱ１における一次的規範の検証と同様，これまで各国が立場表明やGGE・OEWG等の国際会議の報告書等において示してきた認識を分析すると，各国の規範認識（慣習国際法規に関する法的確信ないし条約規範の解釈についての合意）の度合い，普遍性等は様々であるが，以下の規範が適用されるとの立場・認識が広く示されていると言える。

⑴　国家責任法

　国際連合の国際法委員会（ILC）が50年以上に及ぶ検討・討議の過程を経て2001年に作成し，国際連合総会に提出したILC国家責任条文案は，慣習国際法の「法典化及び漸進的発達」として[344]，国家の国際法上の責任の発生要件（国際違法行為），内容（国際法上の責任を負う国家に生ずる国際違法行為の終止（cessation）義務，回復（reparation）義務等の法的帰結），実施（責任を追及することができる国家の特定等），被害国その他の関係国がとり得る対処の方法（対抗措置等）等を定めている[345]。2001年12月，国際連合総会はそのコンセンサスで採択した決議において，ILC国家責任条文案に留意し，その将来における採択その他の適切な行動をとるかどうかの問題を予断することなく，各国政府が注意を払うよう勧奨している[346]。以後，ILC国家責任条文案は，多くの国際裁判所，国際仲裁法廷の判決等で引用され，各国政府及び国際法学界[347]

344　ILC国家責任条文案コメンタリー，p. 31, para.⑴（*General commentary*）．
345　同上，p. 32, para.⑹（*General commentary*）．
346　（注11）参照。
347　例えば，SCHMITT and VIHUL（Tallinn Manual 2.0），*supra* note 1, p. 1, para.1.

Ⅲ　二次的規範及び対処方法

により，その内容の大部分が慣習国際法を反映するものとして受け入れられて
いると言える。

　したがって，ここでは，慣習国際法に基づく国家の国際法上の責任の発生要
件・内容・実施等に関する規範すなわち国家責任法の諸規範のうち，越境サイ
バー侵害行動への対処に関連するものに関し，ILC 国家責任条文案の規定に即
して，各国がこれらの規定の越境サイバー侵害行動事案への適用についていか
なる立場を表明してきているかを検証する。もっとも，上述のとおり，ILC 国
家責任条文案には慣習国際法の「漸進的発達」の部分が含まれ，一部の規定に
関しては，現行の実定慣習国際法の内容を反映するものかどうかについて各
国・学説の見解が分かれている。以下の検証においては，ILC 国家責任条文案
に規定する国家責任法及び関係国の対処方法のうち，このように各国の立場が
異なるものの特定及びその背景等の検討も試みる。

　ア　行為の国家への帰属

　ILC 国家責任条文案は，その第 1 部（国の国際違法行為）第Ⅱ章において，
個人・機関・団体等による行為を国家に帰属するものと認定する基準として，
国の機関の行為（第 4 条），政府の権能（governmental authority）の要素を
行使する者・団体の行為（第 5 条），国の機関による権限の逸脱・指示の違反
（第 7 条），国が指揮（direct）・統制（control）する行為（第 8 条），国が国自
身のものとして承認・採用する行為（第11条）等を規定している[348]。越境サイ
バー侵害行動への対処に当てはめる場合，上記Ⅱ 3 (3)において紹介した国家へ
の帰属の認定プロセスの 3 要素（発信源の特定，発信者（個人・団体）の特定，
発信源・発信者と他国との関係の法的評価）のうち，他国との関係の法的評価
に際しての判断基準となるものである。

　これらの判断基準に関しては，その言及ぶりは様々であるものの，広範な諸
国の立場表明において，越境サイバー侵害行動についても適用されるとの前提
で言及されている[349]。これに対し，GGE の報告書では，「各国は，国際法の下
で自国に帰属するものとされる（attributable to）国際違法行為に関する自国
の国際法上の義務を果たさなければならない（must meet）」ことを再確認し
た上で，「情報通信技術活動がある国の領域又は情報通信技術インフラから発
信され（was launched），又は他の方法により生起している（otherwise

348　ILC 国家責任条文案，Articles 4-11.

originates）ことの指摘（the indication）は，それ自体では（in itself）その国への当該活動の帰属を認定するために十分でないことがある（may be insufficient）」旨を想起し，「国に対する違法行為を組織し，実行したとの非難は，裏付けを以て行うべきである（should be substantiated）」ことに留意しており[350]，越境サイバー侵害行動の国家への帰属を認定することができない場合があるという間接的・消極的な言及に留まっている。また，同報告書に4ヶ月先だって国際連合総会に提出されたOEWGの報告書では，OEWG参加国のコンセンサスを得ていない議長名義の総括（Chair's Summary）における同旨の言及に留まるとともに，「一部の国（some States）は，この文脈において，真正の，信頼のおける，かつ，十分な証拠（genuine, reliable and adequate proof）の重要性を強調した」旨が付記されており[351]，国家への帰属の認定に際して要求される立証の程度，方法等をめぐり各国間で見解の相違があることが窺われる。

　この関連で，ロシアは，その立場表明において「情報空間（information space）における個々の行動の責任を国家に帰属させる可能性については，現行の国際法に基づく（on the basis of）更なる研究を必要とする。」（傍点引用者）と述べており[352]，行為の国家への帰属に関する現行の慣習国際法上の規範が越境サイバー侵害行動についても適用されること自体は否定しない一方，実際に越境サイバー侵害行動の国家への帰属を認定し得るケースが存在するのか疑問を呈しているとも解し得る。また，「必要な技術的証拠（technical evidence）を提供することなく，情報空間における事案の責任を特定の国家に科することは，慎むべきである。」とも述べ[353]，越境サイバー侵害行動の国家

349　2021年日本政府の立場2.(3)(a)，4頁; Government of Canada HP, para.28; 2019年フランス軍事省文書，I., 1.3. 3rd para. p. 9; Italian Position Paper, II. a) 4th para., pp. 5-6; New Zealand HP, paras.19-20; OAS Bolivia, Chile, Costa Rica, Ecuador, Guatemala, Guyana & Peru responses, paras.23-25, pp. 22-23（チリ，ガイアナ，ペルーのみ）; AU Common Position, paras.61-62, p. 10; Finland's national positions, **State responsibility** 2nd para., p. 5; 2021 GGE Compendium: Australia, 3. 3rd-5th paras., pp. 7-8; Brazil, 4. 3rd & 4th paras., p. 21; Germany, IV. a) 1st-3rd paras., pp. 39-40; Romania, State responsibility 1st & 2nd paras., pp. 78-79; Switzerland, I. 6.1., pp. 89-90; United Kingdom of Great Britain and Northern Ireland, para.11, p. 117; United States of America, III.C. 3rd para., p. 141.

350　2021年GGE報告書，para.71(g), p. 18.

351　2021年OEWG報告書 Annex II: Chair's Summary, para.15, p. 19.

352　2021 GGE Compendium: Russian Federation, 3rd para., p. 80.

Ⅲ　二次的規範及び対処方法

への帰属の立証について高い水準の透明性（開示）を要求している。さらに，ロシアが提唱している国際的な帰属判断メカニズムの創設について，越境サイバー侵害行動の個別の事案ごとにその実行主体が誰であるかにつき国際的な合意ができなければ国家責任を追及できないかのような認識を広げ，責任を問われにくい仕組みを作り上げることを狙いとしている旨の指摘もあり[354]，上述の帰属の立証の程度・方法等をめぐる異論が主としてロシアにより主張されたことが推察される。こうしたロシアの見解に関しては，多くの国々が，帰属の認定の判断は最終的には被侵害国の一方的な（unilateral）決定による[355]，司法裁判・仲裁廷等で争う場合を除き，帰属の立証は被侵害国が合理的に入手可能な情報に基づいて行えばよく[356]，その公表も義務付けられない[357]等の立場を表明しており，少なくとも，中国[358]等少数の国々を除き支持が広がっているとは言えない。

　イ　国家責任の実施

　ILC 国家責任条文案は，その第 2 部（国の国際法上の責任の内容）第Ⅰ章において，国際違法行為について責任を負う国がその行為の終止（cease）（第30条(a)）又は再発防止の約束・保証（assurance and guarantees of non-

---

353　*Ibid.*, 5th para., p. 80.

354　赤堀『前掲書』（注14）32-33頁。

355　2019年フランス軍事省文書，I. 1.3. 4th para., p. 9; Italian Position Paper, II. a) 2nd para., p. 5（「各 国 の 主 権 的 特 権（national sovereign prerogative）」）; 2021 GGE Compendium: Australia, 3. 3rd para., p. 7; Germany, IV. a) 5th para., p. 40; Switzerland, I. 6.1. 3rd para., p. 90; United States of America, III.C. 4th para., p. 141.

356　2021 GGE Compendium: Netherlands, Attribution, 4th para., p. 62; United States of America, III.C. 4th para., p. 141.

357　Government of Canada HP, para.33; 2019年フランス軍事省文書，I. 1.3. 4th & 5th paras., p. 9; Italian Position Paper, II. a) 2nd para., p. 5; New Zealand HP, para.20; Finland's national positions, **State responsibility** 4th para., p. 6; 2021 GGE Compendium: Germany, IV. a) 6th para., p. 40; Netherlands, Attribution, 4th para., p. 62; Switzerland, I. 6.1. 3rd para., p. 90; United Kingdom of Great Britain and Northern Ireland, paras.14 & 15, p. 117; United States of America, III.C. 4th para., p. 141.

358　中国は OEWG において，国際連合の下で普遍的に受け入れられる帰属の認定を行うのが最善のアプローチであり，国際社会がかかるアプローチを見出すまでの間，各国は，現在の状況のエスカレーションをもたらし得る一方的な行動を回避すべきとの立場を表明している。United Nations Office for Disarmament Affairs（UNODA），"China's Contribution to the Initial Pre-Draft of OEWG Report", at https://front.un-arm.org/wp-content/uploads/2020/04/china-contribution-to-oewg-pre-draft-report-final.pdf, p. 4.

repetition）（同条(b)）及び回復（reparation）（第31条）の義務を負うこと等を定めるとともに，回復については，更に第Ⅱ章において，原状回復（restitution）（第35条），賠償（compensation）若しくは満足（satisfaction）又はこれらの組合せの形態により行うこと等を規定している[359]。また，第3部（国の国際法上の責任の実施）第Ⅰ章において，被侵害国は，他国の責任を援用する場合には，自国の請求を当該他国に通告すること（第43条）等を規定している[360]。

　各国の立場表明においては，こうした国家の国際法上の責任の実施の方法・手続に具体的に言及することなく，国家責任法全般が越境サイバー侵害行動事案についても適用される，あるいは国際法（一次的規範）に違反する越境サイバー侵害行動が帰属する国は国際法上の責任を負う旨を一般的に確認するものが多く[361]，かかる一般的な言及をすることなく行為の国家への帰属（上記ア），対抗措置（下記(4)）等の各論について見解を示す国も少なくない。OEWG及びGGEの報告書における記載は，上記アの行為の国家への帰属関連の言及に加え，GGEの報告書では「国際違法行為についての国家の責任の援用は，複雑な技術的，法的及び政治的考慮を必要とする（involves）。」（傍点引用者）という一般的・間接的な言及が付記され，OEWGの報告書では，OEWG参加国のコンセンサスを得ていない議長総括に「慣習国際法に基づき，国際違法行為に関する国家（States）の責任は，当該国家による情報通信技術の利用（their use of ICTs）に及ぶことが留意された。」[362]という一般的言及が含まれるに留まる。

　以上を総じて言えば，国家の国際法上の責任の実施の方法・手続が越境サイバー侵害行動事案についても適用され得ることへの明示的な支持を表明してい

359　ILC国家責任条文案，Articles 28–39.

360　ILC国家責任条文案，Articles 42–48.

361　Government of Canada HP, paras.28 & 29; OAS Bolivia, Chile, Costa Rica, Ecuador, Guatemala, Guyana & Peru responses, para.6, p. 15（チリが明示的に「国家の国際責任を規律する規範」に言及）; AU Common Position, para.61, p. 10; 2021 GGE Compendium: Brazil, 4. 1ˢᵗ para., pp. 20–21; Estonia, II. State responsibility, pp. 27–28; Norway, 4 State responsibility, 1ˢᵗ para., p. 70; United States of America, III.C. 2ⁿᵈ para., p. 141. 国家責任の実施の方法等に明示的に言及するものとして，2021年日本政府の立場 2.(3)(b)，4頁; New Zealand HP, paras.19 & 21; Finland's national positions, **State responsibility** 1ˢᵗ & 2ⁿᵈ paras., p. 5; 2021 GGE Compendium: Australia, 3. 9ᵗʰ para., p. 8; Romania, State responsibility, 3ʳᵈ para., p. 79; Switzerland, I. 6., p. 89.

362　2021年OEWG報告書 Annex II: Chair's Summary, para.13, p. 19.

Ⅲ　二次的規範及び対処方法

る国は必ずしも多くないものの，かかる支持を表明しない各国も概ね，越境サイバー侵害行動について国家への帰属が認定され，かつ，国際法上の義務に違反する場合には，その国家の国際法上の責任が援用されることを前提として議論し，立場を表明していると解されよう。もっとも，この関連で，中国がOEWGにおいて「国家責任（法）に関しては，…まだ国際的なコンセンサスを得るに至っておらず（has not yet gained international consensus），そのサイバー空間における適用について議論するための法的基盤が全く存在しない（there is no legal basis at all for any discussion）」との見解を表明していること[363]には，注意を要する。そもそも国家責任法が慣習国際法であること自体を否定しているとも解し得る立場表明であるが，OEWGの報告書の採択より後，GGEのメンバーである中国の政府専門家が上述の「国家の責任の援用」への言及を含むGGEの報告書のコンセンサス採択に加わっていること，2016年10月の国際連合総会第6委員会において中国の代表が「国際違法行為に関する国家の責任は，法の支配の不可欠の構成要素であり，普遍的に受け入れられた慣習国際法の規範である。」「（ILC国家責任条文案）は，このトピックに関する規則を包括的に法典化している。」等と発言していること[364]にかんがみれば，そのような理解は一貫性・合理性を欠く。あえて言えば，「ILC国家責任条文案の一部はまだ慣習国際法化しておらず，その慣習国際法として確立している部分についても，サイバー分野にどのように当てはめ，適用すべきかについて国際的な議論が収斂していないことから，越境サイバー侵害行動事案について実際に国家責任法を適用・実施することができる素地が整っていない」という趣旨を述べたものと推察される。いずれにせよ，国家責任法に従って実際に国家の国際法上の責任が実施されることを忌避する中国の姿勢が窺われよう。

(2)　紛争の平和的解決

上記(1)の国家責任法に基づく対処は，被侵害国と侵害国との間で政治的・法的見解が異なる状況下で行われ，個人・団体による行為の国家への帰属の認定，当該行為が国際法上の義務（一次的規範）に違反することの立証，さらに侵害国による国家責任の実施のそれぞれの段階で紛糾し，時間を要することが多い。

---

[363]　"China's Contribution to the Initial Pre-Draft of OEWG Report", *supra* note 358, p. 5.

[364]　U.N. Doc. A/C.6/71/SR.9, p. 11, para.73. また，赤堀『前掲書』（注14）29-30頁参照。

1　各国の立場表明

この間，被侵害国は，侵害国が自らの国際法上の責任を認め，国際違法行為の終止，賠償等の方法でその責任を履行するよう促すとともに，被侵害国自身の重大な（国際法上の）法益を守るため対処する必要がある。以下，国際法上，被侵害国に認められる対処方法であって，越境サイバー侵害行動事案について適用され得るものについて，各国の立場・認識を検証していく。

国際連合憲章第2条第3項及び第6章（第33条〜第38条）に規定する紛争の平和的解決は，「国際紛争（international disputes）」が生じた状況における「国際の平和及び安全の維持」を保護法益とし（第2条第4項），これを守るために各加盟国に対し「交渉，審査，仲介，調停，仲裁裁判，司法的解決，地域的機関又は地域的取極の利用その他当事者が選ぶ平和的手段」（第33条）による紛争の解決を求めることを義務付けている点において，一次的規範としての性格を有する。しかしながら，「国際紛争」の多くがそのいずれか一又は複数の当事国による他の一次的規範の違反から生ずること，交渉，調停，仲裁裁判，司法的解決等の例示されている「平和的手段」による解決が国家責任法（上記⑴）に基づく侵害の回復（reparation for injury）に繋がる場合が多いことにかんがみれば，一次的規範の違反が生じた具体的状況において二次的規範の適用を準備し，導く手続・プロセス上の義務としての側面が強いと言える。本書においては，この後者の側面に着目して検討する。

各国の立場表明において，第2条第3項及び第6章を含む国際連合憲章がサイバー空間において適用されることを確認している例は多数に上る[365]。より明示的に紛争の平和的解決に言及する国も少なくなく[366]，このことを否定する立場表明の存在は確認されない。また，OEWG報告書，GGE報告書の双方において，国際連合憲章を含む国際法が開かれ，安全で，安定的で，アクセス可能で平和な情報通信技術環境の促進に適用されることを確認するとともに[367]，OEWG報告書では，各国が国際連合憲章第33条に例示する平和的手段による

---

[365]　（注24）参照。

[366]　2021年日本政府の立場 2⑸⒜，6頁; Government of Canada HP, paras.41-43; China's OEWG Submissions, III. 1st & 2nd alineas, p. 6; AU Common Position, paras.34-36, p. 6; 2021 GGE Compendium: Australia, 1. 3rd para., p. 5; Estonia, III. Peaceful settlement of disputes p. 29; Russian Federation, 1st para., p. 79; Singapore, para.5 3rd bullet, p. 83; Switzerland, I.1., p. 86; United Kingdom of Great Britain and Northern Ireland, para.7, p. 116.

[367]　（注25）参照。

129

Ⅲ　二次的規範及び対処方法

紛争の解決を求めなければならないこと[368]．GGE 報告書では，情報通信技術の利用を伴う国際紛争であって「その継続が国際の平和及び安全の維持を危うくするおそれのあるもの」について，その当事者たる各国が「まず第一に」同様の平和的手段による解決を求めなければならないこと[369]をそれぞれ確認している。先述のとおり，これらの報告書はいずれもコンセンサスで採択され，かつ，コンセンサスで採択された国際連合総会会議において国際連合加盟国の指針とするよう要請しているものであるので[370]，越境サイバー侵害行動をめぐる国際紛争の当事国が国際連合憲章第33条にいう「交渉，審査，仲介，調停，仲裁裁判，司法的解決，地域的機関又は地域的取極の利用その他当事者が選ぶ平和的手段」による当該国際紛争の解決を追求すべきとの原則は，全国際連合加盟国間で共有された認識として確立しつつあると言える。

(3)　報　　復

　国家が他国による非友好的な行為に対し，その行為が国際法に違反するものか否かを問わず，国際法に違反しない非友好的な行為により対処する「報復（retorsion）」[371]は，そもそも国際法上の違法性の問題を生じない。したがって，他国による国際法の一次的規範に違反する越境サイバー侵害行動に対し，外交関係の縮小（外交官の国外追放等），輸出・投資等の禁止（embargo），任意で実施してきた援助計画の撤回等[372]の国際法に違反しない範囲の措置により対処することは，当該他国との二国間関係，エスカレーションの危険性等の政治的な観点から適否を問われ得るものの[373]，これらの措置を禁止・規制する個別の二国間又は多数国間条約の当事国となっていない限り，国際法上は何ら問題ないこととなる。

　各国の立場表明においても，越境サイバー侵害行動にこうした報復により対

368　2021年 OEWG 報告書 Annex I: Final Substantive report, para.35, p. 10.

369　2021年 GGE 報告書，para.71(a), p. 17. 本文中の引用箇所はいずれも国際連合憲章第33条の文言をそのまま踏襲しており，2021年 OEWG 報告書における言及よりも正確に同条の内容を反映している。

370　（注26）参照。

371　ILC 国家責任条文案コメンタリー，p. 128, para.(3) (*Commentary to Part Three, Chapter II (Countermeasures)*).

372　*Ibid.*

373　DELERUE, *supra* note 23, p. 426.

130

処し得る旨を明示的に述べるものが少なくない[374]。OEWG及びGGEの報告書にはその旨の明示的な言及はないが，これを否定する各国の立場表明の存在は確認されず，既に広範な諸国の間で共有されている認識と言って差し支えないだろう。

⑷　対 抗 措 置

ILC国家責任条文案は，その第1部（国の国際違法行為）第Ⅴ章において，他国に対する国際法上の義務と一致しない国家の行為の違法性は，その行為が対抗措置を構成する場合にその限度で阻却される（第22条）旨定めるとともに[375]，第3部（国の責任の援用）第Ⅱ章において，かかる対抗措置は，被侵害国が国際違法行為について責任を負う国に対し，上記⑴イの方法（終止及び侵害の回復）によりその責任を履行するよう促す（induce）ことのみを目的としてとることができる旨定めている（第49条1）。その上で，対抗措置を可能な限り関係する義務の履行を再開することができるような（可逆的な（reversible））方法でとること（同条3），違法な武力による威嚇・武力の行使の禁止等に影響を与えないこと（第50条1），国際違法行為の重大性及び関連する権利を考慮しつつ，被った侵害と均衡する（commensurate with）ものであること（比例性（proportionality），第51条），対抗措置をとる前に責任を負う国に対し責任の履行（国際違法行為の終止及び侵害の回復）の要請，対抗措置をとる旨の通告及び交渉の申し出を行うこと（第52条1），責任を負う国が責任を履行したときは速やかに終了すること（第53条1）等，対抗措置が満たすべき要件について規定している[376]。もっとも，これらの規定のうち，例えば，対抗措置をとる旨の事前の通告・交渉の申し出（第52条1⒝）等の手続上の要件に関する規定の多くは，必ずしも先行する国家実行や国際判例を伴っておらず[377]，これらの規定に関する各国の規範認識を検証するに当たっては，広範な諸国に規範として共有されているものと異論があるものとの区別を含め，分析する必要が

374　Government of Canada HP, para.43; New Zealand HP, para.18; 2021 GGM Compendium: Australia, 3. 8th para., p. 8; Estonia, III. Retorsion, p. 29; Germany, IV. b) ⑴, p. 41; Netherlands, *Retorsion*, p. 62; Norway, 5.1, p. 72; Singapore, para.12, p. 84; Switzerland, 6.2. 2nd para., p. 90; United States of America, III.D. 3rd para., p. 142.

375　ILC国家責任条文案，Article 22.

376　*Ibid.*（ILC国家責任条文案），Articles 49–54.

Ⅲ　二次的規範及び対処方法

ある。

　多くの国々が，その立場表明において，越境サイバー侵害行動が国家の国際
違法行為を構成する場合には，基本的に ILC 国家責任条文案に定める枠組に
よる対抗措置の対象となり得るとの見解を表明しているが[378]，そのうち一部の
国々は，対抗措置の前に責任の履行の要請，対抗措置をとる旨の通告及び交渉
の申し出を行うとの手続上の要件（ILC 国家責任条文案第52条１(a)及び(b)）の
慣習国際法上の要件としての性格について，異論ないし疑義を示している[379]。
これに対し，中国は，上記(1)イで紹介した国家責任法全般のサイバー分野にお
ける適用に対する消極姿勢に加え，紛争の平和的解決及び武力による威嚇・武

---

[377]　ILC 国家責任条文案コメンタリーは，第52条の規定のうち，責任の履行（終止及び
　　　侵害の回復）の要請（同条１(a)）については国際仲裁判断及び ICJ 判決に依拠している
　　　一方，それ以外の規定については，学説や海洋法に関する国際連合条約（平成８年条約
　　　第６号／1994年11月発効，日本について1996年７月発効。以下「国連海洋法条約」とい
　　　う）等の個別の条約に定める類似の手続・制度を参照している。ILC 国家責任条文案コ
　　　メンタリー，pp. 136-137, paras.(3)-(9)（*Commentary to Article 52*）.

[378]　2021年日本政府の立場 2.(3)(c)第１-３段落，４頁: Government of Canada HP,
　　　paras.34-37; 2019年フランス軍事省文書, I. 1.1.3. 2nd-5th paras., p. 4; Italian Position
　　　Paper, II. c) 1st & 2nd paras., p. 7; New Zealand HP, para.21; Finland's national positions,
　　　State responsibility 3rd para., pp. 5-6; 2021 GGE Compendium: Australia, 3. 6th & 7th
　　　paras., p. 8; Germany, IV. b) (2), pp. 41-42; Netherlands, *Countermeasures*, pp. 62-63;
　　　Norway, 5.2, pp. 72-73; Singapore, para.10, p. 84; United Kingdom of Great Britain and
　　　Northern Ireland, paras.16-19, pp. 117-118; United States of America, III.D. 1st & 2nd
　　　paras., p. 142.

[379]　Government of Canada HP, para.36; Italian Position Paper, II. c) 4th para., pp. 7-8;
　　　Israel's Perspective, p. 405; Finland's national positions, **State responsibility** 3rd para.,
　　　pp. 5-6; 2021 GGE Compendium: Norway, 5.2 5th para.,p. 73; Switzerland, I. 6.2. 6th para.,
　　　p. 91; United Kingdom of Great Britain and Northern Ireland, para.19, p. 118; United
　　　States of America, III.D. 2nd para., p. 142. なお，対抗措置をとる前におけるその旨の通
　　　告及び交渉の申し出（ILC 国家責任条文案第52条１(b)）に関しては，ILC 国家責任条文
　　　案第52条２において「自国の権利を保護するために必要な緊急の対抗措置」をとること
　　　ができる例外を認めていることから，越境サイバー侵害行動に対しては，同例外により，
　　　事前の通告及び交渉の申し出を要さずに対抗措置をとることができる場合があるとする
　　　見解も散見される。2019年フランス軍事省文書, I. 1.1.3. 5th para., p. 4; 2021 GGE
　　　Compendium: Netherlands, Countermeasures, pp. 62-63. 慣習（実定）国際法として確
　　　立しているか否かについて懐疑的な学説として，Maurice KAMTO, The Time Factor
　　　in the Application of Countermeasures, in James CRAWFORD, Alain PELLET, Simon
　　　OLLESON and Kate PARLETT (eds.), *The Law of International Responsibility*
　　　(Oxford University Press, 2010), p. 1169, p. 1171.

1 各国の立場表明

力の行使の自制の原則に重点を置くべきとの主張の文脈で「懲罰的で対決的な（punitive and confrontative）対抗措置は，防止されるべきである（should be prevented）。」[380]と述べており，中国が国家責任法全般の越境サイバー侵害行動への適用に抵抗している主因が対抗措置のエスカレーションへの懸念であること，また，国際違法行為について責任を負う国に対して事前に責任の履行の要請，対抗措置をとる旨の通告及び交渉の提案を行うとの要件[381]並びに比例性

---

380 China's OEWG Submissions, III. 2nd alinea, p. 6.

381 学説上，ILC 国家責任条文案第52条1(a)及び(b)に規定するこれらの手続上の要件について「必要性（necessity）」の要件と称されることがあるが，正確には，国際連合憲章第2条第3項及び第33条の規定に基づき各国が負う紛争の平和的解決の義務に立脚すれば，対抗措置は紛争の平和的解決の継続（追求）・促進のために必要な場合に執ることができると解され（「必要性の原則」），当該手続上の要件はかかる「必要性の原則」が対抗措置の手続面に反映されたものと理解すべきであろう。岩月直樹「国際法委員会による国際立法と法政策一国家責任条文による対抗措置に対する法的規制の試みを例に」寺谷広司・伊藤一頼（編）『国際法の現在一変転する現代世界で法の可能性を問い直す』（日本評論社，2020年）49頁，56-57頁; Yuji IWASAWA and Naoki IWATSUKI, "Procedural Conditions", in James CRAWFORD, Alain PELLET, Simon OLLESON and Kate PARLETT (eds.), *The Law of International Responsibility* (Oxford University Press, 2010), p. 1149, pp. 1152-1154.

　対抗措置について立場を表明している国々の一部は，「必要性」の要件に言及しているが，これが前者の手続上の要件を指すものでないことは明らかであるものの，後者の「必要性の原則」と同義かは明確でない。New Zealand HP, para.21(d); 2021 GGE Compendium: Norway, 5.2 3rd para., pp. 72-73; United Kingdom of Great Britain and Northern Ireland, paras.17, p. 118; United States of America, III.D. 1st para., p. 142.

　また，ILC 国家責任条文案コメンタリーの第3部第II章（対抗措置）における「必要性」への言及は，①「対抗措置は…国際違法行為に対する必要な，かつ，比例性を有する対応として正当化される」(pp. 128-129, para.(4) (*Commentary to Part Three, Chapter II (Countermeasures)*)), ②「対抗措置は，（前提となる国際違法行為が違反した）義務と同一の又は密接に関連した義務について執られる場合には，必要性及び比例性の要件を満たす可能性が高まる」(p. 129, para.(5) (*Commentary to Part Three, Chapter II (Countermeasures)*)), ③「（ICJ ガブチコヴォ・ナジュマロシュ計画事件判決（1997年）は，可逆性の要件（第49条3）について）判示する必要がないと判断した」(p. 131, para.(9) (*Commentary to Article 49*)), ④ICJ 在テヘラン米国外交・領事職員事件判決（1980年）を引用して「外交・領事使節団の構成員による不法活動に対しては，外交関係法自体が必要な防御・制裁の手段を定めている」(p. 134, para.(15) (*Commentary to Article 50*)), ⑤米・仏航空業務協定事件仲裁判断（1978年）を引用して「（比例性の要件の判断に当たり）フランス当局が第三国における飛行計器（ゲージ）を変更した際に（米・仏により）とられた原則的立場を考慮する必要がある」(p. 134, para.(3) (*Commentary to Article 51*)), ⑥比例性（第51条）・目的（第49条1）両

133

Ⅲ　二次的規範及び対処方法

の要件が，対抗措置のエスカレーションの歯止めとして十分かどうか懸念して
いることを窺わせる。また，ブラジルは対抗措置全般の合法性への疑義（広範
な国家実行及び法的確信の有無），国家間の物質的格差に起因する濫用の危険
性等[382]，ロシアは違法な武力の行使との関係[383]をそれぞれ強調し，越境サイ
バー侵害行動への対抗措置の適用について更なる議論の必要性を指摘している。
アフリカ連合（AU）も，その立場表明において対抗措置の合法性については
立場を留保するとしており[384]，アフリカ諸国の間で見解・立場が分かれている
ことが窺われる。

　こうした各国間の立場の相違を背景に，OEWG，GGE いずれの報告書にお
いても，対抗措置への明示的な言及はなく，上記(1)イで紹介した「国家の責任
の援用」ないし「国家の責任」へのごく一般的な言及に留まっている。

⑸　自　衛　権

　ILC 国家責任条文案は，その第 1 部（国の国際違法行為）第Ⅴ章において，
国際連合憲章に従ってとられる適法な自衛の措置は，自衛権を行使する国によ
る武力の行使（国際連合憲章第 2 条第 4 項）その他国際法上の義務（人権条約
上の一部義務，環境条約上の義務等）に違反する行為について，自衛権の行使

　　要件の相関に関し「明白に比例性を欠く措置は，責任を負う国に対して義務に従うよう
　　促すために必要ではなかった…と判断されるであろう」「（比例性の要件のうち「被った
　　侵害と均衡する」の要素は，目的の要件によって正当化される措置に一定の制限を課す
　　るという）対抗措置が履行確保の結果を達成するために必要であったかどうかの問題か
　　ら部分的に独立した機能を有する」(p. 135, para.⑺ (*Commentary to Article 51*))，⑺
　　対抗措置の通告及び交渉の提案を事前に行うとの手続上の要件（第52条 1 ⒝）の例外と
　　して「自国の権利を保護するために必要な緊急の対抗措置をとることができる」(p.
　　135, Article 52, para.2 and p. 136, para.⑹ (*Commentary to Article 52*)))，⑻「（国際裁
　　判等による被侵害国の権利を保全するための暫定措置）命令が遵守されれば，…（当該
　　国際裁判等に付託された紛争事案に対する）対抗措置は不必要となる」(, pp. 136-137,
　　para.⑻ (*Commentary to Article 52*))（傍点引用者）の 8 箇所にとどまる。これらの言
　　及のうち，⑻は上述の「必要性の原則」と同様の含意であるが，③④⑤⑺は明らかに文
　　脈が異なり，⑥は，平和的解決の継続（追求）・促進のための「必要性の原則」という
　　よりむしろ，責任の履行を「促す」目的の要件（第49条 1 ）を指すように解される。①
　　②については，具体的意味は不明確と言わざるを得ない。
382　2021 GGE Compendium: Brazil, 4. 5th–7th paras., pp. 21–22.
383　2021 GGE Compendium: Russian Federation, 4th para., p. 80.
384　AU Common Position, para.10, p. 2.

の対象国との関係において違法性を阻却する旨を規定し（第21条）[385]，自衛を違法性阻却事由（circumstances precluding wrongfulness）の一つと位置付けている。

上記Ⅱ3⑴において検討したように，越境サイバー侵害行動について，その効果ないし結果の諸側面を総合的に評価し「武力攻撃」の高いハードル[386]を超えるものであることを認定することが前提となるものの，国際連合憲章第51条に規定する「個別的又は集団的自衛の固有の権利」の行使の対象となり得ることに関しては，多くの国々がその立場表明においてその旨を明示的に確認している[387]。また，同条を含む国際連合憲章がサイバー空間において適用されることを確認している例が更に多数に上ることは，上記⑵で述べたとおりである。これに対し，OEWG及びGGEの報告書においては，国際連合憲章を含む国際法が開かれ，安全で，安定的で，アクセス可能で平和な情報通信技術環境の促進に適用されることを確認する一方[388]，OEWGの報告書には自衛権への明示的な言及はなく[389]，GGEの報告書では「国際連合憲章がその全体として適用

385　ILC 国家責任条文案，Article 21; ILC 国家責任条文案コメンタリー，pp. 74-75, paras.⑴-⑹（*Commentary to Article 21*）.

386　もっとも，越境サイバー侵害行動単独で見ると武力攻撃ないし違法な武力の行使に該当しないものの，通常兵器による攻撃の準備・着手・支援等として行われる場合や，同一の侵害国又はこれと協力する他の国・組織により同様の他の複数の越境サイバー侵害行動が相互に連携して行われる場合には，当該通常兵器による攻撃又は当該他の複数の越境サイバー侵害行動と合わせた全体として，武力攻撃に該当すると評価されることはあり得よう。2019年フランス軍事省文書，1.2.2. 2nd para., p. 6. 前者の通常兵器による攻撃との組み合わせに関し，2021 GGE Compendium: Australia, 1. 11th para., pp. 5-6. 後者の同様の他の複数の越境サイバー侵害行動との連携に関し，SCHMITT and VIHUL (eds.)（Tallinn Manual 2.0), *supra* note 1, p. 342, para.11 (commentary to Rule 71); DELERUE, *supra* note 23, pp. 334-335.

387　2021年日本政府の立場 2.⑸⒞, 6頁; Government of Canada HP, paras.46 & 47; 2019年フランス軍事省文書，1.2.2., pp. 6-7; Italian Position Paper, III. b) 2nd & 3rd paras., p. 9; New Zealand HP, para.24; Israel's Perspective, p. 399; OAS Bolivia, Chile, Costa Rica, Ecuador, Guatemala, Guyana & Peru responses, paras.12-13, pp. 17-18（ボリビア，チリ，グアテマラ，ペルー）; AU Common Position, para.41, p. 7; Finland's national positions, **Use of force/armed attack**, pp. 6-7; 2021 GGE Compendium: Australia, 1. 10th & 11th paras., pp. 5-6; Brazil, 3. 4th-8th paras., p. 20; Germany, IV. b) ⑷, p. 43; Singapore, paras.6-9, p. 84; Switzerland, I.4., p. 88; United Kingdom of Great Britain and Northern Ireland, para.6, p. 116; United States of America, II.A.2., p. 137.

388　（注25）参照。

Ⅲ　二次的規範及び対処方法

されることを想起しつつ…関係国際法に従い，及び同憲章において認められるところにより措置をとる各国の固有の権利（inherent right）に…留意した」[390]という間接的な言及にとどまっている。

　これまでの OEWG 及び GGE におけるかかる曖昧な結論の背景として，少数の国々が越境サイバー侵害行動について自衛権を援用することに否定的ないし極めて慎重な立場をとっていることが考えられる。例えば，中国は，その立場表明において，紛争の平和的解決及び武力による威嚇・武力の行使の自制（refraining from）の原則に重点を置くべきとの主張の文脈で「故意の（willful）武力の行使…は防止されるべきである（should be prevented）。」と述べるとともに，「jus ad bellum の適用可能性は，慎重に取り扱う必要がある。サイバー戦争（cyber war）の適法性は，いかなる状況の下においても認められるべきでない。各国は，サイバー空間を新たな戦場と化すべきでない。」と述べており[391]，少なくとも文言上は，それぞれ越境サイバー侵害行動に対し自衛権の行使で対処する場合を含むあらゆる武力の行使を禁止すべき，サイバーの手段による自衛権の行使を禁止すべきと主張しているようにも解し得る。中国が，自らの越境サイバー侵害行動が自衛権行使の対象となることを極力回避するとともに，将来，サイバー分野についてこの論点を含む包括的な特別法となる新条約を作成することを念頭に，国際法の適用の各論をできるだけ未整理にしておくことを意図している可能性も指摘されている[392]。この他，キューバも，中国に類似した立場を表明している[393,394]。

　しかしながら，OEWG，GGE いずれにおいても，国際連合憲章が越境サイバー侵害行動について適用されることを明示的に確認しており，中国はその双方のメンバーである以上，国際連合憲章のうち特定の規定のみは適用がないと

389　2021年 OEWG 報告書 Annex II の議長総括（Chair's Summary）は，OEWG 参加国のコンセンサスにより採択された文書ではないが，情報通信技術の利用について国際法がどのように適用されるかを十分に明確化すべき今後の検討課題の一つとして，一部の国（some States）が自衛権を援用する根拠となり得る情報通信技術関連活動の種類（類型）を提案したとしている。2021年 OEWG 報告書 Annex II: Chair's Summary, para.18, p. 20.

390　2021年 GGE 報告書．para.71[(e)], p. 18.

391　China's OEWG Submissions, III. 2nd & 3rd alineas, p. 6.

392　赤堀『前掲書』（注14）62頁。

393　同上，61頁。

主張することは，根拠及び合理性を欠く恣意的なものと言わざるを得ない。サイバー分野について国際連合憲章に代わる特別法として交渉する新たな条約の内容に関する，いわば立法論としてかかる主張を行うことは妨げられないが，仮に立法論として主張したとしても，そのような新条約の交渉が妥結して発効に至るまでは，引き続き一般法たる国際連合憲章が第51条を含め越境サイバー侵害行動についても適用されることを否定する余地はないと考えられ，現に，各国の立場表明等から確認される限り，キューバ等ごく少数の国を除き，中国の主張への支持・同調が他国の間に広がっている形跡は見られない。

(6) 他の違法性阻却事由の援用

ILC 国家責任条文案は，第1部（国の国際違法行為）第Ⅴ章において，違法性阻却事由として，国際違法行為に対する対抗措置（上記(4)）及び自衛（上記(5)）に加え，同意（第20条），不可抗力（force majeure）（第23条），遭難（distress）（第24条）及び緊急状態（necessity）（第25条）について定めている。これらのうち，越境サイバー侵害行動について援用され得るのは，①「不可抗力」，すなわち「国の支配（control）を超える抵抗しがたい力又は予測することのできない事態の発生であって，その状況の下での義務の履行を実質的に不可能とするもの」[395]，②「遭難」，すなわちその行為が国家に帰属する個人が，本人のみ又はその保護（care）の下にある者とともに（in relation to）危険な状況にあり，当該個人又はその保護の下にある者の「生命を救うために合理的な他の手段を有しない場合」[396]，③「緊急状態」，すなわち「重大な，かつ，急迫

---

[394] ロシアは，その立場表明においてこの論点に関する見解を必ずしも明確に明らかにしていないが，越境サイバー侵害行動についても自衛権が援用され得るという原則自体は否定せず，武力攻撃への該非の判断基準がまだ不明確であり議論が必要との立場をとっているものと思われる。Andrei V. KRUTSKIKH and Elena S.ZINOVIEVA, "International Information Security: Russia's Approaches" (2021), at https://documents.unoda.org/wp-content/uploads/2022/03/CMIB-Eng2.pdf, p. 39（「ほとんどの国が，国際連合憲章第51条にうたわれている自衛の原則が情報通信技術環境において適用されることに賛同している。しかしながら，OEWG における更なる作業を通じ，サイバー事案を武力紛争（armed conflicts）と分類するための基準を決定することが重要である。」）。KRUTSKIKH は GGE のロシア政府専門家。

[395] ILC 国家責任条文案，Article 23.

[396] ILC 国家責任条文案，Article 24; ILC 国家責任条文案コメンタリー，p. 78, para.(1)（*Commentary to Article 24*）

Ⅲ　二次的規範及び対処方法

した危険（grave and imminent peril）」により国家の「不可欠の利益（essential interest）」が脅かされ，これを保護するためには国際法上の義務に適合しない行為がその国家にとって「唯一の方法（the only way）」である場合[397]のいずれかであろうと考えられる。

各国の立場表明では，越境サイバー侵害行動について緊急状態を援用する可能性に言及する国が散見される[398]他，わずかながら遭難に言及する国も見られる[399]。OEWG，GGE いずれの報告書においても，これらの違法性阻却事由への言及はないが，いずれも元来，航空機・船舶の事故・故障に伴う領空・領海内への不時着・避難[400]，内戦のために必要となった外国人の財物の軍による接収[401]等，極めて例外的な事態において援用されてきたものであり，国際会議での言及がないことを以て各国とも援用する意思がないと見るべきではない。むしろ，複数の国が援用の可能性を検討し，その旨を立場表明で公表している事実は，多くの諸国がこれらの違法性阻却事由の援用を将来の選択肢から外してはいないことを示唆するものと言えよう。もっとも，AU はその立場表明において，違法性阻却事由としての緊急状態の援用の制限については立場を留保するとしており[402]，少なくとも一定数のアフリカ諸国が緊急状態の濫用を強く懸念している趣である点には留意を要する。

2　国家実行又は後に生じた慣行

上記 1 において越境サイバー侵害行動について適用のあるものとして幅広い諸国に受け入れられていると認められた二次的規範について，上記Ⅱ 2 と同様，各種公開情報[403]に基づき，それらが実際に越境サイバー侵害行動事案について

397　ILC 国家責任条文案，Article 25; ILC 国家責任条文案コメンタリー，p. 80, para.(1)（*Commentary to Article 25*）.

398　2021年日本政府の立場 2 .(3)(c)第 4 段落，4 頁; 2019年フランス軍事省文書，I. 1.1.3. 7th para., p. 5; Finland's national positions, **State responsibility** 6th para., p. 6; 2021 GGE Compendium: Germany, IV. b)(3), pp. 42–43; Netherlands, *Necessity*, pp. 63–64; Norway, 5.3 Necessity, p. 73; Switzerland, 6.2. 6th para., p. 91.

399　2019年フランス軍事省文書，I. 1.1.3. 7th para., p. 5. イタリアは，他国の同意なく当該他国の領域内からサイバー行動を行ってはならないことは，遭難（の援用）に影響を及ぼすものではない旨言及している。Italian Position Paper, I. 2nd para., p. 4.

400　ILC 国家責任条文案コメンタリー，pp. 78–79, para.(2)（*Commentary to Article 24*）.

401　*Ibid.*, p. 81, para.(4)（*Commentary to Article 25*）.

402　AU Common Position, para.10, p. 2.

適用され，又は援用された事例の有無等を検証した。かかる事例は，慣習国際法上の規範ないし慣習国際法上認められた対処方法である国家責任法（行為の国家への帰属，国家責任の実施），報復，対抗措置，緊急状態等との関連では国家実行，国際連合憲章に基づく条約規範ないし条約上認められた対処方法である紛争の平和的解決及び自衛権との関連ではその解釈についての国際連合加盟国間の合意を確立する「後に生じた慣行」（条約法に関するウィーン条約第31条3⒝）の蓄積に繋がるものと評価し得るが，検証の結果から以下の諸点を指摘することができる。

⑴　2024年6月現在，他国の関与が疑われる越境サイバー侵害行動について，原状回復・賠償等の方法による国家責任の実施（1⑴イ），交渉・調停・仲裁裁判・司法的解決等の平和的手段による解決（1⑵）及び自衛権の行使（1⑸）のいずれも，行われた事例の存在は確認されない。

　このうち，国家責任の実施及び自衛権の行使に関しては，Ⅱ2で既に述べたように，そもそも武力攻撃の禁止を含む一次的規範について各国がその違反を明示的に認定した事例が確認されない以上，当然の帰結と言える。国家責任の実施を想起させる事例としては，2021年5月，米国東海岸における精製ガソリン・ジェット燃料供給の45％を担うコロニアル・パイプラインが犯罪ハッカー集団DarkSideのランサムウェアによる攻撃を受け，5日間にわたり遮断された事案[404]に関し，米国が首脳会談を含め累次にわたり，当該攻撃がロシア国内から実行されたことに言及しつつ，ロシアに対して「（当該）ランサムウェア・ネットワークに対する決定的な措置」を講ずるよう要求した[405]後，翌2022年1月，ロシアがランサムウェア犯罪集団REvilに対す

403　(注105) 参照。

404　David E. SANGER, Clifford KRAUSS and Nicole PERLROTH, "Cyberattack Forces a Shutdown of a Top U.S. Pipeline" (May 8, 2021, updated May 13, 2021), The New York Times, at https://www.nytimes.com/2021/05/08/us/politics/cyberattack-colonial-pipeline.html; David E. SANGER, Clifford KRAUSS and Nicole PERLROTH, "F.B.I Identifies Group Behind Pipeline Hack" (May 10, 2021), The New York Times, at https://www.nytimes.com/2021/05/10/us/politics/pipeline-hack-darkside.html; Joe PANETTIERI, "Colonial Pipeline Cyberattack: Timeline and Ransomware Recovery Details" (May 9, 2022), MSSP Alert, at https://www.msspalert.com/news/colonial-pipeline-investigation.

Ⅲ　二次的規範及び対処方法

る強制捜査・逮捕の一環として当該攻撃の容疑者1名を逮捕するに至った[406]例が挙げられる。バイデン米国大統領は同事案の発生直後の記者会見において，「ロシア政府が（当該）攻撃に関与したとは認識していない」としつつ，当該攻撃の実行者の所在国ないし発信源国たるロシアが当該攻撃に「対処する一定の責任（some responsibility to deal with）を有する」あるいは「決定的な措置を講ずべきという責任のある国にとっての要請（the imperative for responsible countries）」と発言しており[407]，非国家主体による越境サイバー侵害行動について領域国たるロシアの「責任」に言及している点に着目すれば，相当の注意義務の履行を示唆したものと解し得るようにも思われる[408]。しかしながら，米国は上記Ⅱ1(3)イで紹介したとおり，その立場表明において，領域国の相当の注意義務の実定国際法規範としての位置付けに疑義を呈しており，ロシア側も，米国当局者からの要請及び証拠の提供を受けてREvilに対する強制捜査・逮捕を行った旨述べ[409]，当該強制捜査・逮捕を

405　"Remarks by President Biden on the Colonial Pipeline Incident"（May 13, 2021），The White House, at https://www.whitehouse.gov/briefing-room/speeches-remarks/2021/05/13/remarks-by-president-biden-on-the-colonial-pipeline-incident/; "Remarks by President Biden in Press Conference"（June 16, 2021），The White House, at https://www.whitehouse.gov/briefing-room/speeches-remarks/2021/06/16/remarks-by-president-biden-in-press-conference-4/; "Readout of President Joseph R. Biden, Jr. Call with President Vladimir Putin of Russia"（July 9, 2021），The White House, at https://www.whitehouse.gov/briefing-room/statements-releases/2021/07/09/readout-of-president-joseph-r-biden-jr-call-with-president-vladimir-putin-of-russia-2/; "Readout of President Biden's Video Call with President Vladimir Putin of Russia"（December 7, 2021），The White House, at https://www.whitehouse.gov/briefing-room/statements-releases/2021/12/07/readout-of-president-bidens-video-call-with-president-vladimir-putin-of-russia/. ただし，ロシア側は，2021年7月時点においては，かかる米国側の要求を受けていないと否定していた。"Biden vows US action over Russian cyber-attacks"（10 July 2021），British Broadcasting Corporation（BBC），at https://www.bbc.com/news/world-us-canada-57786302.

406　Jonathan GREIG, "White House confirms person behind Colonial Pipeline ransomware attack nabbed during Russian REvil raid"（January 14, 2022），ZDNET, at https://www.zdnet.com/article/white-house-says-person-behind-colonial-pipeline-ransomware-attack-nabbed-during-russian-raid/.

407　"Remarks by President Biden on the Economy"（May 10, 2021），The White House, at https://www.whitehouse.gov/briefing-room/speeches-remarks/2021/05/10/remarks-by-president-biden-on-the-economy/; The White House（May 13, 2021），*supra* note 405.

140

2 国家実行又は後に生じた慣行

米国との捜査当局間の協力案件（刑事司法共助）と位置付けていることを示唆している。米国がGGEの2015年の報告書に既に含まれていた，国家の責任ある行動のための拘束力を有しない自主規範13(c)（上記Ⅱ1(3)イ，（注54）及び（注55）参照）の履行をロシアに対して求めていた可能性は排除されないものの，国際法上の義務としての相当の注意義務違反についてロシアの責任を追及することまでも意図していたとは解し難く，ロシア側の対応についても，国際違法行為の終止（ILC国家責任条文案第30条(a)）に向けた最初の措置として強制捜査・逮捕を実施したとまでは評価し得ないであろう[410]。

また，自衛権の行使との関連では，唯一，ロシアがウクライナに侵略した当日の2022年2月24日，米国の商業衛星ブロードバンド企業 Viasat 社のモデムに対するサイバー攻撃で数千に上るウクライナ政府・軍・企業等及び中欧の風力発電施設等のインターネット接続・通信が遮断された事案について，同年5月10日，ボレル EU 外務・安全保障政策上級代表が発出した声明において，当該サイバー攻撃が「違法かつ不当なウクライナへの侵略の不可分の一部を成していた（formed an integral part of its illegal and unjustified invasion of Ukraine)」と述べている[411]。しかしながら，同声明でいう「侵略（invasion)」は，国際連合憲章第2条4項にいう「国の領土保全又は政治的独立に対する」違法な「武力の行使」ないし同第39条の「侵略行為（act of aggression)」を想起させるものの，「武力攻撃」とは必ずしも同一視できず，現に，いずれの EU 加盟国も集団的自衛権の行使により対処するとは述べていない。また，ウクライナ及び同じ5月10日にロシア GRU の関与を認

---

408 ロシアが REvil の強制捜査・逮捕を実行する前の段階において，上掲（注407）のバイデン大統領の発言を紹介しつつ，ロシアが本来負うべき相当の注意義務を指摘する見解として，Scott JASPER, "Assessing Russia's role and responsibility in the Colonial Pipeline attack"（June 1, 2021), New Atlanticist, at https://www.atlanticcouncil.org/blogs/new-atlanticist/assessing-russias-role-and-responsibility-in-the-colonial-pipeline-attack/.

409 GREIG, *supra* note 406.

410 ロシアが当該強制捜査・逮捕に踏み切った意図に関しては，ウクライナ侵略（2022年2月）直前で緊張が高まっていた対米関係を緩和し，米国によるあり得べき対露制裁を回避する狙い，あるいは当時，米国のみならず世界各地に多大な損害を引き起こしロシアの国際的信望を損ないつつあった同国内サイバー犯罪集団の活動を（一時的に）取り締まることにより，信望を回復する思惑等が指摘される。GREIG, *Ibid.*

411 Press Release, Council of the European Union（EU), *supra* note 169.

141

Ⅲ　二次的規範及び対処方法

定し非難する声明を発出した英国・米国は，いずれも，武力攻撃を含む国際
法上の違法性に言及していない[412]。

　紛争の平和的解決との関連では，厳密には国際連合憲章第33条に例示され
た交渉，調停等には該当しないものの，2007年4月のエストニアに対する大
規模DDoS攻撃の後，同年5月，エストニア検察庁がロシアとの二国間司
法共助協定に基づき，同攻撃の容疑者の予備的捜査（容疑者及びその所在の
特定）を要請したが，同年6月，ロシアが同司法協定上かかる予備的捜査に
応ずる義務がないとしてこれを拒否した事例がある[413]。二国間司法共助協定
の解釈という法技術的な主張の背景に政治的な消極姿勢を偽装していた可能
性が排除されず，政治的動機に基づくサイバー攻撃が多発する近年の状況下
で相手国の協力姿勢に頼らざるを得ない刑事分野での協力の困難さを示す事
例と評価されている[414]。各国が越境サイバー侵害行動事案について交渉，調
停，司法・仲裁裁判等の平和的手段による解決を追求し得ないのも，同様の
事情・背景によるものであろう。

⑵　行為の国家への帰属（上記1（ア））に関しては，上記Ⅱ2⑴～⑶並びに
　3⑴及び⑵で例示した事例から分かるように，越境サイバー侵害行動が他国
　又は他国に所在する個人・団体に帰属することを，政府の公式声明，国内刑
　事手続等により認定した事例は多いが，その行動が国際法違反であることを
　明示した事例はない。こうした帰属の認定のうち，他国への帰属の認定に関
　しては，越境サイバー侵害行動に用いられたIP・アカウント等の追跡調査，
　マルウェア等の技術的解析（例えば，Ⅱ2⑴のSony Pictures Entertainment
　事案（2014年11月）に関する同年12月19日付米国FBI報道資料[415]）に加え
　自国又は他国のインテリジェンス情報に依拠したと思われるケース（例えば，

412　BING and SATTER (Reuters), *supra* note 168; FCDO and NCSC, UK Government, *supra* note 169; Press Statement, U.S. Department of State, *supra* note 169.

413　Eneken TIKK and Kadri KASKA, "Legal Cooperation to Investigate Cyber Incidents: Estonian Case Study and Lessons", in *9th European Conference on Information Warfare and Security, Thessaloniki, Greece (01-02 July)* (Academic Publishing, 2010), p. 288, at https://ccdcoe.org/uploads/2010/07/Legal_Cooperation_to_Investigate_Cyber_Incidents_Estonian_Case_Study-and_Lessons.pdf.

414　*Ibid.*, p. 294.

415　FBI (December 19, 2014), *supra* note 121.

II 2 (2)の WannaCry 事案（2017年5月）に関する同年12月の英国，米国，豪州及び日本の声明等[416]）が少なくない。これに対し，他国に所在する個人・団体への帰属の認定に関しては，専ら米国の例ではあるが，刑事捜査により証拠を以て実行者を特定し，かつ，その実行者及びその所属する団体が他国の国家機関に属し，又は他国の指導・指揮等の下で活動していることを立証するに至っている場合が少なくない（例えば，上述の Sony Pictures Entertainment 社事案，WannaCry 事案等への関与の容疑による北朝鮮籍容疑者の刑事告発（2018年6月）[417]，II 2 (3)の NotPetya 事案（2017年6月）への関与の容疑によるロシア GRU 所属のハッカー6名の起訴（2020年10月）[418]）。また，前者の他国への帰属の認定は，その根拠となる情報・証拠等の公表を伴わない場合がある一方（例えば，上述の WannaCry 事案に関する4ヶ国の声明等[419]，NotPetya 事案に関する英国・米国・豪州の声明（2018年2月）[420]），後者の個人・団体への帰属の認定に際しては，起訴状，捜査機関の報道資料等の形で認定の理由，根拠となった情報・証拠等が公表されている。他国への帰属の認定が迅速性及び（他の国々との情報交換・調整・連携を含む）政治的メッセージングにおいて勝るのに対し，「国内司法手続を通じた事実上の帰属の認定」とも形容し得る後者の手法は，帰属の認定過程を非政治化しつつ，越境サイバー侵害行動の実行者と他国との関係まで立証し，その立証の根拠を対外的に公表することができる点に長所があると言えよう。

416　Press Release（19 December 2017），UK Foreign and Commonwealth Office, *supra* note 135; The White House（December 19, 2017），supra note 136; BISHOP（豪州外務大臣）（20 December 2017），*supra* note 137; 外務報道官談話（平成29年12月20日）（注138）。

417　United States of America v. Park Jin Hyok（June 8, 2018），*supra* note 128; 御巫「前掲論文」（注128）942-954頁。

418　United States of America v. Yuri Sergeyevich Andrienko *et al.*（October 15, 2020），*supra* note 161.

419　（注416）参照。

420　News Story（15 February 2018），UK Foreign and Commonwealth Office, *supra* note 153; Statement from the Press Secretary（February 15, 2018），The White House, *supra* note 154; TAYLOR（豪州法執行・サイバーセキュリティ大臣）（16 February 2018），*supra* note 155.

Ⅲ　二次的規範及び対処方法

⑶　越境サイバー侵害行動が他国に帰属する旨認定した上記⑵の事例の多くに
おいて，認定した国は，当該越境サイバー侵害行動を行った国又は個人・団
体に対して今後何らかの方法で対応する旨を表明している。例えば，Ⅱ2⑴
の Sony Pictures Entertainment 社事案の際，米国のオバマ大統領は事案発
覚から1ヶ月後，北朝鮮の関与を認定した記者会見において「我々はこれに
対応する（will respond）。我々は比例的に（proportionally），我々の選択す
る場所で，我々の選択する時機に，我々の選択する方法により対応する。」
と述べている[421]。また，Ⅱ2⑵の WannaCry 事案の際，英国のアーマド・
オブ・ウィンブルドン外務省閣外大臣は，事案発生から6ヶ月後，北朝鮮の
関与を認定した声明において「英国は，悪意あるサイバー活動について，そ
の発信源のいかんを問わず，…特定し，追跡し，対応することを決意してい
る。」と述べている[422]。さらに，Ⅱ3⑵で紹介した米国民主党全国委員会
（DNC）へのハッキング事案（2016年6月）が判明した3ヶ月余り後の2016
年10月，同事案がロシア政府の指示によるものであった旨を米国政府が公に
認定した際にも，米国大統領府は，大統領がロシアのサイバー行動に比例し
た（proportional）対応を検討している旨明らかにしている[423]。これらの例
のように，対応の表明においては，その対応の方法・時機等を明らかにしな
いのが通例である。

　もっとも，かかる表明の後，時期を措かずに非公然の対応を行った事例が
存在する可能性は排除されない。例えば，Sony Pictures Entertainment 社
事案に関する上述のオバマ大統領の記者会見の直後から数日間，北朝鮮が大
規模な DDoS 攻撃を受け，全土のインターネット接続が断続的に遮断され
たが[424]，報道及び米国連邦議会議員等は，これが北朝鮮による Sony

421　Remarks by the President in Year-End Press Conference（December 19, 2014），
supra note 120.

422　Press Release（19 December 2017），UK Foreign and Commonwealth Office, *supra*
note 135.

423　Julie HIRSCHFELD DAVIS and Gardiner HARRIS, "Obama Considers
"Proportional" Response to Russian Hacking in U.S. Election"（October 11, 2016），The
New York Times, at https://www.nytimes.com/2016/10/12/us/politics/obama-russia-
hack-election.html

424　"North Korea's Internet Takes a Hit after Sony Hack"（December 22, 2014），CBS
News, at https://www.cbsnews.com/news/north-korea-internet-down/.

Pictures Entertainment 社へのサイバー攻撃に対する対応として米国により行われた可能性を示唆している[425]（米国政府は関与を否定[426]）。

⑷　越境サイバー侵害行動に対する具体的な対応に関しては，公表されていて確認し得るものに関する限り，それ自体は国際法に違反しない，報復に該当する措置がとられたケースがほとんどである。例えば，Sony Pictures Entertainment 社事案（Ⅱ 2 ⑴）において，米国は，大統領による北朝鮮へのサイバー攻撃の帰属の認定から 2 週間後の2015年 1 月 2 日，「対応の第一局面」として，北朝鮮偵察総局及び北朝鮮のフロント企業計 3 団体並びにこれらの団体の幹部等10個人に対し，米国内の資産の凍結，米国への入国禁止及び米国民との取引の禁止から成る制裁措置を科し[427]，その 3 年 9 ヶ月後の2018年 9 月 6 日，同事案等への関与の容疑による北朝鮮籍容疑者の刑事告発と同日，同容疑者及び同容疑者が所属する団体（北朝鮮当局のフロント企業）を同様の制裁措置の対象とした[428]。また，WannaCry 事案（Ⅱ 2 ⑵），NotPetya 事案（Ⅱ 2 ⑶）等に関しては，EU 加盟各国も，2017年 4 月以降 Cyber Diplomacy Toolbox に含まれる選択肢の一つとして制度を整備してきた制限措置の第一弾として，2020年 6 月，北朝鮮当局のフロント企業とみられる企業（WannaCry 事案），ロシア軍に所属する組織（NotPetya 事案）等の個人・企業に対し，EU 域内への渡航の禁止，資産の凍結及び EU の個人・団体による資金の提供の禁止から成る制裁を科している（上記Ⅱ 2 ⑵参照）。さらに，米国 DNC ハッキング事案（Ⅱ 3 ⑵）においては，ロシアの関与を公に認定した 2 ヶ月後の2016年12月29日，米国大統領府が同事案に関与したロシアの機関（GRU・FSB），GRU の要員 4 名及び GRU のサイバー

425　Chris STROHM, "North Korea Web Outage Response to Sony Hack, Lawmaker Says"（March 17, 2015）, Bloomberg, at https://www.bloomberg.com/politics/articles/2015-03-17/north-korea-web-outage-was-response-to-sony-hack-lawmaker-says.

426　Martin FACKLER, "North Korea Accuses U.S. of Staging Internet Failure"（December 27, 2014）, The New York Times, at https://www.nytimes.com/2014/12/28/world/asia/north-korea-sony-hacking-the-interview.html.

427　The White House, Statement by the Press Secretary（January 2, 2015）, *supra* note 123; The White House, Executive Order（January 2, 2015）, *supra* note 123; U.S. Department of the Treasury, OFAC（January 2, 2015）, *supra* note 124.

428　Press Release（September 6, 2018）, U.S. Department of Treasury, *supra* note 129.

145

Ⅲ　二次的規範及び対処方法

行動を支援した３団体に対する新たな制裁措置を発表するとともに[429]，米国内に駐在していたロシアの外交官35名を2017年１月１日までに国内から退去させた[430]。

(5)　Ⅱ２で既に述べたように，そもそも各国が国際法上の義務（一次的規範）の違反を明示的に認定した事例が確認されないので，侵害国による国際法上の義務に違反する行為を終止させ，侵害国に当該行為についての責任の履行（賠償等）を促すためにとられる対抗措置の事例も確認されない。また，緊急状態，遭難等，対抗措置以外の違法性阻却事由を援用した事例も確認されない。

　その一方で，各国政府が否定するか，確認を控えるため事実関係を正確には把握し得ないものの，報道等の公開情報で確認し得るだけでも，他国からの先行する越境サイバー侵害行動に対する対応として，被侵害国が大規模なDDoS攻撃，マルウェアの拡散等の越境サイバー行動により反撃した事例が少なからずあると見られる。例えば，上記(3)で紹介した，Sony Pictures Entertainment 社事案（2014年11月）への北朝鮮の関与を米国のオバマ大統領が認定した直後，北朝鮮で発生した大規模な DDoS 攻撃（同年12月）は，仮に北朝鮮による前月の Sony Pictures Entertainment 社に対するサイバー攻撃への対応として米国政府の指示，指揮又は統制の下実施されたのであれば，数日間にわたり北朝鮮全土のインターネット接続を断続的に遮断した[431]その効果にかんがみ，北朝鮮の領域主権の侵害に当たらないかどうかが問題となり得たであろう。また，イスラエルとイランの間では近年，相互に相手国への帰属も，自国が対応したことも公式には認めていないものの，イスラエルの給水システム（2020年４月24日），イランのホルムズ海峡沿岸の主要海港（2020年５月９日），イランの国営鉄道網（2021年７月），イラン全土のガソリン供給網（2021年10月26日），イスラエルの個人診療所ネットワークの統合診断情報（2021年10月30日）等を標的としたサイバー攻撃の応酬が激化している[432]。仮にそれぞれにイスラエル，イランが関与していたのであれば，双方とも重要インフラを攻撃の対象としており，攻撃された重要インフ

---

[429]　FACT SHEET（December 29, 2016），The White House, *supra* note 200.

[430]　DELERUE, *supra* note 23, p. 431.

[431]　CBS News（December 22, 2014），*supra* note 424.

2　国家実行又は後に生じた慣行

ラの機能停止が数日にわたり長期化したケースについては，やはり相手国の領域主権の侵害が問題となり得たであろう。いずれの例も，相手国の先行する越境サイバー侵害行動への対応として行う場合には，本来，違法性阻却事由として対抗措置の援用が検討されて然るべきものであったと考えられるが，関係国（米国，イスラエル，イラン）が反撃に当たり，比例性，可逆性，事前の責任の履行の要請・対抗措置の通告等，対抗措置の実体法上・手続上の諸要件に縛られることを望まなかったか，イスラエル及びイランについては，越境サイバー侵害行動の相手国への帰属を認定・立証することが困難であった可能性が推察される。

　なお，国家間ではなく非国家主体による越境サイバー侵害行動への対応の事例ではあるが，イスラエル国防軍は，2019年5月4日，ハマスによるイスラエルの標的（targets）に対するサイバー攻撃（cyber offensive）の試みをサイバー防衛作戦（cyber defensive operation）の成功により阻止した後，ハマスのサイバー工作員（cyber operatives）が入局するビルを爆撃し（targeted），ハマスのサイバー司令部を壊滅した（has been removed）ことを公表している[433]。サイバー攻撃に対して運動力学兵器で反撃したおそらく最初の事例であること[434]に加え，仮にハマスのサイバー司令部がイスラエルの幅広い文民・民用物を標的に無差別のサイバー攻撃を行っていたとすれば，ハマスによる国際人道法の区別原則違反[435]に対する戦時復仇（下記3(5)ウ参照）を意図していた可能性も排除されない。しかしながら，イスラエルは上述の公表以上に爆撃の背景・詳細を対外的に説明しておらず，ハマスの国際人道法違反のサイバー攻撃に対する戦時復仇だったのか，それとも単に

432　Ronen BERGMAN and David M. HALBFINGER, "Israel Hack of Iran Port Is Latest Salvo in Exchange of Cyberattacks"(May 19, 2020), The New York Times, at https://www.nytimes.com/2020/05/19/world/middleeast/israel-iran-cyberattacks. html; Farnaz FASSIHI and Ronen BERGMAN, "Israel and Iran Broaden Cyberwar to Attack Civilian Targets"(November 27, 2021), The New York Times, at https://www.nytimes.com/2021/11/27/world/middleeast/iran-israel-cyber-hack.html

433　Israel Defense Forces（Official IDF X（former Twitter）account），6 May 2019, at https://twitter.com/idf/status/1125066395010699264. targeted が「爆撃」であったこと及びその実施日（5月4日）について，川口貴久「2018年防衛大綱と『相手方によるサイバー空間の利用を妨げる能力』－抑止力に与える影響の考察－」『防衛法研究』第45号（2021年）63頁，65頁参照。

434　川口「同上」65頁。

Ⅲ　二次的規範及び対処方法

イスラエル側から見て軍事目標であった同司令部を攻撃したに過ぎないのか
は明らかでない。

3　考　察

　1において，越境サイバー侵害行動への対応において適用され得る二次的規
範及び対処方法に関しては，広範な諸国間で概ね認識が共有されているが，対
抗措置については慣習国際法として確立（結晶化）している要件の範囲，自衛
権については越境サイバー侵害行動への具体的な当てはめの判断基準をめぐり
それぞれ異なる見解が見られ，なお明確化を要することを明らかにした。また，
2においては，越境サイバー侵害行動への対応におけるこれらの二次的規範及
び対処方法の適用に関する各国の実行を検証し，行為の国家への帰属について
は「国内司法手続を通じた事実上の帰属の認定」を含め一定の事例が存在する
が，国家責任の実施，紛争の平和的解決及び自衛権の行使については実行例が
ないこと，公開情報から確認される範囲では，各国は専ら報復により対応して
きているが，非公然の越境サイバー侵害行動による対応事例の中に対抗措置の
援用が検討されて然るべきものが含まれているとみられることを確認した。

　以上を踏まえ，ここでは，越境サイバー侵害行動に適用され得る二次的規範
及び対処方法のそれぞれについて，今後の国家実行ないし国際連合憲章の「適
用につき後に生じた慣行」のあり得べき展開を考察する。

⑴　行為の国家への帰属

　越境サイバー侵害行動は一般に，専ら国家に所属する職員・軍人等のみに
よって実行されることは稀で，愛国主義等から率先して協力する個人・団体，
オンライン・プラットフォーム等で公に共有されたマルウェアを興味本位で拡
散する一般の個人，さらにはマルウェアに端末を乗っ取られてボットネットと

435　イスラエルとハマス及びパレスチナ・イスラム聖戦（Palestinian Islamic Jihad）と
　　の間では当時，2019年5月3日，ガザ地区内からの銃撃によるイスラエル兵士2名の負
　　傷に端を発したロケット弾と空爆の応酬が続いていた。The Guardian, "More than 20
　　dead as violence flares between Gaza and Israel"（5 May 2019）, at https://www.
　　theguardian.com/world/2019/may/05/gaza-militants-and-israeli-forces-lurch-into-new-
　　round-of-violence. したがって，国際人道法のうち，少なくともジュネーブ諸条約の共
　　通第3条等，非国際的な武力紛争に適用される一定の規範・原則は，適用され得る状況
　　であったと考えられる。（注323）及び（注341）参照。

3 考 察

して利用され，知らぬ間にマルウェアの拡散に加担する一般の個人・団体等，多数の非国家の個人・団体がその実行に関与する。このため，ILC 国家責任条文案の関連条文のうち，特に，第 8 条に規定する「事実上国の指示に基づき，又は指揮若しくは統制の下で行動している（in fact acting on the instructions of, or under the direction or control of, that State）」との要件が，こうした広範な個人・団体と国家との関係を適切に捕捉し，国家の責に帰すべき越境サイバー侵害行動の範囲を射程に収められるかどうかが論点となる。

　この点に関し，学説上，ILC 国家責任条文案第 8 条は基本的に ICJ ニカラグア軍事的・準軍事的活動事件判決（本案）（1986年）で示された「実効的統制（effective control）」の基準[436]を踏襲しており，越境サイバー侵害行動に当てはめるには厳格に過ぎるとして，同基準に代えて旧ユーゴスラビア国際刑事裁判所（ICTY）のタディッチ事件控訴部（Appeals Chamber）判決（1999年）で示された「総体的統制（overall control）」の基準[437]を導入する等して，国が個人の個々の行動の着手・停止等まで指示していない場合であっても，個人が所属する団体等への支援，訓練，資金や所要の端末・アプリケーションの提供等に着目してより柔軟に国家への帰属を認められるようにすべきとの見解が存在する[438]。

　しかしながら，ILC 国家責任条文案第 8 条で示された「指示又は指揮若しくは統制」の基準が既に累次の ICJ の判例等で援用されてきている[439]ことに加え，ICJ がボスニア・ジェノサイド事件判決（本案）（2007年）で判示したとおり，タディッチ事件で論点となった，武力紛争が国際的な武力紛争と位置付けられるために要求される国家の当該武力紛争への関与の度合い・性格と，特定の行為について国家の責任を生じさせる当該国家の関与の度合い・性格とは，異なる問題であり，同一の基準を採用すべき理由はない[440]。また，上記 1 (1)で見たように，ILC 国家責任条文案第 8 条で示された判断基準自体については各国の間に異論が見られない一方，越境サイバー侵害行動についてはこの判断基準の

---

436 *Nicaragua v. United States of America, Merits, I.C.J., supra* note 17, pp. 64-65, para.115.

437 *The Prosecutor v. Duško Tadić*, Case No. IT-94-1-A, International Tribunal for the Prosecution of Persons Responsible for Serious Violations of International Humanitarian Law Committed in the territory of the Former Yugoslavia since 1991 (ICTY), Appeals Chamber, Judgement (15 July 1999), pp. 49-51, 56 & 58-59, paras.120-123, 131 & 137.

149

Ⅲ　二次的規範及び対処方法

充足の立証により高度の透明性（開示）を要求すべきと主張するロシアのような国がある状況において，実質的に国家への帰属の判断基準を緩和することとなる上述の学説の見解に広範な諸国の支持が集まる見込みは低いと思われる。同判断基準自体は維持しつつ，上述の越境サイバー侵害行動の特性を踏まえて「指揮若しくは統制」の基準をどのように当てはめるべきかについて，各国の実行や国際判例の蓄積を待つこととなろう。

　ロシア等が主張する国家への帰属の立証の透明性に関しては，「指示又は指揮若しくは統制」の基準そのものと同様，広く一般に適用される慣習国際法上の判断基準である以上，越境サイバー侵害行動とそれ以外の行為との間で差を

438　Scott SHACKELFORD, "From Nuclear War to Net War: Analogizing Cyber Attacks in International Law", *Berkley Journal of International Law*, Vol.27（2009），p. 192, p. 234; Johann-Christoph WOLTAG, *Cyber Warfare: Military Cross-Border Computer Network Operations under International Law*（Intersentia, 2014），p. 91.「総体的統制」基準の導入ではなく「指揮若しくは統制」のより柔軟な当てはめを示唆する見解として，DELERUE, *supra* note 23, pp. 144-150.

　　なお，学説上は，本文上述の ICTY のタディッチ事件控訴部判決（1999年）や ICJ のボスニア・ジェノサイド事件判決（本案）（2007年）（「行為の実行者と，当該実行者が密接に結びついておりその代理人（its agent）に他ならないと思われる国家との間の関係の現実を把握する…ことが適当である」，*Bosnia and Herzegovina v. Serbia and Montenegro, Judgment, I.C.J., supra* note 306, p. 205, para.392）等を根拠に，武力の行使（及び国際人道法違反の行為）の帰属については「総体的統制」基準により判断することが受け入れられているとする見解も見られる。Nicholas TSAGOURIAS, "The Law Applicable to Countermeasures against Low-Intensity Cyber Operations", *Baltic Yearbook of International Law*, Vol.14（2014），p. 105, p. 113. しかしながら，ボスニア・ジェノサイド事件判決（本案）（2007年）は次の（注）のとおり，引用部分を含む判断の具体的な手法・基準としてニカラグア軍事的・準軍事的活動事件判決（本案）（1986年）を踏襲しており，同見解を支持する先例とは言えないことに加え，「総体的統制」基準に明示的に異議を示す国もあり，同基準が受け入れられているとは言えない。OAS Bolivia, Chile, Costa Rica, Ecuador, Guatemala, Guyana & Peru responses, paras.24-25, pp. 22-23（チリ，ペルーは武力紛争下／国際人道法の適用についても行為の帰属の判断基準は「実効的統制」）。

439　*Democratic Republic of the Congo v. Uganda, Judgment, I.C.J., supra* note 28, p. 226, para.160; *Bosnia and Herzegovina v. Serbia and Montenegro, Judgment, I.C.J., supra* note 306, pp. 207-209, para.397-401.

440　*Bosnia and Herzegovina v. Serbia and Montenegro, Judgment, I.C.J., Ibid.*, p. 210, para.405. また，Michael N. SCHMITT, "'Below the Threshold' Cyber Operations: The Countermeasures Response Option and International Law", *Virginia Journal of International Law*, Vol.54 No.3（2014），p. 697, p. 713参照。

150

3 考 察

設けることに合理性を見出し得ない。ロシアによる国際的な帰属判断メカニズムの創設提案の扱い等も含め，越境サイバー侵害行動への対処に関する政策的・実務的な国際協力ないし信頼醸成措置の一環として議論されていくものと思われる。

⑵ 国家責任の実施

上記1⑵において指摘したように，国家責任の実施は，先に述べた越境サイバー侵害行動の国家への帰属の認定・立証（上記⑴）の困難に加え，当該越境サイバー侵害行動が国際法上の義務に違反する行為であることの認定・立証，侵害国による責任の履行の各段階において相当の時間を要する。即時（即効）性，匿名性等を特徴とする越境サイバー侵害行動への対処には迅速性が要求されることにかんがみれば，現状では，事後の賠償による解決は現実的でないと考えられる。

もっとも，上記2⑵において紹介した，国内刑事・司法手続を通じて他国に所属する個人・団体への越境サイバー侵害行動の帰属を認定・立証する手法は，実体法・手続法の両面で国内法上及び国際法上の要件の相違に留意する必要はあるものの[441]，事実関係の認定・立証及びその公表等の面で，国際法上の国家責任の援用・実施においても依拠することができる可能性が高い[442]。現在は専ら米国の実行に留まっているが[443]，今後，他の各国においても国内立法により同様の手法が広まっていく場合には，例えば，原状回復や賠償は現実的でないにせよ，侵害国による再発防止の約束・保証や満足による責任の履行を追求す

---

[441] 2021 GGE Compendium: Germany, IV. a) 7th para., pp. 40–41.

[442] *Ibid.*; 御巫「前掲論文」（注128）950–954頁。国内法に基づく帰属の認定の手続が入手可能な証拠に重点を置くことの意義について，DELERUE, *supra* note 23, p. 183.

[443] 米国は，本書で紹介した United States of America v. Park Jin Hyok（注128），United States of America v. Yuri Sergeyevich Andrienko *et al.*（注161）及び United States of America v. Victor Borisovich Netyksho *et al.*（注202）以外にも，2014年以降，自国の政治的・経済的・社会的基盤への広範な人的・物的・経済的損害又は国家としての基本的機能への侵害をもたらすまでには至らない諜報活動（政府保有の秘密・個人情報の窃取等），経済犯罪（知的財産権・企業秘密の窃取等）等，「越境サイバー侵害行動未満」のサイバー事案少なくとも十数件について，かかる国内刑事・司法手続を通じて中国，イラン，ロシア及び北朝鮮の当局関係者を告訴してきている。Chimène I. KEITNER, "Symposium on Cyber Attribution: Attribution by Indictment", *AJIL Unbound*, Vol.113（2019）, p. 207, pp. 207–212.

Ⅲ　二次的規範及び対処方法

る余地を残す上で有益な選択肢となり得よう。

(3)　紛争の平和的解決

　国際連合憲章第33条に例示する紛争の解決のための平和的手段のうち，交渉，仲介及び調停に関しては，越境サイバー侵害行動の国家への帰属及び当該越境サイバー侵害行動が国際法上の義務に違反することの認定・立証を要することなく行えるとの利点はある。しかしながら，上記(2)で述べたように，越境サイバー侵害行動の対処に求められる迅速性にかんがみれば，今後も，侵害国・被侵害国間の交渉，第三国の仲介等による解決の試みは稀であろう。

　また，仲裁裁判及び司法的解決に関しては，侵害国がICJの義務的管轄権の受諾（国際司法裁判所規程第36条第2項）を宣言している場合や，越境サイバー侵害行動による侵害国・被侵害国の双方がICJ等への紛争の義務的付託を定める条約の締約国であり，当該越境サイバー侵害行動が当該条約上の義務の違反にも該当する場合[444]には，当事国に対して拘束力を有する暫定措置を迅速に命ずる権限を有する[445]ICJ等への付託が一定の効果[446]を期待し得る選択肢となる余地がある。しかしながら，これら以外の場合においては，そもそも侵害国・被侵害国間で付託合意が成立する可能性が低い上，仮に付託合意を追求したとしてもその交渉・合意成立に要する期間，侵害国を拘束する暫定措置命令を得られる保証がないこと等にかんがみれば，仲裁裁判ないし国際司法裁判は，各国にとって越境サイバー侵害行動に対処する現実的な選択肢となり得ないと思われる。

444　例えば，国連海洋法条約は，各締約国が国連海洋法条約の解釈・適用に関する紛争の解決のための手続を国際海洋法裁判所（ITLOS），ICJ，仲裁裁判所の中から選択できることとした上で，紛争の当事国が同一の手続を受け入れている場合には当該同一の手続，同一の手続を受け入れていない場合には附属書Ⅶに定める仲裁手続に当該紛争を付託することとしている（第287条1及び3～5）。したがって，被侵害国・侵害国の双方が国連海洋法条約の締約国である場合において，例えば，当該被侵害国の排他的経済水域に設置・運用されている洋上風力発電設備に対する越境サイバー侵害行動が（当該被侵害国に対する不干渉義務違反ないし主権侵害に加え）当該被侵害国が当該洋上風力発電設備に対して有する排他的管轄権（第60条2）を侵害し，又は当該沿岸国が制定する国内法令に違反する（第58条3）ときは，当該被侵害国は，当該侵害国による国連海洋法条約の関連規定の違反について，双方が受け入れる同一の手続又は附属書Ⅶの仲裁手続に付託することができる。

152

3 考 察

⑷ 報 復

被侵害国が報復を行う場合には，交渉，仲介及び調停の場合と同様，越境サイバー侵害行動の他国への帰属及び当該越境サイバー侵害行動が国際法上の義務に違反することの認定・立証を要しない。また，対抗措置その他の違法性阻却事由を援用する場合と異なり，報復を行う被侵害国自身が国際法違反を問われるリスクがなく，事前の責任履行の要請・措置の予告，比例性等の要件に縛られることなく，その実施の態様・時期等を被侵害国が自由に選択することができる。このため，引き続き，広範な諸国に最も選好される対処方法となると考えられる。

⑸ 対 抗 措 置

上記2⑸で見たように，対抗措置をとろうとする国にとって，自らが逸脱する義務の履行を再開することができるような方法で措置を実施する「可逆性」，

445　ICJ に関しては，国際司法裁判所規程（昭和29年条約第2号／1945年10月発効，日本について1954年4月発効）第41条及び国際司法裁判所規則第74条参照。ICJ の暫定措置の紛争当事国に対する拘束力の有無については，これらの関連規定の文言上必ずしも明確でないが，ICJ はラグラン事件判決（2001年）において国際司法裁判所規程第41条の解釈をその起草経緯を含め詳細に検討し，同条の規定に基づく暫定措置が紛争当事国に対して拘束力を有する旨判示している。*LaGrand (Germany v. United States of America), Judgment, I.C.J. Reports 2001*, p. 466, pp. 501-505, paras.99-107.
　　国連海洋法条約に基づく紛争解決手続に関しては，国連海洋法条約第290条参照。附属書Ⅶに基づく仲裁裁判所が構成されるまでの間，ITLOS が同仲裁裁判所の管轄権を推定し，かつ，事態の緊急性により必要と認めるときに暫定措置を定めることができる（第290条5）。

446　例えば，被侵害国が要請する暫定措置（越境サイバー侵害行動の停止・再発防止措置等）が確実に認められる保証がないことに加え，暫定措置の審理には迅速に処理されるにせよ少なくとも数週間程度の期間を要する等，確実性・効果の迅速性において対抗措置や緊急状態の援用に及ばない面があることは否めない。また，上記（注444）の例において ITLOS に暫定措置を要請する場合，ITLOS が命ずることのできる暫定措置は，附属書Ⅶに基づき構成される仲裁裁判所が有すると推定される管轄権の範囲内，すなわち国連海洋法条約に基づく紛争当事者の権利を保全するもの（国連海洋法条約第290条1参照）と解されるので，例えば，越境サイバー侵害行動の被害が被侵害国の排他的経済水域内の洋上風力発電設備だけでなく陸地領土内の発電施設に広範に及んでいたとしても，被侵害国が ITLOS から得られる暫定措置は当該洋上風力発電設備に対する越境サイバー侵害行動の停止・再発防止に留まり，陸地領土内の発電施設に対する越境サイバー侵害行動を阻止できることとはならない。

153

Ⅲ　二次的規範及び対処方法

国際違法行為の重大性及び関連する権利を考慮しつつ被った侵害と均衡する措置をとる「比例性」，侵害国に対する事前通告（侵害行為の終止要求・責任の履行方法・対抗措置をとる旨の通告・交渉の提案）等の要件を満たすことは，必ずしも容易ではないことが推察される。また，慣習国際法上，各国が一定の状況の下で対抗措置をとることが認められることは累次の国際判例で確認されてきている[447]にもかかわらず，上記１(4)で見たように，中国，ブラジル，一部アフリカ諸国等の間で強大国による対抗措置の濫発，それに伴う対抗措置の応酬のエスカレーションの可能性への懸念・批判は根強く，対抗措置を検討するに当たっては，対抗措置をとった場合におけるこれらの国々の反発を含め，その政治的・経済的影響も慎重に見極める必要があろう。

　しかしながら，対抗措置は，紛争の平和的解決（上記(3)）との比較において，武力攻撃ないし武力の行使に至らない越境サイバー侵害行動に対する最も迅速な対処方法であるとともに，侵害国に対して責任の履行（国際違法行為たる越境サイバー侵害行動の終止及び賠償等による侵害の回復）を促す目的（ILC 国家責任条文案第49条１）に資する限りにおいて，当該越境サイバー侵害行動により侵害国が違反した国際法上の義務とは異なる義務を逸脱する措置をとることが妨げられないので[448]，報復（上記(4)）と同様又はそれ以上の幅広い選択肢の中から，報復よりも強力に侵害国に対して越境サイバー侵害行動の終止を強いる措置を選択し得る対処方法でもある[449]。また，ILC 国家責任条文案に規定する対抗措置の諸要件のうち，可逆性については「可能な限り（as far as

---

[447]　Case concerning the Air Service Agreement of 27 March 1946 between the United States of America and France, Decision of 9 December 1978, Reports of International Arbitral Awards, Vol. XVIII（2006），p. 417（以下「Air Service Agreement Case」という），pp. 443-446, paras.80-98; *Nicaragua v. United States of America, Merits, I.C.J.*, *supra* note 17, p. 127, para.249; *Gabčíkovo-Nagymaros Project（Hungary/Slovakia）*, *Judgment, I.C.J. supra* note 289, pp. 55-56, paras.83-85.

[448]　ILC 国家責任条文案コメンタリー，p. 129, para.(5)（*Commentary to Part Three, Chapter II（Countermeasures）*）; SCHMITT and VIHUL（eds.）（Tallinn Manual 2.0），*supra* note 1, pp. 128-129, paras.7 & 8（commentary to Rule 23）。ただし，基本的人権の保護，戦時復仇の禁止（本文後述ウ参照），その他の一般国際法の強行規範，外交官・領事官・外交／領事施設等の不可侵を逸脱する対抗措置をとることはできない。ILC 国家責任条文案，Article 50; SCHMITT and VIHUL（eds.）（Tallinn Manual 2.0），*supra* note 1, pp. 122-126（Rule 22 and commentary thereto）。武力による威嚇・武力の行使の禁止（国際連合憲章第２条第４項）を逸脱する対抗措置の可否に関しては，本文後述(6)参照。

3 考 察

possible）」義務の履行を回復することができる方法をとればよく[450]，侵害国への事前通告については，例えば，侵害国が短時間内に自らの銀行の資産を引き揚げることにより，あり得べき対抗措置（侵害国の銀行口座への電子的アク

---

[449] もっとも，対抗措置は，先行する国際違法行為と同一の又は密接に関連する（国際法上の）義務から逸脱する措置である場合，比例性の要件を満たすものと評価される可能性が高まるので（ILC 国家責任条文案コメンタリー，p. 129, para.⑸ (*Commentary to Part Three, Chapter II (Countermeasures)*); SCHMITT and VIHUL (eds.) (Tallinn Manual 2.0), *supra* note 1, pp. 128–129, para.7 (commentary to Rule 23))，実際には，越境サイバー侵害行動により被害を受ける国々の多くは，基本的にサイバーの手段による対抗措置を検討することが想定される。その場合であっても，対抗措置たるサイバー措置は，例えばハックバック等，当該越境サイバー侵害行動の発信源たる個人・団体，IP アドレス等を標的とするものでなければならないわけではなく，侵害国に対して責任の履行を促す効果を期待できるのであれば，他の個人・団体，IP アドレス等を標的として選択することができる。また，被った侵害が特に重大かつ長期的な悪影響を伴う場合や，加害国による賠償の支払を目的として対抗措置をとる場合には，例えば領海の無害通航・領空の通過飛行の禁止，輸出入・金融取引の禁止（資産凍結）等，非サイバーの手段・手法による可能性も視野に入れる可能性があろう。Jakub SPÁČIL, "Countermeasures Against Cyber Operations: Moving Forward?", *International and Comparative Law Review*, Vol.23 No.2 (2023), p. 86, p. 97参照。

　なお，上述のハックバックに関し，西村弓は，侵害国が違反した義務の履行や違反の再発防止を被侵害国が自ら実現しようとする直接強制の措置であって，侵害国に対して責任の履行を促す間接強制をその本質とする対抗措置の援用による正当化には必ずしも馴染まない旨指摘し，緊急状態（necessity）（本文後述⑺参照）による正当化の可能性を示唆している（西村弓「前掲論文」（注266）71〜72頁）。侵害国への事前通告の要件との関係等，ハックバックを対抗措置の枠組みで説明する上での課題に照らし首肯すべき見解であるが，同時に，そもそも対抗措置が（本文及び上述のとおり）幅広い選択肢を許容するものであること，特に侵害国政府の異なる複数の機関により越境サイバー侵害行動が繰り返されている場合には，ハックバックが既往の越境サイバー侵害行動を実行した政府機関に対する直接強制だけでなく，侵害国政府の他の機関が再び同様の越境サイバー侵害行動を企図することを思い留まらせる効果も有し得ること等にかんがみれば，対抗措置により正当化する余地も排除し得ず，各国もハックバックの実施に当たり対抗措置を援用する可能性を完全には排除しないと思われる。

[450] ILC 国家責任条文案，Article 49 para.3; ILC 国家責任条文案コメンタリー，p. 131, para.⑼ (*Commentary to Article 49*). 学説上は，ICJ ガブチコヴォ・ナジュマロシュ計画事件判決（1997年）では判示されなかった逸脱の余地（「可能な限り」）を導入し，被侵害国（対抗措置が可逆的であることの立証）から侵害国（被侵害国が，可逆的なものを含む複数の対抗措置の選択肢が存在したにもかかわらず，あえて不可逆的な措置を選択したことの立証）へ立証責任を転換するものであるが，今後の国際判例・国家実行がこれに則したものとなるかは見極める必要があるとする見解が見られる。KAMTO, *supra* note 379, p. 1175.

Ⅲ　二次的規範及び対処方法

セスを阻止することによる資産凍結）を無力化するおそれがある場合等，「自
国の権利を守るために必要な」場合には[451]，事前の対抗措置をとる旨の通告及
び交渉の申し出[452]を行うことなく緊急の対抗措置をとることが可能であり[453]，
それぞれ一定の例外が認められている。さらに言えば，そもそも対抗措置は，
これを援用する国が侵害国の行為の違法性に関する自らの一方的な評価
（assessment）に基づき，その評価が誤っていた場合には自らの違法な行為に
ついて責任を負うこととなるリスクを引き受けてとるものであり[454]，過去の国
際判例においてもそのような性格の措置として慣習国際法上認められているこ
とを確認していること[455]にかんがみれば，被侵害国がかかるリスクを負って対
抗措置に踏み切ること自体を他の国々が阻止することができるわけではない。

　以上にかんがみると，一部の諸国の懐疑的ないし消極的立場にもかかわらず，
今後，高度の経済的・技術的能力を有する主要国は，大規模かつ重大な損害を
伴う越境サイバー侵害行動に対し，これを短期間内に終止させ，又はその再発
を抑止する[456]ために相応のサイバーその他の手段による反撃で対処する必要が
生ずる場合には，当該越境サイバー侵害行動の特定の国家への帰属及び国際法
上の違法性の認定・立証においてある程度のリスクを負ってでも，対抗措置を
援用する可能性があろう。また，無差別の又は（マルウェアの自己増殖等によ

451　山本良「紛争の平和的解決と対抗措置の行使に関する一考察—紛争の平和的解決手
続の『前置』をめぐる問題を中心として—」中川淳二・寺谷広司（編）『国際法学の地
平：歴史，理論，実証』大沼保昭先生記念論文集（東信堂，2008年）689頁，710頁;
KAMTO, *supra* note 379, p. 1172; SCHMITT（2014），*supra* note 440, p. 717.

452　事前の交渉の申し出については，米国を始めそもそも義務ではないとの立場をとる
国が少なくなく，学説上もかかる見解が有力である。United States Department of
State, "Draft Articles on State Responsibility: Comments of the Government of the
United States of America"（March 1, 2001），at https://2009-2017.state.gov/documents/
organization/28993.pdf, p. 5; U.N. Doc. A/CN.4/515 and Add.1-3（19 March, 3 April, 1
May and 28 June 2001），pp. 88-89（オーストリア，日本，英国）; SCHMITT and VIHUL
（eds.）（Tallinn Manual 2.0），*supra* note 1, pp. 120-121, para.13（commentary to Rule
21）.

453　ILC 国家責任条文案，Article 52 para.2; ILC 国家責任条文案コメンタリー，p. 136,
para.(6)（*Commentary to Article 49*）.

454　ILC 国家責任条文案コメンタリー，p. 130, para.(4)（*Commentary to Article 49*）;
Denis ALLAND, "The Definition of Countermeasures", in James CROWFORD, Alain
PELLET, Simon OLLESON and Kate PARLETT（eds.），*The Law of International
Responsibility*（Oxford University Press, 2010），p. 1127, p. 1129.

455　Air Service Agreement Case, p. 443, para.81.

3 考 察

り）統御不能となった国際的規模の越境サイバー侵害行動により複数の被侵害国が存在し[457]，その中に経済的・技術的能力が相対的に劣る国が含まれる場合には，そのような国にとっても，他の被侵害国との情報・技術の交換・共有等を通じ，事実上，相互に調整・連携して対抗措置をとることが，合理的な選択肢の一つとなると考えられる[458]。こうした国が対抗措置をとるに当たって他国から支援を受ける場合や，他国もともに対抗措置をとるよう要請する場合における当該支援又は当該他国による対抗措置の適法性に関しては，各国は少数の例外を除き立場を示しておらず[459]，学説上も見解が分かれている[460]。しかしながら，当該他国が被侵害国でないにもかかわらず被侵害国の要請に応じて自ら対抗措置をとる場合（以下「集団的対抗措置」という）[461]はともかく，サイバー

456　ここでいう「（再発の）抑止」は，既に越境サイバー侵害行動又はこれに至らない越境サイバー行動により自国に被害又は悪影響をもたらしたことのある他国に対し，同一又は類似の越境サイバー侵害行動により（再度）自国に被害をもたらそうとの企図を抱かせず，又は（当該越境サイバー侵害行動が当該他国内の非国家の個人・団体により企図される場合には）そのような企図の実現を防ぐための合理的に実施可能な措置をとるよう促すことを意味する。本文後述①のとおり，対抗措置は，先行する国際違法行為の終止及び（賠償等による）回復の実現を目的とする限りにおいて違法性が阻却される措置であることから，国際法上の義務に違反するおそれのある越境サイバー侵害行動の実行及びその被害の発生を未然に防ぐための措置は，対抗措置の援用による正当化には馴染まない。

457　過去の国際判例（常設国際司法裁判所（PCIJ）ウィンブルドン号事件判決（1923年），ICJ 核実験事件判決（1974年）等）等において，同一の国際違法行為に起因する複数の請求が複数の国から提起される例は少なくなく，ILC 国家責任条文案第46条は，同一の国際違法行為により侵害を受けた複数の被侵害国がそれぞれ，当該国際違法行為を行った国の責任を追及することができることを明示的に確認している。ILC 国家責任条文案，Article 46; ILC 国家責任条文案コメンタリー，p. 123, paras.⑵ & ⑶（*Commentary to Article 46*）.

458　上述の ILC 国家責任条文案第46条は，複数の被侵害国がそれぞれ「個別に（separately）」国際違法行為を行った国の責任を追及することができる旨規定しているが，同条に関するコメンタリーにおいて，同一の違法行為に関する請求を提起する二（以上）の被侵害国は，回復の重複（double recovery）を回避するためにその請求を調整することが期待されるとしている。ILC 国家責任条文案，Article 46; ILC 国家責任条文案コメンタリー，pp. 123-124, para.⑷（*Commentary to Article 46*）.したがって，本文記載のような被侵害国間の事実上の調整・連携は，禁じられておらず，むしろ，それぞれの被侵害国により執られる個々の対抗措置の比例性，複数の被侵害国による対抗措置の全体としての比例性の双方を確保する観点からは望ましいとも言えよう。SCHMITT and VIHUL（eds.）（Tallinn Manual 2.0），*supra* note 1, p. 133, para.10（commentary to Rule 24）.

157

Ⅲ　二次的規範及び対処方法

459　越境サイバー侵害行動の被侵害国からの要請を受けた第三国が自らも侵害国に対する対抗措置をとること（以下「集団的対抗措置」という）の適法性を肯定する立場として，Ireland Position Paper, para.26; Costa Rica's Position, para.15, p. 5. かかる立場は，各国の公式見解としては，2019年，エストニア大統領がサイバー紛争に関する国際会議の講演で表明したのが最初の例とされる。Michael N. SCHMITT, "Estonia Speaks Out on Key Rules for Cyberspace"（June 10, 2019）, *Just Security*, at https://www.justsecurity.org/64490/estonia-speaks-out-on-key-rules-for-cyberspace/.
　　今後の国家実行等による集団的対抗措置の適法性の確立を支持し，又はその可能性を肯定する立場として，BRAVERMAN（UK Attorney General）, *supra* note 12, **Response options**, 6th para.; New Zealand HP, para.22. 対抗措置は被侵害国のみがとり得るとする立場として，2019年フランス軍事省文書，I. 1.1.3. 3rd para., p. 4; Government of Canada HP, para.36（第三国が被侵害国からの要請に応じ，当該被侵害国による対抗措置への支援を提供することは可）.

460　集 団 的 対 抗 措 置 に 関 し，Noah SIMMONS, "A Brave New World: Applying International Law of War to Cyber-Attacks", *Journal of Law and Cyber Warfare*, Vol.4, No.1（Winter 2014）, p. 42, pp. 69-70（集団的対抗措置の適法性を否定）; Jeff KOSSEFF, "Collective Countermeasures in Cyberspace", *Notre Dame Journal of International & Comparative Law*, Vol.10, Issue 1（2020）, p. 18, pp. 26 & 29-33（サイバー攻撃の高度の相互接続性・標的国以外の諸国に拡散する可能性等を踏まえ，集団的対抗措置の適法性を肯定）. このように分かれる学説の中では，ILC 国家責任条文案の関連規定（第42条 1 ⒝，第48条及び第54条）の起草経緯等に照らし，集団的対抗措置が国際法上許容されるか否かは現時点では未確定であり，今後の国家実行及び法的確信の推移に委ねられているとする見解が有力と言えよう。ILC 国家責任条文案コメンタリー，pp. 137-139, paras.⑶-⑺（Commentary to Article 54）; SPÁČIL, *supra* note 449, pp. 105-106; Michael N. SCHMITT and Sean WATTS, "Collective Cyber Countermeasures?", *Harvard National Security Journal*, Vol.12（2021）, p. 176, pp. 198-200 & 207-214（集団的対抗措置全般については現時点でその適法性が未確定であることを肯定しつつ，サイバー対抗措置については，国家実行・各国の立場表明の傾向等を慎重に検討した上で集団的サイバー対抗措置の適法性を肯定）.
　　被侵害国による対抗措置に対する第三国からの各種支援の提供（以下「第三国支援」という）に関しては，大別して，①集団的対抗措置が違法ないし国際法上許容されるか否か未確定である以上，第三国支援もこれと差別化し得ず許容されない，②第三国支援は，当該第三国が侵害国に対して負う義務に違反しない限りにおいて許容される，③第三国支援は集団的対抗措置とは区別され適法，の 3 通りの見解が存在する。SCHMITT and VIHUL（eds.）（Tallinn Manual 2.0）, *supra* note 1, pp. 131-132, paras.5-9（commentary to Rule 24）; SCHMITT and WATTS, *Ibid.*, pp. 211-213.

461　かかる集団的対抗措置について各国の立場及び学説が分かれていることについては，それぞれ上掲（注459）及び（注460）参照。ICJ はこれまで，ニカラグア軍事的・準軍事的活動事件判決（本案）（1986年）において，対抗措置は被侵害国のみがとり得る旨明示的に判示している。*Nicaragua v. United States of America, Merits, I.C.J.*, *supra* note 17, p. 127, para.249.

158

3 考 察

セキュリティに関する二国間の，少数国間の又は地域的な協力枠組み[462]における調整・連携等の一環として，被侵害国からの要請に応じて科学捜査（forensic）情報，インテリジェンス情報，対抗措置に利用し得るソフトウェアその他の手段・手法に関する情報等の交換・共有・紹介を行う場合に関しては，対抗措置をとる被侵害国の要請を受けた第三国による当該対抗措置への各種支援の提供（以下「第三国支援」という）について侵害国が国際法上許容されないとの立場を採ったとしても[463]，かかる情報交換・共有等が違法な第三国支援なのか，それとも通常の能力構築ないし信頼醸成措置の一環なのか明瞭に区分し難いこともあり，侵害国等がこれに国際法違反であると異を唱えて事前に阻止することは実際上，困難であろう。もっとも，被侵害国がこうした事実上の支援を受けて対抗措置を講じた事後に，侵害国により，被侵害国に加え当該対抗措置を支援した他国も責任を追及される可能性は排除されないことから[464]，かかる事実上の支援は，当該他国自身も被侵害国として対抗措置をとっている場合や，侵害国による越境サイバー侵害行動が悪質な国際違法行為であり，上述の協力枠組みの参加国が協力・連携して対処すべきとの認識が当該参加国間で広く共有・表明されている場合等，当該他国が被侵害国を支援することに国際的な異議が呈されにくい状況において行われることとなるものと思われる。

その一方で，高度の経済的・技術的能力を有する被侵害国や，他の被侵害国等から協力・支援を得られる被侵害国にとっても，リスクを引き受けさえすればあらゆる越境サイバー侵害行動に対して対抗措置が適切かつ有効な対処方法

462　SCHMITT and WATTS, *supra* note 460, pp. 208-209参照。欧州連合（EU）（the EU Cyber Diplomacy Toolbox，（注143）参照），北大西洋条約機構（NATO）（Allied Joint Doctrine for Cyberspace Operation, NATO Rapid Reaction Teams），米州諸国機構（OAS），東南アジア諸国連合（ASEAN），欧州安全保障協力機構（OSCE）等の地域国際機関の下で，敵対的なサイバー行動に対処するための協力の制度・枠組みが構築され，又は検討が進められている。これらの制度・枠組みにおいて，本文に記したような踏み込んだ情報等の交換・共有・紹介が直ちに行われるかは，それぞれの地域国際機関の任務・性格等によって様々であり定かでないものの，少なくとも参加国間の協力が進展した将来の段階で，あるいは参加国が実際に越境サイバー侵害行動の標的となる場合には，かかる情報交換等に踏み切る可能性が十分にあろう。

463　学説上，第三国支援が必ずしも違法ではないとする見解が存在することに関し，上掲（注460）参照。

464　ILC 国家責任条文案，Article 16（他の国の国際違法行為の実行を支援し，又は援助する（aids or assists）国は，…その支援又は援助につき国際責任を負う）

159

Ⅲ　二次的規範及び対処方法

となるわけではない。対抗措置が少なくとも以下①～④（特に傍点箇所）のとおり諸要件を満たす必要があることにかんがみれば，こうした被侵害国は，従来より自国（当該被侵害国）に対して越境サイバー侵害行動か，規模・損害等の点で越境サイバー侵害行動には至らないものの悪影響を及ぼす越境サイバー行動を繰り返してきた侵害国が，（再度）自国を標的とする越境サイバー侵害行動を企図する状況を想定し，事前の準備・計画を行うことにより対抗措置を援用する政策的余地を確保しようとすることが想定されよう。

①　対抗措置は，先行する国際違法行為の存在を前提として，その国際違法行為により侵害を被った国（被侵害国（an injured State））によってのみとられ得る措置である（ILC 国家責任条文案第49条１）。したがって，国際法上の義務に違反する越境サイバー侵害行動が未だ実行されていない場合，これを未然に防ぐ目的でとる能動的サイバー防御（active cyber defense）措置等について対抗措置を援用することはできない。ただし，過去に同一の侵害国が越境サイバー侵害行動又はこれに至らない悪影響を及ぼす越境サイバー行動を繰り返し行ってきた場合[465]や，侵害国が国際法上の義務に違反する過去の越境サイバー侵害行動について未だ賠償等による回復を行っていない場

---

[465]　国の一連の作為又は不作為が全体として国際法上の義務の違反を構成する場合，当該違反は，一の作為又は不作為が他の作為又は不作為と結合して（taken with）違法行為を構成するに足りる程度となるときに発生し，その違反の期間は，当該一連の作為又は不作為の最初のものが実行された時から始まり，これらの作為又は不作為が繰り返され，かつ，国際法上の義務に適合しない状態が続く限り継続する。ILC 国家責任条文案，Article 15; ILC 国家責任条文案コメンタリー，pp. 62-64, paras.(1)-(11)（*Commentary to Article 15*）。したがって，例えば，国の重要インフラのネットワークに対しバックドアの設置，そのバックドアを通じたデータの改変・消去等が散発的に繰り返され，蓄積した結果，当該重要インフラの機能の喪失に至るような場合には，バックドアの設置，データの改変・消去等の個々の行為自体は不干渉義務違反ないし主権の侵害に当たらないとしても，当該機能の喪失が生じたことを以て，当該個々の行為の蓄積全体が不干渉義務違反ないし主権の侵害に該当し得る。かかる場合において，当該個々の行為が引き続き繰り返されているときは，その行動のみを以て新たな（別の）重要インフラの損壊・機能喪失がもたらされる前であっても，当該個々の行為の蓄積により継続中の国際違法行為に対する対抗措置として，侵害国の重要インフラの機能の喪失をもたらす越境サイバー侵害行動による反撃，新たな重要インフラの損壊・機能喪失をもたらす行為を実行する可能性のある国の機関のサーバ等を無力化する能動的サイバー防御等の措置をとることが可能と考えられる。

合[466]には，それぞれ他の一定の要件を満たせば，国際違法行為を構成する新たな越境サイバー侵害行動が実行される前であっても対抗措置を援用する余地が存在し得る。

②　対抗措置は，先行する国際違法行為について責任を負う国（侵害国）に対してとられる場合に当該侵害国との関係においてその違法性が阻却されるものであり（ILC 国家責任条文案第25条，第49条１），その効果（国際法上の義務を逸脱する措置の結果）が侵害国以外の第三国に及ぶときは，当該第三国から国際違法行為の責任を追及されるおそれがある[467]。また，既述のとおり，「国際違法行為の重大性」及び「関連する権利」を考慮しつつ，「被った侵害」と均衡する（be commensurate with）という「比例性」の要件（ILC 国家責任条文案第51条）を満たす必要がある。したがって，各国は，対抗措置の検討に当たり，マルウェアの無差別ないし自己増殖的な拡散等，その効果を制御し，及び推定することが困難となるような手段・方法を用いることを避けるとともに，侵害国以外の第三国に効果が及ばないこと及び対抗措置の推定される効果と越境サイバー侵害行動により「被った侵害」とが概ね釣り合ったものとなること[468]を確保すべく，対抗措置の標的とするサイバーインフラ（サーバ，IP アカウント等）の特定・マッピング等，予め一定の準

466　例えば，侵害国に対して越境サイバー侵害行動の被害について賠償を請求したにもかかわらず，侵害国が交渉にも国際裁判にも応じないような場合には，侵害国が交渉に応じ賠償の支払いに合意するか，当該賠償に関する紛争が当事国を拘束する決定を行う権限を有する国際裁判（ILC 国家責任条文案第52条３(b)）に係属するまでの間，賠償の支払いを侵害国に促すことを目的とした対抗措置をとることが可能と考えられる。かかる対抗措置は，侵害国が賠償を請求されていることを事前に了知していなかった場合には，それ自体が国際違法行為として責任を追及される可能性が極めて高いことから，対抗措置をとる前に責任の履行（侵害の回復（reparation）を含む）の要請を行うという事前の手続上の要件（本文後述④）を満たしておく必要があろう。

467　もっとも，被侵害国が対抗措置をとるに当たり逸脱する国際法上の義務が侵害国との関係のみにおいて負うものである場合には，その対抗措置は，第三国との関係においては国際法上の義務違反の問題を生じないこととなる。例えば，被侵害国が侵害国との間で送金規制の禁止を定める投資協定を締結している場合において，侵害国による越境サイバー侵害行動に対する対抗措置として，当該越境サイバー侵害行動に関与した（非国家の）団体の侵害国にある本部に加え，被侵害国と同様の投資協定を締結していない第三国に同団体が置いている支部との間でも送金を禁止する措置をとるようなケースがこれに該当する。

Ⅲ　二次的規範及び対処方法

備・計画を行っておく必要があろう。

③　被侵害国はまた，既述のとおり，「可能な限り，」自らが逸脱した義務の履行を再開することができるような方法で対抗措置をとらなければならない（ILC 国家責任条文案第49条 3 ）。この「可逆性」の要件を満たすため，各国は，上述②の準備・計画の一環として，例えば，侵害国のサイバーインフラの破壊・機能喪失よりは一時的な機能停止，ソフトウェア・データ等の破壊・消去よりは（暗号化等による）利用・アクセスの一時的な拒否，資産の没収・収用よりは資産凍結といった手段・手法の選択を最大限追求することが想定される。もっとも，かかる選択は「可能な限り」，すなわち，適法かつ実効的な対抗措置として複数の選択肢が存在する場合において，かかる複数の選択肢のうち，停止される義務の履行を再開することが可能なものを選択することが要求されるのであって[469]，そのような複数の選択肢がそもそも存在せず，時宜を失わずに対抗措置をとるために他の選択肢がない場合には，破壊・機能喪失・消去等の不可逆的な措置をとることが妨げられない。

④　対抗措置の前に責任の履行（国際違法行為の終止及び侵害の回復）の要請，対抗措置をとる旨の通告及び交渉の申し出を行うという事前の手続上の要件（ILC 国家責任条文案第52条 1 ）に関しては， 1 ⑷で既述のとおり，そもそも慣習国際法上の要件としての性格について各国の立場，学説の双方に異論ないし疑義が散見されることから[470]，今後，越境サイバー侵害行動への対処について対抗措置を援用するに当たり，上述の事前の要請・通告・申し出のいずれも行わない国が出てくる可能性も排除されない。もっとも，かかる対抗措置をとろうとする国の大多数は，自らのとる措置が対抗措置の要件を満たさないとして国際違法行為の責任を追及されるリスクを可能な限り低減する観点から，対抗措置をとる旨の通告及び交渉の申し出（ILC 国家責任条文

---

[468]　ILC 国家責任条文案第51条において定式化された「比例性」の要件に関しては，対抗措置が「被った侵害」と均衡するものであるか否かが主要な（一次的な）判断基準であり，「国際違法行為の重大性」及び「関連する権利」は，かかる一次的な判断をいわば調整・補正するために考慮される追加的な要素であると解される。本文後述イ(i)並びに（注474）及び（注475）参照。

[469]　ILC 国家責任条文案コメンタリー，p. 131, para.⑼（*Commentary to Article 49*）.

[470]　（注379）参照。

案第52条1(b)）については，本項（3(5)）柱書で既述の緊急の対抗措置（同
第52条2）であるとして行わない一方，責任の履行の要請（同第52条1(a)）
に関しては，非公式な又は非公表の方法による可能性を含め[471]，事前に何ら
かの形で行うことが想定される。

以上に加え，上記Ⅱにおいて特定・検討した一次的規範のうち一部に関して
は，その違反に対する対抗措置をめぐる今後の諸国の動向を展望するに当たり，
以下のとおり，一定の特殊性ないし固有の論点に留意を要する。

ア　武力による威嚇・武力の行使の禁止

下記(6)で詳述するが，武力攻撃に至らない武力の行使又は武力による威嚇に
対し同様の武力の行使・武力による威嚇で反撃することを対抗措置として正当
化することが極めて困難であることから，他国の越境サイバー侵害行動に対し
て類似の越境サイバー侵害行動による反撃を想定する多くの諸国は，前者を
（武力攻撃に至らない）武力の行使又は武力による威嚇と認定することを回避
し，他の一次的規範の違反に基づく対抗措置として反撃を行うことを選好する
と考えられる。

イ　領域国の相当の注意義務

越境サイバー侵害行動についての領域国（加害行為地国）の相当の注意義務
違反に対する対抗措置の援用に関しては，学説上，(i)比例性の要件について，
非国家の個人・団体が領域国から実行した越境サイバー侵害行動により現実に
受けた被害ではなく，当該領域国の相当の注意の欠如（義務違反）との関係に
おいて満たす必要があるため，対抗措置としてとり得る措置の規模・効果が当
該個人・団体による越境サイバー侵害行動の継続を断念させ，又は中断させる
には十分でないおそれがある[472]，(ii)領域国の相当の注意の欠如を立証できない

471　事前の責任の履行の要請の具体的な方法・タイミング等に関しては，侵害国が被侵
害国からの請求の存在を事前に認識し，国際違法行為の終止・被侵害国との協議等を
検討する機会を有することが確保される限りにおいて，被侵害国に相当の裁量が認めら
れると解される。ILC 国家責任条文案コメンタリー，pp. 119–120, paras.(2)–(4)
（*Commentary to Article 43*）（ILC 国家責任条文案第52条1(a)は「責任を有する国（*侵
害国*）に対し，第43条に従い，第2部（*国の国際責任の内容*）に基づく義務を履行する
よう要請すること。」と規定（*斜字*）は引用者補足））。

472　河野「前掲論文」（注170）65頁; SCHMITT (2014), *supra* note 440, p. 709; SPÁČIL,
supra note 449, p. 102.

Ⅲ　二次的規範及び対処方法

場合であっても，先行する国際違法行為の立証を要しない緊急状態をいわば補完的に援用することが可能なので（下記(7)参照），越境サイバー侵害行動への対処が実際に対抗措置として実施される局面が限られる[473]等，その有用性・実施可能性に一定の留保を示す見解が見られる。

　これらの指摘のうち，比例性の要件（(i)）に関しては，ILC における ILC 国家責任条文案の交渉の過程において，主に，侵害国による義務違反の終止及び回復（reparation）を促す目的（ILC 国家責任条文案第49条）を達成するために対抗措置の規模・効果が過重なものとなることを抑止する観点から，「被った侵害（the injury suffered）」と「均衡するものである（be commensurate with）」か否かを主要な判断基準とした上で，その判断の際の考慮要素として「国際違法行為の重大性（the gravity of the internationally wrongful act）」及び「問題となる権利（the rights in question）」を挙げる現在の ILC 国家責任条文案第51条の規定ぶりでまとまった経緯がある[474]。同条の規定に即して検討すると，非国家の個人・団体が他国の領域内から実行した越境サイバー侵害行動による被害が「被った侵害」に該当して主要な判断基準となる一方，対抗措置の前提となる国際違法行為が国家自身による主権侵害等ではなく領域国としての相当の注意の欠如であることは，「国際違法行為の重大性」の相対的な軽微さとして考慮要素となるに留まる[475]。また，当該他国の領域内から過去にも同様の越境サイバー侵害行動が繰り返されている場合には，過去の越境サイバー侵害行動による被害も「被った侵害」として勘案（累積）し得るとともに[476]，「国際違法行為の重大性」も，1 回だけの越境サイバー侵害行動を防止できなかった場合に比べ大きいと評価・勘案することができる[477]。もう一つの考慮要素である「問題となる権利」が幅広い権利を指すと解され[478]，例えば，

---

[473]　河野「同上」65頁; SPÁČIL, *Ibid.*

[474]　ILC 国家責任条文案コメンタリー，p. 135, paras.(6) & (7)（commentary to Article 51）; Roger O'KEEFE, "Proportionality", in James CROWFORD, Alain PELLET, Simon OLLESON and Kate PARLETT（eds.），*The Law of International Responsibility*（Oxford University Press, 2010），p. 1157, pp. 1157-1158 & 1160-1162.

[475]　O'KEEFE, *Ibid.*, p. 1163. ILC 国家責任条文案コメンタリーは，「第51条は，比例性を一義的には（primarily）被った侵害に関連付ける（relates）が，これに当たり，二つの追加的な（further）基準，すなわち国際違法行為の重大性と問題となる権利が『考慮される（taking into account)』」（傍点引用者）としている（ILC 国家責任条文案コメンタリー，p. 135, para.(6)（commentary to Article 51））。

[476]　TSAGOURIAS, *supra* note 438, p. 119.

3 考 察

当該越境サイバー侵害行動による被害が二国間条約上の権利ではなく自国の（領域）主権そのものの侵害に該当する場合にはその事実や，当該越境サイバー侵害行動によって悪影響を受ける他国の立場[479]も考慮し得ることにかんがみれば，同条の規定は，対抗措置の規模・効果が常に先行した（非国家の個人・団体による）越境サイバー侵害行動による被害を下回ることを要求するものとは言えない。同条の規定自体が必ずしも（対抗措置の）比例性要件に関する慣習国際法上の判断基準ないし国家実行を反映していないとする各国又は学説上の見解も散見されるが[480]，関連の国際判例には，むしろ，先行する国際違法行為との比較において明白に比例性を欠くものでなければ許容されるとしたものが存在する[481]。以上を踏まえると，非国家主体による越境サイバー侵害行動に関する領域国の相当の注意義務違反に対する対抗措置の規模・効果は，比例性の要件によって必ずしも著しく減殺されることはなく，被侵害国は，少なくとも当該越境サイバー侵害行動に概ね見合った規模・効果の対抗措置をとることができる程度の裁量を有していると考えられる[482]。

また，緊急状態との比較において援用が相対的に困難との指摘（(ⅱ)）に関し

477　ILC 国家責任条文案コメンタリーは，トレイル溶鉱所事件仲裁判断（1941年）で審理された大気汚染による越境損害の防止の義務について，汚染物質の排出が継続する限り同義務の違反が継続し，そのような場合には，当該違反は，汚染を防止できないままでいることにより漸進的に更に悪質となり得る（the breach may be aggravated by the failure to suppress it）としている。ILC 国家責任条文案コメンタリー，p. 62, para. ⒁（*Commentary to Article 14*）。かかる事案を含む領域国の相当の注意義務違反が ILC 国家責任条文案第14条3の「特定の事態の発生を防止することを国に要求する国際義務の違反」に該当することに関し，本文後述ⅵ及び後掲（注487）参照。

478　ILC 国家責任条文案コメンタリー，p. 135, para.⑹（*Commentary to Article 51*）；O'KEEFE, *supra* note 474, pp. 1163-1164.

479　ILC 国家責任条文案コメンタリー，p. 135, para.⑹（*Commentary to Article 51*）；O'KEEFE, *supra* note 474, pp. 1163-1164.

480　各国の見解として，United States Department of State（March 1, 2001），*supra* note 452, pp. 3-4; U.N. Doc. A/CN.4/515 and Add.1-3（19 March, 3 April, 1 May and 28 June 2001），p. 86（北欧諸国（フィンランド，アイスランド，ノルウェー，スウェーデン，デンマーク），日本）。学説上の見解として，Enzo CANNIZZARO, "The role of Proportionality in the Law of International Countermeasures", *European Journal of International Law*, Vol.12 No.5（2001），p. 889, pp. 892-897; David J. BEDERMAN, "Counterintuiting Countermeasures", *The American Journal of International Law*, Vol.96（2002），p. 817, pp. 820-822; TSAGOURIAS, *supra* note 438, p. 117; SCHMITT and WATTS, *supra* note 460, pp. 186-187.

Ⅲ　二次的規範及び対処方法

ては，詳細は後述するが（下記(7)），緊急状態は従来，重大性・急迫性が高い事例について例外的に援用されてきており，その要件を満たすハードルが極めて高いことに留意する必要がある。例えば，国家・非国家の様々な主体から頻繁に越境サイバー侵害行動を受ける国がその都度，緊急状態を援用して同様の越境サイバー侵害行動により反撃することは，その反撃が緊急状態の要件を満たさない国際違法行為であるとして反撃の影響を受けた国々からの国際的な非難，ひいては越境サイバー侵害行動による再反撃を受けるリスクにかんがみると，現実的とは言えない。したがって各国は，越境サイバー侵害行動への対処に当たっては，その被害が自国の政治的・経済的・社会的基盤や国家としての基本的機能を危機に陥れる特に深刻なものとなることが見込まれ，未然に防ぐ必要があるような場合には緊急状態を援用する可能性を念頭に置きつつも，これに至らない場合，特に過去，自国に対して越境サイバー侵害行動又はこれに及ばない悪影響を及ぼす越境サイバー行動を行ったことのある侵害国が再び自国への越境サイバー侵害行動を企図する場合に備え，対抗措置の援用を常に選択肢に含め，検討することが想定される。

481　Responsabilité de l'Allemagne à raison des dommages causés dans les colonies portugaises du sud de l'Afrique（sentence sur le principe de la responsabilité）（Portugal contre Allemagne），31 juillet 1928, Recueil des Sentences Arbitrales（R.I.A.A.），Vol. II, p. 1011, p. 1028（「その動機となった（先行する違法）行為との比例性を完全に欠く（hors de toute proportion）復仇は，過剰であり，したがって違法であると認めなければならない」「ナウリラ事件とその後の６件の復仇行為との間には，明白な比例性の欠如が存在した（il y a eu disproportion évidente）」）; Air Service Agreement Case, pp. 443-444, para.83（「米国がとった措置は，フランスがとった措置と比較して明白に比例性を欠くようには見えない（do not appear to be clearly disproportionate）」）。これらの仲裁判断例の解釈・評価について，BEDERMAN, Ibid., p. 820; O'KEEFE, supra note 474, p. 1166; Thomas M. FRANCK, "On Proportionality of Countermeasures in International Law", The American Journal of International Law, Vol.102（2008），p. 715, pp. 739-740（米・仏航空業務協定事件仲裁判断（1978年）について）．

482　学説上，ILC 国家責任条文案第52条により，比例性の複数の判断基準ないし考慮要素はある程度定式化されたものの，その相互の関係はなお不明確であり，今後の国家実行ないし国際判例の蓄積に委ねられているとの見解が有力である。岩月直樹「対抗措置制度における均衡性原則の意義－均衡性原則の多元的把握へ向けての予備的考察－」『社会科学研究』第54巻第１号（2003年）245頁，246-247頁; O'KEEFE, supra note 474, pp. 1165-1166; FRANCK, Ibid., p. 764. 現状において，各国がこれらの判断基準・考慮要素の具体的な適用・当てはめに当たり裁量を有することを裏打ちするものと言えよう。

3 考　察

　これらに加え，領域国の相当の注意義務違反に対する対抗措置の援用を検討するに当たり各国が留意すべき諸点として，以下(iii)〜(vii)が挙げられる。

(iii)　越境サイバー侵害行動がその領域国（加害行為地国）の相当の注意義務違反を構成するためには，当該越境サイバー侵害行動が被侵害国に一定の水準を上回る危害又は有害な結果をもたらす必要がある（II 3(3)①）。この「危害又は有害な結果」は，「他国の権利に反する」（ICJ コルフ海峡事件判決（本案）(1949年)），すなわち（当該越境サイバー侵害行動が領域国に帰属したとすれば）被侵害国の国際法上の権利（例えば，主権，領土保全）の侵害に該当する必要がある一方，物理的損壊や人の死傷である必要はないと解されるが[483]，目に見えて顕在化していない，相対的に軽微な被害（例えば，政府機関のウェブサイトの機能を損なうことなくそのトップページのみを改竄する）について対抗措置をとる場合には，領域国から，そもそも「一定の水準を上回る危害又は有害な結果」をもたらしておらず相当の注意義務違反に至っていないとして，その対抗措置自体が国際違法行為として責任を追及されるおそれがある。かかるリスクを可能な限り低減する観点から，越境サイバー侵害行動について領域国の相当の注意義務違反を提起しようとする各国は，少なくとも，明白な金銭的損害又は非物理的侵害（例えば，中央・地方政府の機能の麻痺，官民が保有するデータの大量消去・改竄）が生じている場合に，対抗措置の援用を検討することが想定される。

(iv)　相当の注意義務違反の他の要件のうち，領域国が「他国の権利に反する」（上記(iii)参照）越境サイバー侵害行動が自国内で行われるか，既に行われていることを知っていたか，通常の状況の国家であれば知り得たであろうこと，すなわち「了知」の要件（II 3(3)②）に関しては，少なくとも次のi)〜iii)の場合には満たされる可能性が高い。

　　i)　例えば，越境サイバー侵害行動の実行者や主唱者が事前にウェブやソーシャルメディア上で被侵害国に対する越境サイバー侵害行動の実行を標榜し，広く参加・協力を呼びかけていた等，領域国が了知していたか，了知

---

[483]　SCHMITT and VIHUL (eds.) (Tallinn Manual 2.0), *supra* note 1, pp. 35-38, paras.18, 21-24 & 28 (commentary to Rule 6).

Ⅲ　二次的規範及び対処方法

すべきであったことについて，事実の推定や状況証拠により立証すること
ができる場合[484]

ii)　領域国が自国内で越境サイバー侵害行動が今後行われるか，既に行わ
れている兆候について，被侵害国その他の関係国・機関から通報・情報提
供を受けていた場合。各国は，領域国に自国の科学捜査，インテリジェン
ス等の能力を察知されるサイバーセキュリティないし安全保障上の懸念も
考慮しつつ，かかる通報・情報提供の是非・タイミング・内容等を慎重に
検討することが想定されるが，相当の注意義務違反の「了知」の要件を満
たして同義務違反に対する対抗措置の可能性を確保する観点からは，越境
サイバー侵害行動が具体的に予見されるに至った可能な限り事前の段階で，
何らかの通報・情報提供を領域国に対して行うことが望ましいと言える。
また，いかなるタイミングであれ当該通報・情報提供を行う場合には，対
抗措置の事前の手続上の要件（上記④）を満たす観点から，併せて，当該
越境サイバー侵害行動が国際違法行為でありその防止又は終止のための措
置を講じるよう求める旨（及びあり得べき対抗措置の目的に賠償の支払い
を含めるときは賠償を請求する権利を留保する旨）を通告することが想定
されよう。

iii)　領域国内から被侵害国に対し，過去にも同様の実行者により，又は同
様の手段・手法で越境サイバー侵害行動が繰り返されてきている場合

(ⅴ)　また，相当の注意義務違反の中核的な要件と言える，領域国が越境サイ
バー侵害行動を終止し又は防止するため，全ての合理的に実施可能な手段を
講じなかったこと（相当の注意の欠如）に関しては，当該越境サイバー侵害
行動が実行されるに至った具体的な状況に照らし，当該領域国がその時点に
おける能力・資源・制度等の制約の下，合理的に行動する国家であればとっ
たであろう手段を講じたか否かを判断する必要がある[485]。越境サイバー侵害

484　ICJ コルフ海峡事件判決（本案）（1949年）においては，英国・アルバニア双方の証
言・証拠，専門家の報告書や現場検証の結果等を踏まえ，アルバニアが機雷敷設時点以
前から同海峡を緊密に警戒監視していたこと，機雷敷設海域がアルバニア軍の監視地点
から近接しており，同海域での舟艇の活動は夜間でも同軍の視認・駆動音による捕捉を
免れ得なかったこと等を確認した上で，（自国領海内に）機雷原が敷設されていること
をアルバニア政府が知らなかったことはあり得ない旨認定（推定）した。*Affaire du
Détroit de Corfou, Arrêt, C.I.J., supra* note 39, pp. 18-22.

行動に関する相当の注意義務が一般的防止の義務ないし防止のための立法上・行政上の措置をとる義務を含むか否かについて各国・学説の見解が分かれている現状（Ⅱ3(2)③〜⑤）において，当該領域国が当該サイバー侵害行動の実行者の捜査・訴追，あるいは自国内のサイバー侵害行動の監視・関係企業等による報告制度，サイバー侵害行動の犯罪化等の制度整備を行っていない事実のみを以て，直ちに同義務違反を認定して対抗措置に踏み切る場合には，そもそも領域国が相当の注意義務に違反していないとして，当該対抗措置をとる国が国際違法行為の責任を追及される可能性が高い。もっとも，領域国が当該越境サイバー侵害行動について既に被侵害国等から通報・情報提供を受けている場合（上記(iv)*ii*)）や，領域国内から過去にも同様の越境サイバー侵害行動が繰り返されてきている場合（上記(iv)*iii*)）には，当該越境サイバー侵害行動の終止・防止のためにとるべき措置を予め特定し実施することが当該領域国に合理的に期待されるので，そのような措置がとられていない事実を以て領域国の相当の注意義務違反を認定することが可能となると考えられる。具体的には，越境サイバー侵害行動により侵害を被った時点において，

　　—　前者（(iv)*ii*)）の場合には，領域国が自国領域内で当該越境サイバー侵害行動が行われているか否かを調査しないか，その調査の結果当該越境サイバー侵害行動が行われていることが判明したときは当該発信源のアカウントの遮断，容疑者の捜査・逮捕等これを阻止するための（当該領域国の能力・資源・制度等に応じて可能な）措置をとらないことが判明した段階で，

　　—　後者（(iv)*iii*)）の場合には，例えば，領域国が自国内から過去複数年にわたり繰り返されてきた越境サイバー侵害行動について，その発生を把握する制度的な仕組みや犯罪化して捜査・訴追・処罰の対象とする立法の欠如により阻止できていないことが具体的状況から明白であるにもかかわらず，サイバー侵害行動の監視・報告の制度や犯罪化立法の整備が全く進展していないときはその事実を以て，

それぞれ，領域国が相当の注意義務を履行していないと認定する十分な根拠があると言える。特に，非国家の個人・団体による越境サイバー侵害行動を

485　（注61）〜（注65）参照。

Ⅲ　二次的規範及び対処方法

黙認し，暗に推奨し，又は他の方法により支援していることが疑われる領域国に関しては，上述のいずれかの状況に該当することとなる可能性が高く，実質的に，相当の注意義務の一環を成す不作為義務（他国の権利を侵害する越境サイバー侵害行動への支援を控える義務）の違反に繋がることが期待されよう。

ただし，領域国が自国内から越境サイバー侵害行動を実行する団体と内戦状態にある，当該団体が事実上国家に比肩し得るような組織・人員・能力を有する国際テロ組織である等，領域国が当該団体の支配する自国領域の一部又はサイバーインフラに対して実効的に管轄権を行使し得ない状況にある場合には，仮に当該領域国が越境サイバー侵害行動の終止・防止のためにとるべき措置を予め特定できたとしても，その実効的な実施を期待し得ないことから，上述のように相当の注意の欠如を認定するハードルが下がらず，ひいては相当の注意義務違反を認定することができない可能性がある点には留意を要する。かかる非国家の越境サイバー侵害行動の実行主体に対するサイバーその他の手段による反撃に関しては，対抗措置が侵害国による先行する国際違法行為の存在を前提として当該侵害国に対してのみとられ得る（ILC国家責任条文案第49条１）ものである以上，対抗措置を援用し得ないと解される[486]。当該越境サイバー侵害行動が武力攻撃に該当する場合には自衛権（後述(6)参照），当該（非国家の）実行主体と被侵害国との間に武力紛争が存在しており，当該越境サイバー侵害行動が当該実行主体を拘束する国際人道法の規範に違反している場合には戦時復仇（後述ウ参照）をそれぞれ援用する余地が限定的ながら存在するものの，それ以外の場合には，当該反撃が国際法上の義務を逸脱するおそれがあるときはその違法性の阻却のため領域国の同意（ILC国家責任条文案第20条）を得るか，例えば当該実行主体の構成員の入国禁止・資産凍結，当該実行主体と武力紛争下にあるときは当該実行主体のサイバー作戦部門に対する国際人道法を遵守した攻撃等，国際法上の

---

[486]　SCHMITT and VIHUL (eds.)（Tallinn Manual 2.0), *supra* note 1, p. 113, para.7（commentary to Rule 20). かかる非国家の団体も国際法上，武力の行使の禁止等，限定的な義務を負う限りにおいて，当該義務に反する行為について対抗措置の対象となり得るとする少数の学説が存在するが，そもそものそのような限定的な義務を非国家主体が負うとの主張が根拠を欠き，首肯し得ない。SCHMITT and VIHUL (eds.)（Tallinn Manual 2.0), Ibid., pp. 113-114, paras.8-10（commentary to Rule 20). 非国家の組織された武装集団が負う国際人道法上の義務については，本文後述ウ参照。

3 考 察

義務に反しない他の方法により対処することを要しよう。

⑹　上述⑶～⑸のとおり各要件に該当する領域国の相当の注意義務違反の状態がどの時点・段階まで継続しているか（国際法上の義務違反の時間的範囲）に関しては，仮に当該領域国からの越境サイバー侵害行動がいったん停止し，又は終了したとしても，その終止・防止のための合理的に実施可能な措置（上述⑸）が当該領域国によって講じられない限り，同様の越境サイバー侵害行動の再発のリスクは継続していることにかんがみれば，領域国の相当の注意義務は「特定の事態の発生を防止することを国に要求する国際義務」（ILC 国家責任条文案第14条 3 ）に該当する[487]。したがって，「当該特定の事態が継続し，かつ，当該義務に適合しない状況にあり続ける期間全体にわたって」（ILC 国家責任条文案第14条 3 ），すなわち，領域国が上述の合理的に実施可能な措置を講じ，越境サイバー侵害行動の再発のリスク（「特定の事態」）が無くならない限り，当該領域国が相当の注意義務に違反している状態が継続しており，被侵害国は，越境サイバー侵害行動が（いったん）終了して一定の期間を置いた後でも対抗措置をとることができると解される。また，このようにしてとられた対抗措置は，比例性の要件（上述⑴）を満たす限りにおいて，少なくとも領域国が上述の合理的に実施可能な措置を講ずるまでの間，継続するか，反復して実施することができる[488]。

　　また，かかる対抗措置が相当の注意義務違反の終止だけでなく侵害の回復を目的としてとられる場合には，比例性等，対抗措置として認められるための他の要件を満たす限り，侵害国が賠償の支払い等により侵害を回復するまでの間，継続し，又は反復することが可能であろう[489]。

　　もっとも，被侵害国が ICJ の義務的管轄を認める旨宣言している場合（国際司法裁判所規程第36条第 2 項）には，自らがとる対抗措置について領域国

487　ILC 国家責任条文案，Article 14. ILC 国家責任条文案第14条 3 に関するコメンタリーでは，「特定の事態の発生を防止することを国に要求する国際義務」が通常，「各国に対し，特定の事態の発生を防止するためのあらゆる合理的又は必要な措置をとることを要求するが，当該特定の事態が発生しないことを保証するものではない，最善の努力の義務」であると解されるとして，トレイル溶鉱所事件仲裁判断（1941年）で取り扱われた大気汚染による越境損害を防止する義務を例示しており，領域国の相当の注意義務はこれらの解説・例示に符合する。ILC 国家責任条文案コメンタリー，p. 62, para.⒁（*Commentary to Article 14*）.

171

Ⅲ　二次的規範及び対処方法

が国際違法行為であるとして ICJ に付託し，暫定措置（国際司法裁判所規程
第41条）を要請する可能性を念頭に置く必要がある。暫定措置が「各当事者
のそれぞれの権利を保全する」（同条）ことを目的とする手続上の保障であ
ることにかんがみれば，ICJ が領域国の権利を保全するための暫定措置とし
て対抗措置の停止を命ずる可能性は少なからずあると考えられ，そのような
暫定措置が判示された後は，暫定措置が紛争当事国に対して拘束力を有する
と解されることから[490]，被侵害国は，領域国がまだ越境サイバー侵害行動の
終止・再発防止のための合理的に実施可能な措置又は賠償の支払いを行って
いなかったとしても，対抗措置を継続し，又は繰り返すことはできなくなろ
う。

488　越境サイバー侵害行動の国家への帰属及び当該国家による不干渉義務違反，（領域）
主権の侵害等の違反を認定し，当該違反行為の終止を目的として対抗措置をとろうとす
る場合には，当該越境サイバー侵害行動は少なくとも外見上，その実行が完了し，被侵
害国に被害をもたらした時点で終了した「継続的性質を有しない国の行為による国際義
務の違反」（ILC 国家責任条文案第14条 1 ）と観念されるため，領域国の相当の注意義務
違反に対する対抗措置の場合と異なり，対抗措置を一定の期間を置いた後で又は継続・
反復して実施することを正当化することは困難であろう。むろん，当該違反行為が継続
的性質を有さず既に完了したものか，それとも「継続的性質を有する国の行為による国
際義務の違反」（ILC 国家責任条文案第14条 2 ）として継続しているものかの区別は，
その違反している（国際法上の）一次的義務の内容及び当該違反の具体的事実関係に則
して判断されるので，（ILC 国家責任条文案コメンタリー，p. 62, para.(14) (*Commentary
to Article 14*))，侵害国が比較的短い間隔で同様の越境サイバー侵害行動を繰り返す等，
具体的状況によっては当該違反行為が継続していると認定し得る余地が排除されないが，
その場合であっても，侵害国がかかる認定を認めず，当該違反行為は既に完了している
として，対抗措置をとった被侵害国の国際違法行為責任を追及する可能性は高いと思わ
れる。

　なお，かかる対抗措置が国際違法行為の終止だけでなく侵害の回復を目的としてとら
れる場合には，比例性等，他の対抗措置の要件を満たす限り，侵害国が賠償の支払い等
により侵害を回復するまでの間，継続し，又は反復することが可能であろう。

489　もっとも，領域国に対して賠償の支払いを請求する場合，被侵害国の対抗措置によ
り当該領域国が被る損害と相殺されて最終的に賠償の支払いを得られなくなる可能性や，
被侵害国による対抗措置の継続・反復に反発した領域国との間で越境サイバー侵害行動
の応酬・エスカレーションに発展する可能性も排除されない。したがって，相当の注意
義務違反に対してかかる対抗措置をとる国が実際に賠償の支払請求を貫徹するか否かは，
こうした可能性を考慮し，その得失を検討する総合的判断によることが想定される。

　侵害国に帰属する不干渉義務違反，主権侵害等に対する対抗措置をとる国が侵害国に
対して賠償の支払いを求める場合（上記注）についても，同様のことが言えよう。

490　（注445）参照。

3 考 察

(vii) 対抗措置の具体的内容に関し，領域国に対して責任の履行を促す目的に資する限りにおいて，一般国際法の強行規範の下で生ずる義務等，一部を除き逸脱する国際法上の義務の種類を問わず，幅広い選択肢の中から選択し得る点は，不干渉義務違反，主権侵害等に対する対抗措置の場合と基本的に同様である。上記(vi)で述べたとおり，領域国が合理的に実施可能な措置を講じ越境サイバー侵害行動の再発のリスクが無くならない限り，被侵害国は，越境サイバー侵害行動が（いったん）終了して一定の期間を置いた後でも対抗措置をとることができるので，上述の選択肢の中には，新たな越境サイバー侵害行動を実行する可能性のある個人・団体のサーバ等に侵入し無力化する能動的サイバー防御措置も含まれる。ただし，かかる能動的サイバー防御措置及び越境サイバー侵害行動の被害を受けた後のハックバックについては，越境サイバー侵害行動を終止し，又は再発を防止するために合理的に実施可能な措置を講ずる義務を負う領域国ではなく非国家の個人・団体（新たな越境サイバー侵害行動の潜在的な実行者（能動的サイバー防御措置）又は既に実行された越境サイバー侵害行動の実行者（ハックバック））を直接の標的とすることから，上述の目的（領域国に対して責任の履行を促す目的，ILC国家責任条文案第49条1）のためにとられる措置として必ずしも正当化し得ない場合があり得る[491]点に注意を要する。例えば，公益法人，国営企業等，領域国政府と近い関係にある個人・団体を対象とする能動的サイバー防御措置ないしハックバックであれば，領域国自体に終止・再発防止の措置をとるよう促す圧力となり得るので，領域国が負う責任の履行を促す目的に資すると解される一方，能動的サイバー防御措置・ハックバックの対象が一民間企業や犯罪・テロ組織である場合には，必ずしも領域国自体に対する圧力とならず，同目的により正当化されない可能性があろう。

ウ 国際人道法

武力紛争における相手国の国際人道法ないし武力紛争法規（以下，単に「国際人道法」という）の違反に関しては，各国は伝統的に，国際人道法の枠内で，自らも国際人道法上の義務を逸脱する措置をとる戦時復仇（belligerent reprisals）により対処してきた。戦時復仇と対抗措置はいずれも，19世紀まで

---

491 国家に帰属するものを含む越境サイバー侵害行動全般に対するハックバックに関する同旨の指摘として，西村弓「前掲論文」（注266）71～72頁。

Ⅲ　二次的規範及び対処方法

に国際違法行為全般に対する自救の制度として成立した復仇（reprisals）から派生・分化した制度であり，先行する国際違法行為に対してとられる国際法上の義務を逸脱する措置の違法性が阻却される点において共通する。慣習国際法上，戦時復仇は国際人道法の「深刻な違反（serious violation）」に対してのみとられ得る[492]ものとされることから，国際人道法上の義務に違反する越境サイバー侵害行動がすべからく戦時復仇の対象となるわけではなく，国際人道法の多くの規範の規律の対象である「攻撃」に該当する場合[493]に戦時復仇による対処を検討し得ることとなろう。かかる越境サイバー侵害行動に対処する措置が戦時復仇として正当化されるためには，①敵国が国際人道法上の義務の遵守に回帰するよう促すことのみを目的とする，②前記の目的のためにとり得る他の適法な措置が存在せず（補完性（subsidiarity）），敵国に対し国際人道法違反を継続するのであれば戦時復仇を行う旨の事前通告を行う[494]，③先行する敵国の国際人道法違反の行為に比例する（比例性（proportionality）），④最上位の当局者（the highest level of authority）による許可・承認，⑤敵国の遵守への回帰を以て直ちに終了する，という固有の要件を満たす必要がある[495]。目的（①）に敵国から侵害の回復（賠償等）を得ることを含めないこと，比例性（③）の主要な判断基準（比較衡量の対象）が「被った侵害」ではなく敵国の違法行為の重大性であると解されること，補完性（②）・最上位の当局者の承

---

[492]　Jean-Marie HENCKAERTS and Louise DOSWALD-BECK, *Customary International Humanitarian Law, Volume I: Rules* (Cambridge University Press, 2005), p. 515; Jérôme DE HEMPTINNE, "Prohibition of Reprisals", in Andrew CLAPHAM, Paola GAETA and Marco SASSÒLI (eds.), *The 1949 Geneva Conventions: A Commentary* (Oxford University Press, 2015), p. 575, p. 583.

[493]　本文上記Ⅱ3⑷②ⅲ及び（注332）参照。

[494]　事前通告に関しては，補完性の要件の満たすための手続上の要請と位置付け得るが，それ自体が独立の要件とする学説も有力である。藤田『前掲書』（注340）184〜185頁; 西村弓「武力紛争法の履行確保－相互主義と復仇」村瀬信也・真山全（編）『武力紛争の国際法』（東信堂，2004年）685頁，693頁。

　　また，事前通告を含む補完性の要件に関し，他の適法な措置をとっている間に敵国がより重大な国際人道法違反を犯す急迫した危険がある場合等，限定的な例外が認められるとする学説がある。DE HEMPTINNE, *supra* note 492, p. 584.

[495]　藤田『同上』; 西村弓「同上」; HENCKAERTS and DOSWALD-BECK, *supra* note 492, pp. 515-518; DE HEMPTINNE, *supra* note 492, pp. 578-579 & 582-587; SCHMITT and VIHUL (eds.) (Tallinn Manual 2.0), *supra* note 1, p. 462, para.5 (commentary to Rule 108).

3 考 察

認（④）という厳しい要件に服すること等，対抗措置の要件との相違に留意を
要する。

　また，戦時復仇に関しては，20世紀中葉以降，幅広い保護対象者・施設等に
対する復仇の禁止を条約で定めてきている[496]。特にジュネーブ諸条約の関連規
定[497]が慣習国際法化していると広く認められていることにかんがみれば，傷病
者・難船者，衛生・宗教要員，建造物，船舶等，捕虜，占領地域における文民
その他自国の支配下にある敵国の文民及びその財産を対象とする戦時復仇は一
般的に禁止されており，ジュネーブ諸条約第Ⅰ追加議定書の締約国については，
これらに加え敵国内に所在する文民を含む文民・民用物，歴史的建造物・芸術
品・礼拝所，文民の生存に不可欠な物等を戦時復仇の対象とすることも禁じら
れることとなる[498]。したがって，例えば武力紛争下において，自国のダムを標
的とした敵国軍の越境サイバー侵害行動によりダムが決壊して多数の死傷者が
出た場合，その国がジュネーブ諸条約第Ⅰ追加議定書を締結していないか，関
連規定への留保又は解釈宣言を行った上で締結している[499]ときは，敵国の文
民・民用物を標的とする越境サイバー侵害行動により反撃するとともに，これ
を戦時復仇として正当化する余地が一応あると考えられる。これに対し，ジュ
ネーブ諸条約第Ⅰ追加議定書を締結している他の国々は，サイバー・非サイ
バーのいかんを問わず敵国の文民・民用物を標的として反撃することが認めら
れず，戦時復仇としてとり得る措置が戦闘員や傭兵に対する通常ならば禁止さ
れる害敵手段（例えば，化学兵器）を用いた攻撃等に限定されることとなるの

496　下掲（注497）及び（注498）に挙げる諸規定に加え，俘虜の待遇に関する条約（1931
年6月発効，日本は署名したが締結せず）第2条，武力紛争の際の文化財の保護に関す
る条約（平成19年条約第10号／1956年8月発効，日本について2007年12月発効）第4条
4，過度に傷害を与え又は無差別に効果を及ぼすことがあると認められる通常兵器の使
用の禁止又は制限に関する条約（昭和58年条約第12号（平成16年条約第1号により改
正）／1983年12月発効（改正は2004年5月発効），日本について1983年12月発効（改正
は2004年5月発効））の地雷，ブービートラップ及び他の類似の装置の使用の禁止又は
制限に関する議定書（1996年5月3日に改正された議定書Ⅱ）第3条2参照。

497　ジュネーブ第Ⅰ条約第46条，ジュネーブ第Ⅱ条約第47条，ジュネーブ第Ⅲ条約第13
条（上記（注496）の俘虜の待遇に関する条約第2条と同旨），ジュネーブ第Ⅳ条約第33
条3参照。

498　ジュネーブ諸条約第Ⅰ追加議定書第20条（上記（注497）のジュネーブ第Ⅰ条約第46
条及びジュネーブ第Ⅱ条約第47条と同旨），第51条6及び8，第52条1，第53条，第54
条4，第55条2，第56条4参照。

Ⅲ　二次的規範及び対処方法

で[500]，そもそもかかる戦時復仇が国際人道法違反のサイバー攻撃に対する反撃（例えば，当該攻撃を実行した敵国組織に対するサイバー攻撃）を正当化する事由として馴染まず，その必要もないと判断する可能性が高いと思われる。いずれにせよ，前者のジュネーブ諸条約第Ⅰ追加議定書非締約国や留保・解釈宣言を付した国にとっても，ジュネーブ諸条約第Ⅰ追加議定書の一連の復仇禁止規定が慣習国際法化しているとの立場をとる国・判例・学説の存在[501]，武力紛争による文民・民用物の犠牲に一層厳しい視線を注ぐ内外の世論等もあり，実際に文民・民用物を標的とする越境サイバー侵害行動により公然と反撃することは容易ではなく，戦時復仇を援用し得る余地は極めて狭いと言える。

　戦時復仇がその履行確保の手段の一つとされてきた国際人道法は，ジュネーブ諸条約の共通第３条等[502]により，非国際的な武力紛争[503]の当事者たる非国家の組織された武装集団に一定の国際法上の義務を課していると解し得る。このため，かかる義務に違反するサイバー攻撃を実行した非国家の武装集団に対し，上述のような戦時復仇により対処することが国際（人道）法上許容されるかが問題となる。ジュネーブ諸条約やジュネーブ諸条約第Ⅰ追加議定書の関連規定と異なり，上述の共通第３条等に復仇を禁止する明示的な文言が含まれないことや，ジュネーブ諸条約の共通第３条の交渉経緯等を根拠として，非国家の組織された武装集団に対する戦時復仇の余地を肯定する各国・学説の見解が見ら

---

[499]　例えば，International Committee of the Red Cross（ICRC）International Humanitarian Law（IHL）Databases, Protocol Additional to the Geneva Conventions of 12 August 1949, and relating to the Protection of Victims of International Armed Conflicts（Protocol I）, 8 June 1977, States Parties and Signatories, Reservation／Declaration, at https://ihl-databases.icrc.org/en/ihl-treaties/api-1977/state-parties?activeTab=1949GCs-APs and commentaries#footnote-?; United Kingdom of Great Britain and Northern Ireland（28.01.1998）, para.(m)（第51条～第55条）; France（11.04.2001）, para.11（第51条8）（（　　）内は留保又は解釈宣言の対象規定．対象規定を特定しない解釈宣言としてItaly（27.02.1986）, last para.（「第Ⅰ追加議定書…により課される義務の深刻かつ体系的な違反に対しては，更なる違反を防止するため国際法に基づき認められる全ての手段によって対応する」）; Germany（14.02.1991）, para.6（イタリアと同一）; Egypt（09.10.1992）, DECLARATION 3rd para.（「第Ⅰ追加議定書及び第Ⅱ追加議定書により課される義務について，いかなる当事者（any party）によるいかなる違反に対しても，更なる違反を防止するため国際法に基づき認められる全ての手段によって対応する権利を維持する（upholds）」）．

[500]　藤田『前掲書』（注340）186～187頁; 西村弓「前掲論文」（注494）699頁; DE HEMPTINNE, *supra* note 492, pp. 581-582.

176

3 考 察

れる一方[504]，国家間の戦時復仇の場合以上に高い濫用・エスカレーションのリスク，非国家の武装集団による国家に対する戦時復仇の許容に繋がることへの懸念・疑義，国家実行の欠如等を理由に，かかる余地を否定する見解が有力である[505]。非国家の武装集団に対する戦時復仇の余地を認める国であっても，内

501　かかる立場を示唆する各国の立場表明として，例えば ICRC IHL Databases, Protocol I, States Parties and Signatories, Reservation / Declaration, *supra* note 499: Ireland, para.1（「第Ⅰ追加議定書の規定は，武力紛争における人，民用物及び文化的な財物（persons and civilian and cultural objects）に与えられなければならない法的な及び実際の（actual）保護の最低限の水準を示すものである（represent）」）。国際判例として，*The Prosecutor v. Milan Martić*, Case No. IT-95-11-R61, International Tribunal for the Prosecution of Persons Responsible for Serious Violations of International Humanitarian Law Committed in the territory of the Former Yugoslavia since 1991 (ICTY), Trial Chamber, Decision (8 March 1996), pp. 6-7, paras.15-17; *The Prosecutor v. Zoran Kupreškić et al.*, Case No. IT-95-16-T, ICTY, Trial Chamber, Judgment, *supra* note 341, pp. 205-210, paras.527-534. 学説上は，文民全般に対する戦時復仇を禁止する慣習国際法規範は，現時点で未だ結晶化していないものの，少なくともかかる結晶化に向かっているとする見解が有力である。HENCKAERTS and DOSWALD-BECK, *supra* note 492, p. 523; Silvia BORELLI and Simon OLLESON, "Obligations Relating to Human Rights and Humanitarian Law", in James CRAWFORD, Alain PELLET, Simon OLLESON and Kate PARLETT (eds.), *The Law of International Responsibility* (Oxford University Press, 2010), p. 1177, pp. 1191-1194.

502　ジュネーブ諸条約の共通第3条の規定に基づき，非国際的な武力紛争の「各紛争当事者」は，敵対行為に直接参加しない者に対する殺人・傷害・虐待・拷問，人質，侮辱的な待遇等の非人道的な待遇の禁止及び傷病者の収容・監護の義務を適用しなければならない。同条が慣習国際法として受け入れられていることに関し，（注341）参照。

　　これに加え，ジュネーブ諸条約第Ⅱ追加議定書は，同追加議定書の「締約国の領域において，当該締約国の軍隊と…組織された武装集団…との間に生ずる全ての」非国際的な武力紛争に適用される（第1条1）人道的待遇，傷病者・難船者・医療要員等の保護，文民たる住民の保護に関する義務について，受動態の文言（shall be …等）で規定している。これらの義務は，上述の共通第3条の規定の「現行の適応条件を変更することなく発展させかつ補完するもの」（第1条1）として規定されていることから，非国際的な武力紛争が同追加議定書の領域内で行われている場合（（注339））には，同共通第3条にいう「各紛争当事者」に該当する非国家の組織された武装集団にも適用されるものと解される。

　　国とその領域外にいる非国家の武装集団との間における武力紛争についても，1949年ジュネーブ諸条約の共通第3条（及びジュネーブ諸条約第Ⅱ追加議定書の規定のうち同条の精緻化を内容とするもの）が適用されることに関し，（注323）参照。

503　本書における「非国際的な武力紛争」の用語・語義について，（注323）参照。

177

Ⅲ　二次的規範及び対処方法

外のこうした少なからぬ懸念・疑義にかんがみ，実際にかかる戦時復仇を援用するか否かについては，極めて慎重に検討することが想定される。

　違法な武力の行使の禁止，不干渉義務等，国際人道法以外の国際法上の義務の違反に対して，国際人道法上の義務を逸脱する対抗措置をとり得ないとの認識は広範な諸国間で確立しているとみられる一方[506]，国際人道法違反の行為に対して国際人道法以外の国際法上の義務を逸脱する対抗措置をとることができるかどうかは，対抗措置と「復仇を禁止する人道的性格の義務」との関係について規定するILC国家責任条文案第50条1（c）の起草経緯やILCのコメンタリーからは，必ずしも判然としない[507]。しかしながら，「対抗措置は，…復仇を禁止する人道的性格の義務…を損なってはならない（shall not affect／ne peuvent porter aucune atteinte）」（傍点引用者）とする同条の文言に照らせば，戦時復仇がジュネーブ諸条約等に含まれる復仇禁止規定に違反することはあっても，

504　エジプトは，ジュネーブ諸条約第Ⅱ追加議定書上の義務の「いかなる当事者（any party）による」違反に対しても，国際法に基づき認められる全ての手段によって対応する権利を維持する旨の解釈宣言を行っており（（注499）参照），武力紛争の非国家の当事者に対する戦時復仇の可能性を留保しているように解される。非国家の組織された武装集団に対する戦時復仇の可能性を肯定する学説に関し，Shane DARCY, "The Evolution of the Law of Belligerent Reprisals?", *Military Law Review*, Vol.175 (2002), p. 184, pp. 216-220; DE HEMPTINNE, *supra* note 492, p. 589.

505　HENCKAERTS and DOSWALD-BECK, *supra* note 492, p. 527; DE HAMPTINNE, *supra* note 492, pp. 589-591; SCHMITT and VIHUL (eds.) (Tallinn Manual 2.0), *supra* note 1, p. 464, para.3 (commentary to Rule 109).

506　HENCKAERTS and DOSWALD-BECK, *supra* note 492, p. 515. 武力の行使との関係について，DE HEMPTINNE, *supra* note 492, pp. 582-583.

507　対抗措置と戦時復仇はそれぞれ別個の独立した法制度か，それとも一般法たる対抗措置に対し，戦時復仇は特別法と位置付けられるのかについて，学説上の見解が分かれる。DE HEMPTINNE, *supra* note 492, p. 578; ILC国家責任条文案コメンタリー，p. 128, para.(3) (*Commentary to Part Three, Chapter II (Countermeasures)*) (「『対抗措置』の語は，復仇のうち武力紛争に関連しない部分を指す」「戦時復仇の適法性は関連する一次的規範により規律される」); BORELLI and OLLESON, *supra* note 501, p. 1188 (「戦時復仇は，対抗措置『属』の国際人道法分野における特定の『種』を構成するものと見ることができる」); SCHMITT and VIHUL (eds.) (Tallinn Manual 2.0), *supra* note 1, p. 112, para.3 (commentary to Rule 20) (「対抗措置の概念は，武力紛争の間，敵国に対してとられる措置であって当該武力紛争に関連する（that have a nexus to）ものには適用されない」「対抗措置は，国際的な武力紛争の当事国によってとられる措置に対し，武力紛争法規以外の法体系（legal regimes）の違反に関する対応として利用可能」).

3 考 察

当該規定を損なうことはあり得ないことから，かかる復仇禁止規定を損なう対抗措置の存在が観念され，そのような対抗措置，例えば，敵国による国際人道法違反の行為に対し（戦時復仇ではなく）対抗措置を援用して戦時復仇を禁止する一次的規範を逸脱する措置を正当化する可能性を封じるもの[508]と解し得る。このように，先行する国際人道法違反に対する履行確保の手段として戦時復仇と対抗措置とを別個に観念し得るとの理解に立てば，武力紛争の状態にあってもその当事国間で適用され続ける国際人道法以外の国際法上の義務が存在するので，例えば，先述の敵国軍の越境サイバー侵害行動によるダムの決壊のような国際人道法違反の事例に対してそのような義務を逸脱する措置をとり，その違法性阻却事由として対抗措置を援用する余地はあると解すべきであろう。もっとも，武力紛争下においても引き続き適用される義務には，基本的人権の保護に関する義務[509]や，侵略・集団殺害（ジェノサイド）・奴隷制・人種差別の禁止等，一般国際法の強行規範の下で生ずる義務（an obligation arising under a peremptory norm of general international law）[510]とされるものが少なくなく，これらの義務を逸脱する措置をとることはできないこと（ILC 国家責任条文案第50条 1(b)及び(d)）に留意する必要がある。また，非国家の組織された武装集団による国際人道法違反のサイバー攻撃に対し，国家が当該組織された武装集団を直接の標的として，国際人道法上の義務を逸脱しない措置をとる場合には，そもそも当該国家が当該組織された武装集団に対して国際人道法上の義務以外の国際法上の義務を負っていないことから，当該組織された武装集団が他国の領域内に所在しており当該他国の（領域国としての）相当の注意義務違反が認められる場合[511]を除き，対抗措置を援用する局面は生じない。

---

508 BORELLI and OLLESON, *supra* note 501, pp. 1194-1195.

509 例えば，市民的及び政治的権利に関する国際規約（昭和54年条約第7号／1976年3月発効，日本について1979年9月発効）第4条2は，国民の生存を脅かす公の緊急事態の場合においても，生命に対する権利（第6条），拷問・残虐な刑の禁止（第7条），奴隷・奴隷取引の禁止（第8条1及び2），契約不履行による拘禁の禁止（第11条），遡及処罰の禁止（第15条），人として認められる権利（第16条），思想・良心・宗教の自由（第18条）に違反する措置は許容されない旨を定めている。ILC 国家責任条文案コメンタリー，p. 132, para.(6)（*Commentary to Article 50*）.

510 ILC 国家責任条文案コメンタリー，p. 85, para.(5)（*Commentary to Article 26*）.

511 本文上述イ参照。この場合における対抗措置は，当該組織された武装集団ではなく，当該他国（領域国）に対して援用されることとなる。

179

Ⅲ　二次的規範及び対処方法

(6)　自　衛　権

Ⅱ 3(1)において指摘したように，従来，各国が自衛権の行使による対処を想定してきた越境サイバー侵害行動事案の多くは，武力攻撃に至らない違法な武力の行使に該当し得る。これに伴い，他国によるかかる違法な武力の行使に反撃するための武力の行使は，武力攻撃の発生を前提とした（国際連合憲章第51条に規定する）自衛権の行使には該当しないこととなる。これまでのところかかる反撃の武力の行使の事例は確認されないものの，越境サイバー侵害行動に対して被侵害国が同様ないし類似の越境サイバー侵害行動によって反撃したとみられる事例（上記 2(3)及び(5)），あるいはイスラエルがハマスのサイバー攻撃に対してハマスのサイバー工作部門を標的とした爆撃により反撃した事例（上記 2(5)）の存在にかんがみれば，今後，上述のような越境サイバー侵害行動による反撃が武力の行使に該当する規模で行われる可能性や，頻度は少ないにせよ，精密爆撃又は標的殺害による反撃が行われる可能性が排除されない。したがって，そのような反撃のための武力の行使が国際法上許容されるのか，許容されるとすれば国際法上どのように位置付けられるのかを検討しておく必要がある。

この点に関し，学説上は，国際連合憲章第51条の規定に従い武力攻撃に対して自衛権を行使する場合及び同憲章第 7 章に基づく安全保障理事会の決議により要請され，又は授権される場合を除き，武力の行使は同憲章第 2 条第 4 項により包括的に禁止されており許容されないとする多数説のほか，大別して以下の三つの見解が見られる[512]。

① 国際連合憲章第51条は，各国が同憲章の発効前より確立していた慣習国際法上の自衛権を引き続き享有することを変更するものではなく，この慣習国際法上の自衛権は，武力攻撃に至らない武力の行使に対しても行使され得る[513]。

② ICJ がニカラグア軍事的・準軍事的活動事件判決（本案）（1986年）において，ニカラグアが近隣諸国に対して行った武力攻撃に至らない小規模な軍

---

[512]　これらの見解への批判も含め紹介するものとして，浅田正彦「日本と自衛権－個別的自衛権を中心に」国際法学会（編）『日本と国際法の100年　10安全保障』（三省堂，2001年）19頁，32-33頁。

3 考　察

事行動について「仮に立証され，かつ，ニカラグアへの帰属が認められた（imputable to）としても，（当該軍事行動の）被害者となった国々による比例性を有する（proportionate）対抗措置を正当化しただけであっただろう」と判示していること[514]等に照らし，違法な武力の行使に対する比例性を有する対抗措置として許容され得る[515]。

③　国際連合憲章の発効後の国家実行及び安全保障理事会の実行にかんがみれば，一定の合理性を有する（reasonable）範囲内の武力復仇（forcible reprisal）であれば，同憲章第 2 条第 4 項の規定にかかわらず容認される余地がある[516]。

513　Claud H.M. WALDOCK, "Self-Defence and Self-Protection Under the Charter", *Recueil des cours*, Vol.81 (1952), p. 495, pp. 496-497; Derek W. BOWETT, *Self-Defence in International Law* (Manchester University Press, 1958), pp. 184-185; *Nicaragua v. United States of America, Merits, I.C.J., supra* note 17, pp. 347-348, para.173 (Dissenting Opinion of Judge Stephen M. SCHWEBEL) (WALDOCK, *Ibid.* を引用).

514　*Nicaragua v. United States of America, Merits, I.C.J., supra* note 17, p. 127, para.249. .

515　John L. HARGROVE, "The Nicaragua Judgment and the Future of the Law of Force and Self-Defense", *The American Journal of International Law*, Vol.81 (1987), p. 135, pp. 138-142 (国際連合憲章上の根拠がなく，武力の行使の禁止を根本的に弱体化させるものとして批判的に紹介); 宮内靖彦「武力行使の類型化の意義と問題点―『武力による対抗措置』の存在基盤―」『國學院法學』第 32 巻第 4 号 (1995年) 109頁，144-146頁; *Oil Platforms (Islamic Republic of Iran v. United States of America), Judgment, I.C.J. Reports 2003*, p. 161, p. 331, paras.12-14 (Separate Opinion of Judge Bruno E. SIMMA).

516　Derek W. BOWETT, "Reprisals Involving Recourse to Armed Force", *The American Journal of International Law*, Vol.66 (1972), p. 1, esp. pp. 10-11 & 26-28; TSAGOURIAS, *supra* note 438, pp. 108-111.
　　なお，DINSTEIN は，自衛権の行使の複数の態様・類型の一つとして「防御的武力復仇（defensive armed reprisals）」が認められるとする。Yoram DINSTEIN, *War, Aggression and Self-Defence (Sixth Edition)* (Cambridge University Press, 2017), pp. 264-275. この見解は，限定的・局地的な武力攻撃に対する自衛権の行使として，現場での即時の又は迅速な要撃・反撃（「現場での対処（on-the-spot reaction)」）だけでなく，事後の異なる場所における反撃も認められることを明確にすることに主眼があり，「防御的武力復仇」自体はあくまで，先行する武力攻撃の存在，必要性，比例性等の自衛権の要件に従って行使されるものとされる。したがって，BOWETT，TSAGOURIAS が言うところの，自衛権の法的枠組みの外で容認され得る「武力復仇」とは区別すべきであろう。

Ⅲ　二次的規範及び対処方法

　これらの見解のうち，③に関しては，友好関係原則宣言[517]及びICJの核兵器使用勧告的意見（1996年）[518]において明確に武力復仇の違法性が確認されている以上，各国にとって，他国より容易に国際法違反として非難され得る武力復仇を援用することは選択肢となり難い。また，①に関しては，ICJニカラグア軍事的・準軍事的活動事件判決（本案）（1986年）において，国際連合憲章第51条と自衛権に関する慣習国際法規範が「同一の内容を有するものではない」ことは認めつつも[519]，当該慣習国際法規範の係属事案への適用に当たり，ニカラグアによるエルサルバドルの反政府武装勢力への武器等の支援，ホンジュラス・コスタリカ国境地帯への侵入がそれぞれ「武力攻撃」に該当し得ないことを理由として米国による集団的自衛権の行使を否定していること[520]にかんがみれば，武力攻撃に至らない武力の行使に対する武力による反撃を慣習国際法上の自衛権により正当化することもまた，国際判例に反し違法との指摘を招くリスクを避けられないであろう。

　②に関しても，ICJニカラグア軍事的・準軍事的活動事件判決（本案）（1986年）の傍論におけるかかる言及が違法な武力の行使に対する武力による対抗措

517　友好関係原則宣言，*The principle that States shall refrain in their international relations from the threat or use of force against the territorial integrity or political independence of any State, or in any other manner inconsistent with the purposes of the United Nations*, 5th para.（「国は，武力の行使を伴う復仇行為を慎む義務を有する」）.

518　*Legality of the Threat or Use of Nuclear Weapons, Advisory Opinion, I.C.J., supra* note 50, p. 246, para.46（「本裁判所は，…違法であると認識されている（which are considered to be unlawful）平時における武力復仇の問題について検討することを要しない」）.

519　*Nicaragua v. United States of America, Merits, I.C.J., supra* note 17, p. 94, para.176.

520　*Ibid.*, pp. 119-120, paras.230-231. もっとも，ICJニカラグア軍事的・準軍事的活動件判決（本案）（1986年）においては，米国によるニカラグアの反政府組織への各種支援・訓練の提供，同国の領海内への機雷敷設等の行動がニカラグアによる近隣諸国への「武力攻撃に対する（集団的）自衛権の行使」に該当するかが争点であることに関しては，両国間で争われなかった（米国にとっては，本案審理に出席しなかったため争う機会がなかった）ことから，ICJとして国際慣習法上の自衛権が「武力攻撃」に対してのみ行使され得ることを認定したものではなく，紛争当事国からこの論点が提起されなかったので判断を示さなかったとみることも可能であろう。シュウィーベルICJ判事はかかる理解に立脚し，同判決の反対意見において，国際連合憲章第51条が慣習国際法上の（武力攻撃に至らない武力の行使に対する）自衛権を消滅させ，又はこれに制約を課するものではないとの見解を示している。*Ibid.*, pp. 347-348, para.173（Dissenting Opinion of Judge SCHWEBEL）（上掲（注513））.

3 考 察

置を認めたものか否かについて，学説の見解が分かれている上[521]，仮に武力による対抗措置が許容される余地を認めたものであったすれば，比例性以外の要件を示しておらず，各国による安易な援用・濫用への道を開くおそれがあるとの批判がある[522]。また，同判決の15年後（2001年）に採択された ILC 国家責任条文案では，第50条 1 (a)において「国際連合憲章に具現された武力による威嚇又は武力の行使を慎む義務」を損なう対抗措置をとり得ない旨規定している[523]。各国にとって，ILC 国家責任条文案採択の 2 年後，ICJ 石油プラットフォーム事件判決（本案）（2003年）において示されたジンマ判事個別意見[524]等に依拠しつつ，ILC 国家責任条文案第50条 1 (a)の内容は慣習国際法規範として結晶化するに至っていないと主張して武力による対抗措置を援用することが可能ではあろうが，同条が慣習国際法化しているとする他国からの異論は避けがたいように思われる[525]。

以上のとおり，武力攻撃に至らない武力の行使に対する武力による反撃に関しては，①～③のいずれの見解に依拠したとしても論争の余地が多々あり，こ

---

521 ICJ ニカラグア軍事的・準軍事的活動事件判決（本案）（1986年）パラ249における当該言及は武力の行使を伴わない対抗措置が許容される旨判示したものとする学説として，例えば，ROSCINI, *supra* note 171, pp. 104-105.

522 HARGROVE, *supra* note 515. ICJ のジンマ判事は，おそらくこうした批判を意識して，石油プラットフォーム事件判決（本案）（2003年）の個別意見において，武力攻撃に至らない違法な武力の行使に対する武力による対抗措置が特に厳格な必要性，比例性及び時間的近接性（immediacy in time）の要件に服するとの見解を示している。*Oil Platforms, Judgment, I.C.J.*, *supra* note 515, p. 333, para.13 (Separate Opinion of Judge SIMMA).

523 同条に関する ILC 国家責任条文案コメンタリーでは，同条が「（ILC 国家責任条文案第 3 部）第Ⅱ章（対抗措置）に基づき許容される対抗措置の範疇から武力復仇を排除するものである」旨明記した上で，その根拠として，友好関係原則宣言（（注517）），ICJ コルフ海峡事件判決（本案）（1949年）（「（機雷掃海作戦を）『自助』の一環であるとする英国政府の主張…は受け入れられない。…英国海軍艦船の行動によるアルバニアの主権の侵害を認定せざるを得ない。」*Affaire du Détroit de Corfou, Arrêt, C.I.J.*, *supra* note 39, p. 35.)，ICJ ニカラグア軍事的・準軍事的活動事件判決（本案）（1986年）パラ249（（注514）），中東和平関連の武力の行使の応酬に対する非難等を内容とする一連の国際連合安全保障理事会決議等を挙げている。ILC 国家責任条文案コメンタリー，p. 132, paras.(4) & (5) and footnotes 757 & 758 (Commentary to Article 50).

524 上掲（注520）及び（注521）参照。

525 ジンマ判事個別意見に対する学説上の批判として，例えば，DINSTEIN, *supra* note 516, p. 274; ROSCINI, *supra* note 171, pp. 104-105.

183

Ⅲ　二次的規範及び対処方法

れらに依拠して反撃のための武力の行使を正当化することが確実に受け入れられるとは言い難い。この関連で，ICJ が武力攻撃の該非についてこれまで必ずしも明確な判断基準を示してきておらず，一部の判例では限定的・局地的な武力の行使でも武力攻撃に該当する可能性を示唆しているようにも解されることが注目される。例えば ICJ は，ニカラグア軍事的・準軍事的活動事件判決（本案）(1986年) において，非正規の武装集団 (armed bands) の他国の領域への派遣が武力攻撃に該当する可能性を肯定する一方，これとの比較において正規の国軍による「単なる越境事案 (a mere frontier incident)」が武力攻撃に該当しないことを示唆したが[526]，石油プラットフォーム事件判決（本案）(2003年) においては，他国の軍の艦船の触雷 (mining)[527]，ひいては他国を旗国とする民間船舶を標的としたミサイルの発射[528]が当該他国に対する武力攻撃に該当する可能性を示唆している。上述（Ⅱ3(1)）のとおり，各国は基本的には越境サイバー侵害行動を武力攻撃と認定することに極めて慎重とみられるが，例えば，明らかに自国の軍を標的とした越境サイバー侵害行動によって軍の施設・装備の損壊又は要員の死傷が発生する場合には，その損壊・死傷が小規模・少人数であっても速やかに反撃するため，こうした ICJ の判示（例えば，軍の艦船の触雷が武力攻撃に該当する可能性）に依拠しつつ，自衛権を援用す

---

[526] *Nicaragua v. United States of America, Merits, I.C.J., supra* note 17, pp. 103-104, para.195. 後者の「単なる越境事案」に関しては，他国の軍の部隊・要員の発砲等により自国の軍に死傷者が発生する場合等には自衛権の行使として武力による反撃が認められるべきとして，学説上批判が少なくない。例えば，DINSTEIN, *supra* note 516, pp. 209-210.

[527] *Oil Platforms, Judgment, I.C.J., supra* note 515, pp. 198-199, para.77 (「…深刻な損傷を被ったが沈没には至らず，死者も発生しなかった1隻の米国軍艦の触雷に対する対応として，…作戦行動全体，当該作戦行動の一環としての…プラットフォームの破壊のいずれも，…自衛としての比例性を有する武力の行使 (a proportionate use of force in self-defence) とは見なし得ない」(傍点引用者)).

[528] *Ibid.,* pp. 191-192, para.64 (「*Sea Isle City* 号は攻撃を受けた時，クウェート水域内にあり，…100km 以上離れた地点から発射された…ミサイルでは同船を個別に標的とすることはできず，(同ミサイルは) 単純にクウェート水域内にある何らかの目標 (some target) に打撃を与えるようプログラミングされていたとみられる」「*Texas Caribbean* 号は…米国を旗国としていなかったので，同船に対する攻撃自体は，米国に対する攻撃とみなされない (not in itself to be equated)」) and p. 98, para.77 (「1987年10月19日の (米国軍による) 攻撃は，仮に…*Sea Isle City* 号事案がイランによる武力攻撃に該当し，これへの対応として当該攻撃が必要であったと認められるとすれば，比例性を有すると認められていたかもしれない」) (傍点はいずれも引用者)

3 考　察

る可能性があろう[529]。同一の又は相互に連携する実行者により類似の又は相互に関連する越境サイバー侵害行動が繰り返された結果，かかる軍の施設・装備の損壊又は要員の死傷に至る場合には，それぞれの越境サイバー侵害行動が武力攻撃に至らない武力の行使の水準に留まるものであったとしても，国際社会に概ね受け入れられたとみられる複数の国家実行が存在するいわゆる「累積（accumulation of events）」理論に基づき，武力攻撃を認定し，自衛権を行使する選択肢も視野に入れるものと考えられる[530]。

　また，例えば，他国の対外声明・軍の動向・インテリジェンス情報等から当該他国が自国に対して大規模な財物の損壊又は人の死傷をもたらし得る軍事行動を敢行することが予測される状況において，当該他国からの越境サイバー侵害行動により自国の軍の防空システムや指揮命令系統のコンピュータ・システムが攪乱・遮断される等，当該越境サイバー侵害行動自体による物理的損壊又は死傷の発生には至らないもののその後の軍事行動が急迫していることが明白となる場合には，当該越境サイバー侵害行動及び当該軍事行動が一体となった武力攻撃が既に開始されたものとして[531]，又は当該軍事行動に対する「先制的自衛（anticipatory self-defense）」[532]として自衛権を援用し，サイバー，非サイバー双方の手段による対処を開始する可能性も排除されないように思われる[533]。

---

[529]　越境サイバー侵害行動ではなく小規模ないし局地的な軍事行動全般に関する同様の指摘として，浅田「前掲論文」（注512）38-39頁; DINSTEIN, *supra* note 516, pp. 211, 219 & 261-263（「現場での対処」（注516））.

[530]　DINSTEIN, *supra* note 516, pp. 211-212; SCHMITT and VIHUL（eds.）（Tallinn Manual 2.0），*supra* note 1, p. 342, para.11（commentary to Rule 71）; ROSCINI, *supra* note 171, pp. 108-110. ICJ は，複数の判決において，「一連の攻撃（（the）series of attack）」が「総体として（collectively）」，「他の一連の攻撃との組合せにより（in combination with）」ないし「累積により（cumulatively）」武力攻撃に該当する可能性を示唆しているものの，係属事案について具体的にその旨を認定した例はない。*Nicaragua v. United States of America, Merits, I.C.J., supra* note 17, pp. 119-120, para.231; *Oil Platforms, Judgment, I.C.J., supra* note 515, pp. 191-192, para.64; *Democratic Republic of the Congo v. Uganda, Judgment, I.C.J., supra* note 28, pp. 222-223, paras.146-147.

[531]　DINSTEIN は，武力攻撃が未だ完全に結実していない（武力攻撃に該当する規模・効果の物理的破壊又は死傷を生じていない）場合であっても，そのような帰結に向けた不可逆的な行動の過程（irreversible course of action）が開始されたと認められる段階で自衛権を行使し得るとし，かかる「要撃的（interceptive）自衛」は，「先制的（anticipatory）」，「先取的（preemptive）」ないし「予防的（preventive）」自衛とは区別されるべきとする。DINSTEIN, *supra* note 516, pp. 231-235.

185

Ⅲ　二次的規範及び対処方法

　以上に例示したような限定的な場合において，越境サイバー侵害行動に対して自衛権を行使するときは，非サイバーの武力攻撃に対処する場合と同様，当該自衛権の行使は，サイバー・非サイバーいずれの手段・方法によるかを問わず，慣習国際法上の必要性（necessity）及び比例性（proportionality）の要件に服する[534]。この場合における比例性の判断については，自衛権の行使として行われる武力の行使が当該自衛権の行使の原因となった武力攻撃を撃退するために必要である（必要性の要件を満たす）ことを前提として，当該武力の行使と当該武力攻撃との規模・効果等の比較衡量によることとなり[535]，対抗措置における比例性の要件[536]や国際人道法上の比例性原則[537]とはそれぞれ異なる判断基準となることも，非サイバーの武力攻撃に対する自衛権の行使の場合と同様

[532]　先制的自衛一般について，田岡良一『国際法上の自衛権』（勁草書房，1964年）213〜235頁; WALDOCK, *supra* note 513, pp. 497-498; BOWETT, *supra* note 513, pp. 191-192; Stephen M. SCHWEBEL, "Aggression, Intervention and Self-Defence in Modern International Law: Chapter 5", *Recueil des Cours*, Vol.136（1972），p. 473, pp. 480-481. 越境サイバー侵害行動に対する先制的自衛について，SCHMITT and VIHUL (eds.)（Tallinn Manual 2.0), *supra* note 1, pp. 350-353, Rule 73 and paras.1-11 (commentary to Rule 73); ROSCINI, *supra* note 171, pp. 77-80 & 106-108.

[533]　「要撃的」，「先制的」，「先取的」ないし「予防的」自衛に関しては，自衛権の行使による対処が認められる武力攻撃の急迫性（imminence）の程度をめぐって各国・学説の見解が分かれている（上掲（注531）の DINSTEIN の見解のほか，いわゆるキャロライン・ドクトリン（「自衛の必要性が即時に生じ，圧倒的で，手段の選択及び審議の余地を与えない（instant, overwhelming, and leaving no choice of means, and no moment for deliberation)」，The letter from Mr. Daniel WEBSTER, U.S. Secretary of State, to Lord Alexander B. ASHBURTON, Minister Plenipotentiary and Extraordinary of the UK to the U.S.（August 6, 1842) in John B. MOORE, *A Digest of International Law, Vol.2* (United States Government Printing Office, 1906), p. 412), 「最後の実行可能な機会の窓（last feasible window of opportunity)」等。（注531）参照)。このため，慣習国際法上の規範ないし基準として確立しているとは言えないが，少なくともかかる急迫性が高い一定の場合には損害発生前であっても自衛権を行使し得るという立場については，主要国を含む各国，学説の双方で支持が増えてきており，かかる立場に立脚した自衛権の行使が正当と認められる可能性は高まりつつあると言えよう。急迫した武力攻撃に対する自衛権の行使を肯定する各国の立場として，2019年フランス軍事省文書，I. 1.2.2. 3rd para., p. 7; New Zealand HP, para.24; Israel's perspective, p. 399; 2021 GGE Compendium: Australia, 1. 11th & 12th paras., pp. 5-6; Brazil, 3. 8th para., p. 20; Germany, IV. b) (4) 5th para., p. 43; Singapore, paras.6 & 7, p. 84（武力攻撃の急迫した脅威（imminent threat)); United Kingdom of Great Britain and Northern Ireland, para.6, p. 116; United States of America, II. A. 2. 1st para., p. 137. また，黒﨑他『前掲書』（注340）226〜228頁参照。

3 考 察

である[538]。

　また，非国家主体による武力攻撃に相当する規模・効果の武力の行使に対する自衛権の行使に関しては，各国の見解及び学説上の評価がなお分かれているものの[539]，国家実行上，非国家の国際テロ組織が国家に比肩し得る支配地域・組織・能力を有する，あるいはその所在する領域国と実質的に緊密一体の関係

---

534 SCHMITT and VIHUL (eds.) (Tallinn Manual 2.0), *supra* note 1, pp. 348-350, Rule 72 and paras.1-6 (commentary to Rule 72); ROSCINI, *supra* note 171, pp. 88-91. 自衛権の行使全般への必要性・比例性の要件の適用について，*Nicaragua v. United States of America, Merits, I.C.J., supra* note 17, p. 94, para.176; *Legality of the Threat or Use of Nuclear Weapons, Advisory Opinion, I.C.J., supra* note 50, p. 245, para.41; *Oil Platforms, Judgment, I.C.J., supra* note 515, p. 198, para.76; *Democratic Republic of the Congo v. Uganda, Judgment, I.C.J., supra* note 28, p. 223, para.147.

535 *Oil Platforms, Judgment, I.C.J., supra* note 515, pp. 198-199, paras.76-77; 黒﨑他『前掲書』(注340) 233頁。ICJ 石油プラットフォーム事件判決（本案）(2003年) で示されたかかる判断手法・基準については，学説上，「比例性」の判断においては，(i)原因行為（武力攻撃の規模・効果）ではなく自衛の目的（武力攻撃を撃退し，自衛権の行使が必要な状況を終了させることができるか）を比較衡量の対象とすべき，あるいは(ii)限定的・局地的な武力攻撃の場合には原因行為，大規模・組織的な武力攻撃の場合には自衛の目的と比較衡量の対象を区別すべき等の異論も少なくない。SCHMITT and VIHUL (eds.) (Tallinn Manual 2.0), *supra* note 1, p. 349, para.5 (commentary to Rule 72) ((i)); DINSTEIN, *supra* note 516, pp. 282-283 ((ii))。いずれにせよ，これらの学説の見解に従ったとしても，対抗措置における比例性の要件及び国際人道法上の比例性原則の判断基準と異なる点に変わりはない。

536 本文上述(5)イ(i)参照。

537 本文Ⅱ 3(4)②(iii)及び (注335) 参照。

538 慣習国際法上，自衛権の行使が満たすべき要件として，必要性及び比例性に加え，武力攻撃とこれに対する自衛権の行使との間に過度の期間 (undue time-lag) を置いてはならないとする「(時間的) 近接性 (immediacy)」の要件を挙げる有力な見解が存在する。DINSTEIN, *supra* note 516, pp. 252 & 287-288; SCHMITT and VIHUL (eds.) (Tallinn Manual 2.0), *supra* note 1, pp. 353-354, paras.12-14; ROSCINI, *supra* note 171, p. 91. もっとも，ICJ は，上掲 (注534) の各判決のいずれにおいても同要件に言及していない。ニカラグア軍事的・準軍事的活動事件判決（本案）(1986年) において，米国によるニカラグア反政府勢力への軍事支援・港湾封鎖等の措置について，ニカラグアの支援を受けたエルサルバドル反政府武装勢力の攻勢がエルサルバドル政府により撃退・弱体化された数ヶ月後に実行されたことを以て（エルサルバドルの要請に基づく集団的自衛権に係る）必要性の要件を満たさない旨判示していることにかんがみれば，ICJ は，必要性の要件を判断する際の考慮要素の一つとして（時間的）近接性を位置付けているように解される。*Nicaragua v. United States of America, Merits, I.C.J., supra* note 17, pp. 122-123, para.237; DINSTEIN, *supra* note 516, p. 252.

187

Ⅲ　二次的規範及び対処方法

にあり，当該領域国が当該国際テロ組織の掃討・取締り等を行う意思及び能力を有しないことが明白である等の特殊な条件を満たす場合において，当該国際テロ組織によるテロ攻撃を武力攻撃と認定した上で自衛権を援用し，当該国際テロ組織の支配地域に対するミサイル攻撃・空爆・地上作戦等を行い，他国，国際連合安全保障理事会及び地域国際機関がこれを承認し，容認し，又は黙認したとみられる事例が存在する。したがって，こうした特殊な条件を満たす非国家主体により先に例示したような武力攻撃（の一部）に該当し得る越境サイバー侵害行動が行われる場合には，その標的となった国は，当該非国家主体に対する自衛権を援用し，サイバー又は非サイバーの手段による武力の行使で対処し得る余地があろう[540]。

　以上に述べたような，越境サイバー侵害行動に対して自衛権を援用し得る限定的・例外的な状況を除けば，他国による越境サイバー侵害行動の被害を受けた国にとって，これを武力攻撃に至らない違法な武力の行使と認定する場合，

539　黒﨑他『前掲書』（注340）229〜232頁（各国・学説上の見解の相違点を概観した上で，国際連合安全保障理事会その他の平和的解決の試み及び当該非国家主体の所在する領域国の能力・意思（の欠如）の確認が尽くされた場合における最後の手段として慎重に肯定）; DINSTEIN, *supra* note 516, pp. 245-248（米国同時多発テロ事件（2001年）後の米国等によるアル・カーイダに対する自衛権の行使等の国家実行・国際機関の実行を踏まえ，肯定）. 非国家主体に対する自衛権の行使を否定する各国の立場として，AU Common Position, para.43, p. 7; 2021 GGE Compendium: Brazil, 3. 5ᵗʰ para, p. 20. ICJ は，この論点が提起された二事案の判決において，非政府主体のもたらす脅威・攻撃の他国への帰属が認められないので他国に対する自衛権の行使という構図自体が成立しないとの趣旨を指摘するに留めており，複数の判事がこの論点に関する個別意見・宣言を付していることにかんがみれば，他国の領域内で（当該他国ではなく）当該非政府主体のみに対して自衛として武力を行使することが認められるか否かについて ICJ としての見解を示すことを避けていると言えよう。*Conséquences juridiques de l'édification d'un mur dans le territoire palestinien occupé, avis consultatif, C.I.J. Recueil 2004*, p. 136, p. 194, para.139, p. 215, paras.33-34（Separate Opinion of Judge HIGGINS）（肯定）, pp. 229-230, para.35（Separate Opinion of Judge KOOIJMANS）（肯定）and pp. 241-243, paras.5-6（Declaration by Judge BUERGENTHAL）（肯定）; *Democratic Republic of the Congo v. Uganda, Judgment, I.C.J., supra* note 28, pp. 222-223, paras.146-147, pp. 287-289, paras.8-9（Declaration by Judge KOROMA）（否定）, pp. 313-314, paras.25-30（Separate Opinion of Judge KOOIJMANS）（肯定）, pp. 336-337, paras.7-12（Separate Opinion of Judge SIMMA）（肯定）; 黒﨑他『前掲書』（注340）230頁.

540　SCHMITT and VIHUL (eds.)（Tallinn Manual 2.0）, *supra* note 1, pp. 345-346, paras.18-20（commentary to Rule 71）; ROSCINI, *supra* note 171, pp. 83-85.

3 考　　察

類似の越境サイバー侵害行動による反撃自体が違法な武力の行使とされるリスクを負うことから，そのような反撃を行う選択肢を事実上失うこととなる可能性が高い。したがって，今後，大規模かつ重大な損害を伴う越境サイバー侵害行動又はその急迫に直面する諸国は，上述の例外的な状況を除き，あえて違法な武力の行使又は武力による威嚇とは認定せず，他の一次的規範の違反に基づく対抗措置による対応を選好することが想定される。

(7)　他の違法性阻却事由の援用

　越境サイバー侵害行動への対応に当たり，被侵害国が上述の対抗措置（(5)）又は自衛権（(6)）以外に援用し得る不可抗力，遭難又は緊急状態のうち[541]，越境サイバー侵害行動の特性に最も当てはまるものとして，緊急状態に着目する学説が見られる[542]。

　緊急状態は，「重大な，かつ，急迫した危険（grave and imminent peril)」から自国の「不可欠の利益（essential interest)」を守るための「唯一の方法（the only way)」としてとられる措置が国際法上の義務に違反する場合において，当該措置がその逸脱する国際法上の義務の相手国等の不可欠の利益を損なわないこと等を条件として，当該措置をとる国が援用することができる違法性阻却事由である（ILC 国家責任条文案第25条）。ここでいう「不可欠の利益」に対する「重大な，かつ，急迫した危険」は，他国に帰属する国際違法行為である必要がなく[543]，その「危険」が結実して損害の発生に至っていることも要

---

[541]　違法性阻却事由としてはこの他，関係国の同意（ILC 国家責任条文案第20条）が挙げられるが，本書における検討の対象には含めていない。

[542]　Christian SCHALLER, "Beyond Self-Defense and Countermeasures: A Critical Assessment of the Tallinn Manual's Conception of Necessity", *Texas Law Review*, Vol.95 (2017), p. 1619; Louise ARIMATSU and Michael N. SCHMITT, "The Plea of Necessity: An Oft Overlooked Response Option to Hostile Cyber Operations", *International Law Studies*, Vol.97 (2021), p. 1171. 不可抗力については自然災害・事故・戦闘・内乱等の場合において，遭難については人の生命の救助のため，それぞれ専ら援用される事由であることが，越境サイバー侵害行動への対処に馴染みにくい理由と言えよう。ILC 国家責任条文案コメンタリー，pp. 76-77, para.(3) (*Commentary to Article 23*)（不可抗力）and pp. 79-80, para.(6) (*Commentary to Article 24*)（遭難）.

[543]　岩沢『前掲書』（注171）579頁; Sarah HEATHCOTE, "Circumstances Precluding Wrongfulness in the ILC Articles on State Responsibility: Necessity", in James CRAWFORD, Alain PELLET, Simon OLLESON and Kate PARLETT (eds.), *The Law of International Responsibility* (Oxford University Press, 2010), p. 491, p. 496.

Ⅲ　二次的規範及び対処方法

しない[544]。また，上述の「唯一の方法」としてとられる措置が「危険」をもたらした国以外の第三国に影響を及ぼすものであったとしても，当該第三国との関係においても違法性が阻却される。したがって，越境サイバー侵害行動がかかる「重大な，かつ，急迫した危険」に該当し，緊急状態を援用し得る場合には，当該越境サイバー侵害行動が特定の他国に帰属する国際違法行為であることの認定・立証を要することなく（当該越境サイバー侵害行動が国際テロ組織等の非政府主体によるものであって，いずれの国にも帰属しない場合を含む），損害又は侵害の発生を待つことなく未然に防止するために国際法上の義務を逸脱する反撃等の措置をとることができ，当該措置が当該越境サイバー侵害行動に関与していない第三国に影響を及ぼすものであってもその違法性が阻却される[545]という，対抗措置の場合にはない利点が生ずることとなる。さらに言えば，対抗措置において要求される，侵害国に対する責任の履行の要求等の事前の手続上の要件（ILC 国家責任条文案第52条１）を課されないことも利点と言えよう。上記１⑹で見たように，各国の間で，越境サイバー侵害行動について援用し得る違法性阻却事由として，対抗措置及び自衛権に次ぐ関心が緊急状態に示されていることの背景にも，かかる考慮があることが推察される。

　もっとも，緊急状態は従来，その濫用のおそれが指摘され[546]，ILC の当時の国家責任条文草案第33条（現在の ILC 国家責任条文案第25条に対応）が慣習国際法を反映するものである旨 ICJ が判示した[547]1997年以前の国家実行上は，

544　ILC 国家責任条文案コメンタリー，p. 83, para.⒃（*Commentary to Article 25*）; HEATHCOTE, *Idem.*, p. 497.

545　黒﨑「前掲論文」（注47）33~34頁; SCHMITT and VIHUL （eds.）, *supra* note 1, pp. 137-138, paras.6-7 & 9-12 （commentary to Rule 26）; SCHALLER, *supra* note 542, p. 1621; ARIMATSU and SCHMITT, *supra* note 512, pp. 1185-1186 & 1189.

546　ILC 国家責任条文案コメンタリー，p. 83, para.⒀（*Commentary to Article 25*）; HEATHCOTE, *supra* note 543, pp. 491-492; 山田卓平『国際法における緊急避難』（有斐閣，2014年）3~4頁及び81~83頁。

547　*Gabčíkovo-Nagymaros Project （Hungary/Slovakia）, Judgment, I.C.J.*, *supra* note 289, pp. 39-41, paras.50-52. 1997年当時の ILC の国家責任条文草案第33条と現在の ILC 国家責任条文案第25条との実質的な相違点は，旧第33条においては，緊急状態を援用することができない場合に①国際社会全体（the international community as a whole）の不可欠の利益を深刻に侵害する場合を含めていなかった（旧第33条１⒝／第25条１⒝）一方，②緊急状態の援用の可能性が排除されている国際法上の義務のうち「条約に規定する（laid down by a treaty）」もののみを逸脱する場合のみを含め（旧第33条２⒝／第25条２⒜），慣習国際法に基づくものを逸脱する場合を含めていなかったという二点

190

3 考　察

重大性・急迫性が高い少数の事例について例外的に援用が受け入れられていたに留まる[548]。同年以降，ICJ，国際海洋法裁判所（ITLOS）及び二国間投資協定（Bilateral Investment Treaties（BITs））に基づく投資家・国家間の紛争解決（Investor-State Dispute Settlement（ISDS））手続において，同条に反映されているとされる慣習国際法上の緊急状態が紛争当事国により援用され，又は国際裁判所等によりその該非が検討された事例は増加しているものの[549]，これらの国際判例においてその要件を具体的事案に当てはめ慣習国際法上の緊急状態に該当する旨認定した例は，2000年代初頭の通貨・経済危機に対処するためにアルゼンチン政府がとった銀行口座引出し・送金規制，ペソ・米ドル固定相場制の停止，ドル建ての預金・公共事業契約等のペソ建てへの一方的切替え等

のみである。したがって，ICJ は，ガブチコヴォ・ナジュマロシュ計画事件判決（1997年）時点で既に，この二点を除く現 ILC 国家責任条文案第25条の内容について，慣習国際法を反映するものと確認していたことになる。HEATHCOTE, *supra* note 543, p. 495.

548　ILC 国家責任条文案コメンタリー，pp. 81-82, paras.(4)-(10)（*Commentary to Article 25*）で例示する1997年以前の国家実行・国際裁判例のうち，緊急状態に相当する正当化（違法性阻却）事由又は免責事由の援用をその相手国も一応受け入れていたとみなし得る事例は，せいぜい，①ポルトガル軍による英国民財産徴発事件（1832年）及び②キャロライン号事件（1837年）の 2 件のみであり，それ以外の事例においては，関係国がそもそもそのような事由を援用しなかったか，援用したものの相手国・常設国際司法裁判所（PCIJ）等により認められなかったことが，学説上指摘される。また，上述の 2 件に関しても，①については，英国の国王法律顧問が外務大臣宛にポルトガルによる緊急状態の援用を受け入れるべき旨の意見書簡を出したものの，外務大臣は最終的にその意見に従わず，ポルトガルに対して当該英国民への金銭賠償を請求したこと，②については，その後の反徒やテロリストの越境掃討活動等，類似の事案に関する国家実行に照らせば緊急状態ではなく自衛権の先例とみなすべき事案とも考えられることに加え，米国が当該事由の存在自体は認めたものの（（注533）参照），英国側の実際の行動が当該事由に該当していたか否かについては両国間で合意に至らず，英国は最終的に謝罪の意（apology）を表明したことが，それぞれ指摘される。山田『前掲書』（注546）16〜22頁及び51〜52頁; HEATHCOTE, *supra* note 543, pp. 493-494; Robert D. SLOANE, "On the Use and Abuse of Necessity in the Law of State Responsibility", *The American Journal of International Law*, Vol.106（2012），p. 447, pp. 456-457, 461 & 462-469.

　上述の 2 件以外の1997年以前の国家実行・国際裁判例のうち，仲裁人又は当事国が「不可抗力」に依拠した③ベネズエラ鉄道フランス会社事件フランス・ベネズエラ混合請求委員会裁定（1905年，内戦に伴う損害）及び④対ロシア補償事件常設仲裁裁判所（PCA）判決（1912年，財政危機による戦後補償支払遅延）について，実質的に緊急状態に相当する事由の存在を肯定された例と見なし得るものの，その後の国際判例では否定され，又は判断を回避される等肯定例が存在しなかったことに関し，山田『同上』32〜39頁。

Ⅲ　二次的規範及び対処方法

の措置に関する少数の ISDS の事例のみに留まり[550]，しかも，同一の危機・措置についてかかる認定に至らなかった ISDS の事例も多数存在する[551]。また，学説上，同条に規定する緊急状態の要件のうち，特に「不可欠の利益」の要件（同条 1 ⒜）については，より極限的な「国の自己保存（self-preservation）」ないし「国の存立に関わる（existential）」緊急状態が専ら援用・認容されていた1996年以前の国家実行を反映しておらず，未だ「国際法の漸進的発達」の段階にあり，その内容・判断基準は今後の国家実行等の展開に委ねられているとの見解も有力である[552]。

　国家実行及び国際判例に看取されるこうした慎重姿勢にかかわらず，ICJ に

549　ICJ の事例として，*Gabčíkovo-Nagymaros Project（Hungary/Slovakia），Judgment, I.C.J., supra* note 289, pp. 35-36 & 39, paras.40, 48 & 49; *L'édification d'un mur, avis consultatif, C.I.J., supra* note 539, pp. 194-195, para.140. ITLOS の事例として，*M/V "SAIGA"（No. 2）（Saint Vincent and the Grenadines v. Guinea），Judgment, ITLOS Reports 1999,* p. 10, pp. 54-55, para.128.

　ISDS の事例は，アルゼンチンの通貨・経済危機関連のものが多数に上るが，例えば，CMS Gas Transmission Company v. Argentine Republic, ICSID Case No. ARB/01/8, Award（May 12, 2005）, pp. 89-90, paras.309-312; LG&E Energy Corp., LG&E Capital Corp. and LG&E International Inc. v. Argentine Republic, ICSID Case No. ARB/02/1, Decision on Liability（3 October 2006）, p. 61, paras.201-202; Enron Corporation and Ponderosa Assets, L.P v. Argentine Republic, ICSID Case No. ARB/01/3, Award（May 22, 2007）, pp. 93-94, paras.294-298; Sempra Energy International v. Argentine Republic, ICSID Case No. ARB/02/16, Award（September 28, 2007）, pp. 99-100, paras.333-337; Continental Casualty Company v. Argentine Republic, ICSID Case No. SARB/03/9（September 5, 2008）, pp. 21-22, 31 & 32, paras.59, 84 & 87-88,; Urbaser S.A. and Consorcio de Aguas Bilbao Bizkaia, Bilbao Biskaia Ur Partzuergoa v. Argentine Republic, ICSID Case No. ARB/07/26, Award（December 8, 2016）, pp. 184 -187, paras.698-708,

550　ICJ 及び ITLOS は，いずれの事案についても緊急状態に該当することを否定している。*Gabčíkovo-Nagymaros Project（Hungary/Slovakia），Judgment, I.C.J., supra* note 289, pp. 40-46, paras.52-58; *L'édification d'un mur, avis consultatif, C.I.J., supra* note 539, pp. 194-195, para.140; *M/V "SAIGA"（No. 2），Judgment, ITLOS, supra* note 549, pp. 55-56, paras.132-136.

　アルゼンチンの通貨・経済危機への対処について慣習国際法上の緊急状態の援用を認めたとされる ISDS の事例として，LG&E v. Argentina, ICSID, Decision on Liability, *supra* note 549, pp. 62, 67-80, paras.206, 226-242, 245-266（BIT の公の秩序・安全保障例外規定における「必要性（necessity）」要件の解釈に当たり慣習国際法上の緊急状態の要件に依拠）; Urbaser and CABB v. Argentina, ICSID, Award, *supra* note 549, pp. 187-189, paras.709-719.

3 考 察

551 例えば，CMS v. Argentina, ICSID, Award, *supra* note 549, pp. 91–96, paras.315–331; Enron v. Argentina, ICSID, Award, *supra* note 549, pp. 96–99, paras.303–313; Sempra v. Argentina, ICSID, Award, *supra* note 549, pp. 102–105, paras.344–355; Continental Casualty v. Argentina, ICSID, *supra* note 549, pp. 70–74, 85 & 99, paras.162–168, 192 & 222（BIT の公の秩序・安全保障例外規定における「必要性（necessity）」要件の解釈に当たり慣習国際法上の緊急状態の要件に依拠することを否定した上で，アルゼンチンのとった措置の一部について当該例外規定に該当する旨認定）．

　なお，Enron v. Argentina, Sempra v. Argentina の各事案については，その後，手続上の理由による仲裁判断の取消手続（国家と他の国家の国民との間の投資紛争の解決に関する条約（昭和42年条約第10号／1966年10月発効，日本について1967年9月発効）第52条）において，⑴緊急状態の諸要件のうち「唯一の方法」（本文④），他国の「不可欠の利益」を「深刻に損なわない」（同⑤），緊急状態の発生に自ら寄与していない（同⑥）の各要件の該非の判断に当たり，経済学者の見解にのみ依拠し，当該要件を法的に解釈・適用せず，若しくは少なくとも判断の根拠を示さなかったこと，又は⑵一次的規範である BIT の公の秩序・安全保障例外規定と二次的規範である慣習国際法上の緊急状態との内容・法的効果の相違にもかかわらず，これらを同一視し，前者の例外規定を適用しなかったことが仲裁裁判所の権限の逸脱（同条⑴b）等に該当するとして，仲裁判断の全部又は一部が取り消されている。Enron Creditors Recovery Corp. and Ponderosa Assets, L.P. v. Argentine Republic, ICSID Case No. ARB/01/3, Decision on the Application for Annulment of the Argentine Republic (30 July 2010), pp. 149–159 & 161–162, paras.360–395 & 404–405（⑴）; Sempra Energy International v. Argentine Republic, ICSID Case No. ARB/02/16, Decision on the Argentine Republic's Application for Annulment of the Award (29 June 2010), pp. 34–46, paras.185–219（⑵）．CMS v. Argentina 仲裁判断の取消手続においても，該当箇所の取消しには至らなかったものの，⑵と同旨の指摘がなされている（CMS Gas Transmission Company v. Argentine Republic, ICSID Case No. ARB/01/8, Decision of the Ad Hoc Committee on the Application for Annulment of the Argentine Republic (September 25, 2007), pp. 34–36, paras.128–136)。

552 例えば SLOANE, *supra* note 548, pp. 457, 459–460, 470–472 & 486–487. SLOANE は，ICJ がガブチコヴォ・ナジュマロシュ計画事件判決（1997年）において関連の国家実行・法的確信を検証することなく当時の ILC の国家責任条文草案第33条の内容が慣習国際法を反映している旨判示し，その4年後（2001年）には ILC が ILC 国家責任条文案第25条の内容を支持する論拠の一つとして同判決を引用し（ILC 国家責任条文案コメンタリー，p. 82, para.⑾（Commentary to Article 25))，更にその3年後には，ICJ パレスチナ壁建設勧告的意見（2004年）において，再び国家実行等を分析することなく同条を慣習国際法を反映するものとしてそのまま引用するという展開を「制度的な循環論法（institutional circularity）」として批判している。SLOANE, *Ibid.*, pp. 452–453. ICJ の判決・勧告的意見については，下掲（注553）参照。

　1997年以降についても，ICJ 及び ITLOS の関連の判決では「不可欠の利益」の判断基準に立ち入ることなくその該非が判示される一方，一連の ISDS の判断例では「重大な，かつ，急迫した危険」の要件と混同する傾向が見られる等，「不可欠の利益」の内

Ⅲ　二次的規範及び対処方法

おいて，ILC 国家責任条文案第25条の内容が概ね緊急状態に関する慣習国際法を反映している旨判示されていること[553]等にかんがみれば，各国が越境サイバー侵害行動に対して越境サイバー行動による反撃等の措置をとるに当たり，同条の規定に即して緊急状態を援用し，当該措置の正当化を図ることは可能であり，またそうすることが十分に想定されよう。その場合，緊急状態を援用する国は，同条に規定する以下の①〜④の各要件（いずれも同条 1 (a)）について，少なくとも当該措置をとった後，当該措置の影響を受ける国その他関係国等に対し，具体的事実・状況に即して客観的に説明・立証することができる必要がある[554]。

① 当該越境サイバー侵害行動により脅かされる自国の利益が「不可欠の（essential）」ものであること。かかる「不可欠の利益」は，必ずしも国の（安全保障上の）自己保存に限られるものではなく，上述の国際判例上も，例えば，自国内・隣接地域の自然環境[555]や，通貨・経済危機の下における国の政治的・経済的生存，基幹サービスの継続及び国内治安の維持[556]が「不可欠の利益」に該当し得る旨判示されているが，上述のとおり，緊急状態を援用しようとする国がその直面する具体的状況・事実関係に即して客観的に説明可能でなければならない。例えば，自国が重要インフラと認定している施設等に対する越境サイバー侵害行動について，当該施設等が重要インフラであることのみを以て「不可欠の利益」に対する「危険」と認められるわけで

　　容・判断基準の精緻化が進んでいないことが指摘される。山田『前掲書』（注546）152
　　〜154頁。

553　*Gabčíkovo-Nagymaros Project (Hungary/Slovakia), Judgment, I.C.J., supra* note
　　289, pp. 39-41, paras.50-52; *L'édification d'un mur, avis consultatif, C.I.J., supra* note
　　539, pp. 194-195, para.140.

554　ILC 国家責任条文案コメンタリー，pp. 83, paras.(15)-(16)（*Commentary to Article*
　　25）; SCHALLER, *supra* note 542, p. 1636; ARIMATSU and SCHMITT, *supra* note 542,
　　pp. 1184-1185 & 1187-1188.

555　*Gabčíkovo-Nagymaros Project (Hungary/Slovakia), Judgment, I.C.J., supra* note
　　289, p. 41, para.53. ただし，「不可欠の利益」の具体的な判断基準を示すことなく，該当
　　する旨の結論のみが示されていることについて，（注552）後段参照。

556　LG&E v. Argentina, ICSID, Decision on Liability, *supra* note 549, pp. 75 & 77,
　　paras.251 & 257. ただし，「重大な，かつ，急迫した危険」の存在の認定を以て事実上
　　「不可欠の利益」が存在していたことも認め，両者を混同していることについて，（注
　　552）後段参照。

3 考　察

はなく，自国の地理的条件，人口分布，経済・産業構造等に即して当該施設
等の機能の維持が「不可欠の利益」に該当することを説明・立証する必要が
ある[557]。

② 当該越境サイバー侵害行動のもたらす「危険」が「重大な（grave）」もの
であること。ICJ（ガブチコヴォ・ナジュマロシュ計画事件判決（1997年））
及びISDSの判例においては，この要件に関し，(i)「危険」の懸念では足り
ず，その発現が確実かつ必然的であること，及び(ii)その「危険」が「壊滅的
(catastrophic)」，「制御不能（out of control/unmanageable）」，「深刻（serious）」
等と形容される重大なものであることを客観的に立証することが要求されて
いる[558]。このことを踏まえれば，当該越境サイバー侵害行動について，その
予期される損害又は侵害の確実性の程度（発生の可能性がどの程度高いか）
及び深刻性（予期される規模・効果）に照らし，①の「不可欠の利益」を破
壊し，又はほぼ機能しない状態に陥れる等，当該「不可欠の利益」の根本に
介入するものであることを具体的状況に即して示せることが必須となる[559]。

③ 当該「危険」が「急迫した（imminent）」ものである，すなわち，損害又
は侵害の発生が時間的に近接している（proximate）こと[560]。ICJはガブチ
コヴォ・ナジュマロシュ計画事件判決（1997年）において，損害又は侵害の
発生が遠い将来にしか見込まれない場合であっても，その発生が確実かつ不
可避であることが立証される場合には，長期的に発現する「危険」が「急迫
した」ものであると認められる可能性を示唆しており[561]，学説上，これに依

557　SCHMITT and VIHUL (eds.) (Tallinn Manual 2.0), *supra* note 1, pp. 135–136,
para.2 (commentary to Rule 26); SCHALLER, *supra* note 542, p. 1631; ARIMATSU
and SCHMITT, *supra* note 542, pp. 1184–1185.

558　*Gabčíkovo-Nagymaros Project (Hungary/Slovakia), Judgment, I.C.J.*, *supra* note
289, pp. 42–45, paras.54–57. ISDS判断例として，例えばCMS v. Argentina, ICSID,
Award, *supra* note 549, p. 93, paras.319–321; Enron v. Argentina, ICSID, Award, *supra*
note 549, p. 97, paras.306–307; LG&E v. Argentina, ICSID, Decision on Liability, *supra*
note 549, p. 76, para.253. これらを含む関連国際判例における「重大な，かつ，急迫し
た危険」の要件（本文②及び③）の立証・判断基準について，山田『前掲書』（注546）
157～162頁。

559　SCHMITT and VIHUL (eds.) (Tallinn Manual 2.0), *supra* note 1, pp. 136–137,
paras.4–5 (commentary to Rule 26); SCHALLER, *supra* note 542, p. 1633; ARIMATSU
and SCHMITT, *supra* note 542, pp. 1187–1188.

560　ILC国家責任条文案コメンタリー，p. 83, para.(15) (*Commentary to Article 25*).

Ⅲ　二次的規範及び対処方法

拠して，例えば自国の「不可欠の利益」（①）に「重大な危険」（②）をもたらす越境サイバー侵害行動が行われるとの信頼に足るインテリジェンス情報を有するときは，当該越境サイバー侵害行動の時間的な近接性の判断には柔軟性が認められる（損害又は侵害の発生が時間的に近接していると必ずしも言えない段階であっても緊急状態の援用が認められる）とする見解が有力である[562]。しかしながら，かかる見解について，その濫用によるサイバー紛争のエスカレーションの懸念や，そもそも慣習国際法を反映していないとする反論・批判も見られる[563]ことにかんがみれば，各国は時間的な近接性について，一定の合理性を以て説明することができる必要があろう。例えば，自国の重要インフラのシステム内にマルウェアが侵入していることが確認されたが，そのマルウェアがもたらす損害又は侵害，機能（加害機能が一定の期日に自動的に稼働するのか，攻撃者の指示を受けて稼働するのか）等が全く判明していない段階で国際法上の義務に違反し得るハックバック等を行うことについては，危険の「急迫性」の要件を満たすと説明することは困難と思われる。

④　上述の越境サイバー行動による反撃等の措置が①の利益を守るための「唯一の方法」である，すなわち，当該措置をとる時点において，その費用・負担にかかわらず実施可能な他の（国際法上）適法な方法が存在しないこと。学説上，かかる他の適法な方法は一方的な措置に限られず，他国との又は国際機関を通じた協力措置も含むとする見解が多数説であること[564]にかんがみれば，各国は緊急状態の援用に先立ち，「唯一の方法」の要件を満たさないとの非難を可能な限り回避すべく，越境サイバー侵害行動の（潜在的な）発信源国，それが地政学的対立等のため現実的でない場合には他の同盟国・同

561　*Gabčíkovo-Nagymaros Project (Hungary/Slovakia), Judgment, I.C.J., supra* note 289, pp. 41-42, para.54. ICJ の本件判示に関し，緊急状態全般における長期的に発現する「危険」について，急迫性（時間的近接性）の判断基準を緩和するものと解する学説として，山田『前掲書』（注546）158〜159頁及び162頁。

562　SCHMITT and VIHUL (eds.) (Tallinn Manual 2.0), *supra* note 1, pp. 138-139, paras.14-15（commentary to Rule 26）; ARIMATSU and SCHMITT, *supra* note 542, pp. 1189-1191.（いずれも，先制的自衛が認められる武力攻撃の急迫性について学説・国家実行上提唱される「最後の実行可能な機会の窓（last feasible window of opportunity）」の判断基準（注533参照）が，緊急状態における危険の急迫性の判断基準としても妥当するとする）

563　SCHALLER, *supra* note 542, pp. 1634-1636.

3 考 察

志国から又は関係国際・地域機関等を通じ，発信源となるアカウントの調査・遮断，当該越境サイバー侵害行動から自国の重要インフラ等を実効的に防御するための技術・ソフトウェアの提供等の（国際法上）適法な支援・協力を得るよう努める必要があろう。また，当該越境サイバー侵害行動のもたらす「危険」，すなわち予期される損害又は侵害が生ずる可能性がなくなった後は，被侵害国は速やかに当該措置を終了しなければならない。

これらの要件とともにILC国家責任条文案第50条に規定されている以下⑤及び⑥の各要件に関しては，1996年以前の国家実行を反映しておらず慣習国際法化していないとする学説が有力であるが[565]，ICJは判決においていずれも慣習国際法の規範を反映するものとし[566]，特に⑥の要件については，同要件に該当しないことを理由の一つとして係争事案の当事国による緊急状態の主張を否定してもいる[567]。かかる判例の存在を踏まえれば，緊急状態を援用する国は，自らの越境サイバー行動による反撃等の措置の影響を受ける国等からこれらの要件を満たさず違法との非難を受ける可能性を想定し，当該措置を実行する前に，少なくともこうした非難に有効に反論できる程度の検討ないし準備をしておく必要があろう。例えば，⑤に関しては，越境サイバー侵害行動により脅かされている自国の利益と当該措置により損なわれる可能性のある他国の利益とをその時点で有する知見・情報に基づいて比較衡量し，前者の自国の利益の方がより重要であり，又はより深刻に脅かされていると認められること[568]，⑥に関しては，自国において，GGEの報告書に含まれる国家の責任ある行動のための拘束力を有しない自主規範13⒢（自国の重要インフラを保護するための適

---

564 ILC国家責任条文案コメンタリー，p. 83, para.⒂（*Commentary to Article 25*）;
SCHMITT and VIHUL（eds.）（Tallinn Manual 2.0），*supra* note 1, p. 141, para.21
（commentary to Rule 26）; ARIMATSU and SCHMITT, *supra* note 542, pp. 1194-1195.
少数説は，少なくとも越境サイバー侵害行動については，その即時性，（発信源，手段・手法等の）実態把握の困難さ，迅速な対処の必要性等にかんがみ，他国・国際機関との協力まで要求することなく，被侵害国自身の管理下にある諸手段・手法の中で「唯一の方法」であれば足りるとする。SCHMITT and VIHUL（eds.）（Tallinn Manual 2.0），*Ibid.*, p. 141, para.22（commentary to Rule 26）.

565 SLOANE, *supra* note 548, pp. 472, 478-481 & 487-490; SCHALLER, *supra* note 542,
pp. 1625-1626 & 1630-1631.

566 *Gabčíkovo-Nagymaros Project（Hungary/Slovakia），Judgment, I.C.J.*, *supra* note
289, pp. 40-41, para.52.

197

Ⅲ 二次的規範及び対処方法

当な措置)[569]等，サイバーセキュリティについて推奨される国際的な勧告・指針等が着実に実施されていたこと，その他合理的な国家に期待される通常のサイバーセキュリティ対策（システム・ソフトウェアの定期的な更新，ファイアーウォール等）が講じられていたことを，それぞれ予め確認しておくことが考えられる。

⑤　当該措置が，自国が国際法上の義務を負う他国の「不可欠の利益」を「深刻に損なう（seriously impair）」ものでないこと（同条 1(b)）。

⑥　自国が緊急状態の発生に寄与（contributed to the situation of necessity）していないこと（同条 2(b)）。

　以上の各要件のうち，特に④に関連して，越境サイバー侵害行動の（潜在的な）被侵害国が緊急状態を援用してとる措置に対する当該被侵害国以外の第三

567　*Gabčíkovo-Nagymaros Project (Hungary/Slovakia), Judgment, I.C.J., Ibid.*, pp. 45-46, para.57. ⑥の「援用国の不寄与」の要件に関しては，ISDS の判断例の多くにおいても，同要件に該当しないことがアルゼンチンによる緊急状態の援用の否定の理由の一つとして挙げられる。例えば Enron v. Argentina, ICSID, Award, *supra* note 549, pp. 98-99, paras.311-312; CMS v. Argentina, ICSID, Award, *supra* note 549, pp. 95-96, paras.328-329; National Grid P.L.C. v. Argentine Republic, UNCITRAL Arbitration Case 1:09-cv-00248-RBW, Award（November 3, 2008), pp. 107-108, para.260; El Paso Energy International Company v. The Argentine Republic, ICSID Case No. ARB/03/15, Award（31 October 2011), pp. 242-243, para.656（ただし，同要件に該当すると判示した例として，LG&E v. Argentina, ICSID, Decision on Liability, *supra* note 549, p. 77, para.256).

　　これらの国際判例に関し，山田は，(i)危機とそれをもたらした様々な要因との因果関係を比較し，援用国自身の政策・行為（内的要因）がそれ以外の要因（外的要因）よりも根源的な原因となっている場合には，同要件に該当しない，(ii)援用国自身の内的要因がより根源的な原因であったとしても，当該援用国が危機を軽減するためにあらゆる方法を試みていた，関連国際機関等から奨励・賞賛される政策をそのまま実行していた等，当該援用国に過失がなかった場合には，同要件に該当する，とする判断基準を示すものとする。山田『前掲書』（注546）162～169頁。

568　ARIMATSU and SCHMITT, *supra* note 542, p. 1193. もっとも，これまで ICJ 及び ITLOS はこの⑤の要件について判断を示しておらず，ISDS の判断例においても，同要件の該非の判断が示されたことはあるものの，当該他国の「利益」の「不可欠」性及びこれに対する侵害の「深刻」性の判断基準は具体的に検討・提示されていないことが指摘される。山田『前掲書』（注546）174～176頁。

569　2021年 GGE 報告書 Norm 13(g), paras.47-50, p. 13.

　　　　　　　　　　　　　　　　　　　　　　　　　　3　考　　察

国による支援が適法と認められるか，また，④及び⑤に関連して，当該被侵害
国が緊急状態を援用して武力の行使を伴う措置をとることが認められるか，の
二点が問題となり得る。前者（第三国による支援）に関しては，緊急状態の法
的性格を「正当化事由（justification）」，「免責事由（excuse）」のいずれと解す
るかによって帰結が異なり，学説は分かれているが[570]，ILC 国家責任条文案に
おいて緊急状態は「違法性阻却事由（circumstances precluding wrongfulness）」
・・・・・・・
（傍点引用者）と位置付けられ，措置等が本来有する違法性が失われ適法とみ
なされることを強く示唆していること[571]，対抗措置に対する第三国支援の場合
と同様（上述(5)柱書参照），通常の能力構築支援ないし信頼醸成措置と明確に
区分し難いこと等にかんがみれば，当該第三国がサイバーセキュリティに関す
る二国間の，少数国間の又は地域的な協力枠組みにおける調整・連携等の一環

---

[570] 「正当化事由」であれば本来違法な行為の違法性が失われ適法とみなされるので，当
該行為への支援も適法とされる一方，「免責事由」であれば一時的に義務から免除され
るに留まり，当該行為が違法であることに変わりはないため，当該行為への支援は違法
と評価される。HEATHCOTE, *supra* note 543, p. 494（国際法上の緊急状態は違法性阻
却事由であり，英米刑事法上の「免責事由」としての necessity 概念と相容れない）;
SLOANE, *supra* note 548, pp. 484-486（「不可欠の利益」に対する「重大な，かつ，急
迫した危険」が存在しなくなり次第直ちに逸脱した国際法上の義務の履行を回復しなけ
ればならないこと（本文④参照），物的損失に対する補償の問題に影響を及ぼさないと
されること（ILC 国家責任条文案第27条(b)，本文後述）等に照らし，「免責事由」と解
すべき）; 山田『前掲書』（注546）196〜202頁（国際法上の義務を逸脱するにもかかわら
ず違法性が阻却される根拠が不明確という「正当化事由」説の理論的弱点が解消される，
国際法の実効性の確保に資する，金銭補償義務の残存について理論的根拠付けが容易と
なるとの理由から，援用国が他の方法により「危険」に対処し得る可能性の欠如又は減
少を根拠とした「有責性阻却・軽減（事由）」と位置付けるべき）; ARIMATSU and
SCHMITT, *supra* note 542, pp. 1195-1196（現時点までの国家実行からは「正当化事由」，
「免責事由」のいずれか明確でない）.

[571] 例えば，ILC 国家責任条文案, Article 25, paragraph 1（「国際法上の義務に適合し
ない行為の違法性を阻却する根拠（a ground for precluding the wrongfulness）とし
て」）; ILC 国家責任条文案コメンタリー，pp. 80-81, para.(3)（「違法性阻却事由としての
緊急状態の存在を支持する実質的な典拠（substantial authority）が存在する」）and p.
83, para.(14)（「国家実行及び裁判例は，緊急状態が…違法性阻却事由を構築し得るとの
見解を支持している」）（*Commentary to Article 25*）. もっとも，ILC 国家責任条文案コ
メンタリーの該当箇所には「免責事由」と解し得る説明も混在しており，必ずしも明確
とは言えない。ILC 国家責任条文案コメンタリー，p. 80, para.(2)（「緊急状態は，義務
の不履行について責任を免ずる（excuse non-performance of an obligation）ために稀
にしか援用し得ない」）（*Commentary to Article 25*）.

Ⅲ　二次的規範及び対処方法

として，当該被侵害国の要請を受けて事実上の支援を提供することは，当該被侵害国が④を含む各要件を満たす限りにおいて妨げられないと考えられる[572]。また，後者（緊急状態の下での武力の行使）に関しては，学説上，例えば国際テロ組織等の非国家主体による越境サイバー侵害行動がその規模・効果において武力攻撃に至らないが武力の行使に該当する等，自衛権の行使，対抗措置いずれの要件も満たし得ない限定的な場合には，武力の行使による対処について緊急状態の援用の余地があるとする見解が見られるものの[573]，武力の行使については，その（自衛権の行使としての）「必要性（necessity）」の要件を含め専ら規律する（いわば特別法たる）一次的規範により自衛権の行使（又は国際連合安全保障理事会の決議に基づく軍事的措置）を除き禁じられており，（一般法たる）二次的規範である緊急状態の援用の対象とはならないとする見解が多数説と言え[574]，各国にとって，越境サイバー侵害行動に対し緊急状態に依拠して武力の行使により対処することは，他国及び学界からの異論・非難が見込まれ選択肢となり難いであろう。上述の非国家主体による武力の行使に比肩し得る越境サイバー侵害行動への対処に当たっては，各国は上述(6)のとおり，当該非国家主体が一定の特殊の条件を満たす場合には武力攻撃を認定して自衛権の行使により対処し，それ以外の場合には，当該非国家主体が所在する領域国の同意（ILC 国家責任条文案第20条）を得るか，あえて違法な武力の行使を認定せず，当該領域国の相当の注意義務違反に対する対抗措置（上述(5)イ）としてサイバー又は非サイバーの手段で対処することが想定される。

　なお，緊急状態の下では，上述のように，（国際法上の義務の違反が疑われる）越境サイバー侵害行動について責任を有する国以外の第三国に影響を及ぼ

572　ARIMATSU and SCHMITT, *supra* note 542, p. 1197（集団的対抗措置に関する SCHMITT and WATTS, *supra* note 460を引用）。もっとも，学説上は，正に緊急状態を援用してとられる措置に対する第三国の支援を違法とし，支援国の拡大を牽制する観点から，緊急状態を違法性阻却事由ではなく免責事由又は有責性阻却・軽減事由と位置付けるべきとする見解も存在する。山田『前掲書』（注546）200〜201頁。
　　第三国が当該被侵害国の要請を受けて自ら当該越境サイバー侵害行動に処処する措置をとる，いわば「集団的緊急状態」に関しては，集団的対抗措置についても学説上対立があることに加え，当該第三国自身が「不可欠の利益」に対する「重大な，かつ，急迫した危険」に直面しておらず緊急状態を援用する要件を満たしていない以上，当該第三国が国際法に違反したとする他国・学界の非難は避けられず，当該被侵害国，当該第三国いずれにとっても依拠し得ないであろう。

573　ARIMATSU and SCHMITT, *supra* note 542, p. 1194.

す措置について，当該第三国との関係においても違法性が阻却されるものの，そのような措置をとるか否かの判断に当たっては，当該緊急状態を援用する国が「自国の利益又は懸念の防護の負担（the burden of the defence）を（国際法に）違反していない第三国（an innocent third State）に転嫁しようとする（seek to shift）」ことを防ぐための「適切な条件（a proper condition）」として，当該措置に起因する物的損失（material loss）の金銭補償（compensation）を請求される可能性があること（ILC 国家責任条文案第27条(b)）[575]も考慮に入れる必要があろう。

　以上見てきたとおり，緊急状態には，対抗措置の援用に伴う制約・困難の一部を回避することができる利点を伴う一方，各要件を充足するためのハードルは決して低いとは言えない（傍点箇所参照）。したがって，各国は，越境サイバー侵害行動に報復又は自衛権の行使以外の方法で対処するに当たっては，対抗措置の援用により実効的な対処を期待し得る場合（上記(5)の傍点箇所及び(5)イ参照）に関しては対抗措置による対処の選択肢を確保しつつ，それ以外の場合，具体的には，例えば次の(i)及び(ii)の条件を満たす事前に予期・想定し得ない越境サイバー侵害行動について，緊急状態のこうした利点を活用して有効に対処する具体的措置を検討・追求することが想定される。

(i)　当該越境サイバー侵害行動により（潜在的な）被侵害国の政治的・経済的・社会的基盤への深刻な損害又は国家としての基本的機能への深刻な侵害

574　ILC 国家責任条文案コメンタリー，p. 84, para.(21)（*Commentary to Article 25*）; HEATHCOTE, *supra* note 543, p. 499; SLOANE, *supra* note 548, pp. 494–496; 山田『前掲書』(注546) 128頁，131頁，176～182頁及び187～188頁; SCHMITT and VIHUL (eds.) (Tallinn Manual 2.0), *supra* note 1, p. 140, para.18 (commentary to Rule 26); SCHALLER, *supra* note 542, pp. 1621–1622; ARIMATSU and SCHMITT, *supra* note 542, pp. 1193–1194.

　　これらの識者のうち一部（HEATHCOTE, SLOANE, 山田, SCHALLER）は，その論拠の一つとして武力の行使の禁止が「一般国際法の強行規範の下で生ずる義務」（ILC 国家責任条文案第26条）であることを挙げ，又は示唆するが，「一般国際法の強行規範」は条約法に関するウィーン条約第53条において「いかなる逸脱も許されない規範として，また，後に成立する同一の性質を有する一般国際法の規範によってのみ変更することのできる規範として，国により構成されている国際社会全体が受け入れ，かつ，認める規範」をいうと定義されており（傍点引用者），自衛権の行使という「逸脱」が認められている武力の行使の禁止はこれに該当しない。ARIMATSU and SCHMITT, *supra* note 542, p. 1193, footnote 83.

Ⅲ　二次的規範及び対処方法

が生ずる可能性が急迫しており，かかる損害又は侵害を未然に防ぐ必要がある。こうした重大かつ深刻な損害・侵害をもたらし得る越境サイバー侵害行動を未然に防ぐ目的で，潜在的な攻撃者のサーバ等に侵入し，これを無害化する等の能動的サイバー防御（active cyber defense）措置[576]は，緊急状態の援用に馴染むと考えられる。もっとも，上述④で述べたように，緊急状態は，予期される損害・侵害が生ずる可能性がなくなった後は速やかに終了しなければならない緊急時の一時的な抗弁であるので，個々の能動的サイバー防御措置を発動しようとする都度，その援用の可否を判断し，援用する場合には各要件の充足を対外的に説明できるようにする必要があること，特に，潜在的な攻撃者のサーバ等を（損害・機能喪失等を生じさせない形で）常時監視する等，能動的サイバー防御措置をいつでも，必要な場合には高い頻度で発動し得るような態勢を構築する場合には，他国から緊急状態の安易な援用であり違法との異論・非難を招く可能性にかんがみ，その援用の可否について一層慎重な判断を要することに留意する必要があろう[577]。

(ii)　当該越境サイバー侵害行動の発信源又は国家への帰属を特定することができないか，特定することができたとしても国際違法行為を構成するものか明らかでない[578]。例えば，多数の国の領域を発信源とする同時多発的なサイ

575　ILC 国家責任条文案コメンタリー，p. 86, para.(5)（*Commentary to Article 27*）。かかる金銭補償が緊急状態を援用する国が負う国際法上の義務かどうかに関しては，ILC 国家責任条文案第27条(b)の規定ぶり，本文に紹介した ILC 国家責任条文案コメンタリーの関連箇所の文言，ICJ 及び ISDS の関連国際判例のいずれからも明らかでない。その一方で，学説上は，違法性阻却事由に内在する（国内法上の）「不当利得（unjust enrichment）」賠償義務，免責された上での衡平，有責性を軽減された上で残存する国際違法行為責任（上掲（注570）参照）等を根拠として，緊急状態を援用する国がかかる金銭補償の義務を負うとする有力な見解が存在する。Mathias FORTEAU, "Reparation in the Event of a Circumstance Precluding Wrongfulness", in James CRAWFORD, Alain PELLET, Simon OLLESON and Kate PARLETT（eds.），*The Law of International Responsibility*（Oxford University Press, 2010），p. 887, pp. 891-892（違法性阻却・「不当利得」）; U.N. Doc. A/CN.4/SER.A/1999, *Yearbook of the International Law Commission 1999*, Vol.1, State Responsibility, Second Report of the Special Rapporteur（Mr. CRAWFORD），p. 143, para.41（免責・衡平）; SLOANE, *supra* note 548, pp. 484-486 & 507（有責性軽減・残存責任・衡平）; 山田『前掲書』（注546）201〜202頁（有責性軽減・残存責任）.

576　黒﨑「前掲論文」（注47）29-30頁。

577　黒﨑「前掲論文」（注47）34頁。

578　ARIMATSU and SCHMITT, *supra* note 542, pp. 1186-1187.

3 考　察

バー攻撃，政府・公的機関や重要インフラ事業者からの大量のデータの窃
取・公表や膨大な偽情報の拡散により国家・経済・社会の基本的機能を麻痺
させること等が該当し得よう。

⑻　小　　　括

　以上考察してきたように，従来，各国による越境サイバー侵害行動への対処
においては，国際法（一次的規範）違反の認定の困難さから，自らの国際法違
反を問われることなく，実際の対処の方法・時機を柔軟に選択することができ
る報復が選好されてきた。しかしながら，上記Ⅱでみたように，広範な諸国の
間で，他国・団体等のサイバー攻撃により重要インフラ又は国の公的機関に重
大な損害又は機能喪失が生ずる場合に効果的に対処する必要性が共有されつつ
あり，今後，かかる場合において，侵害国の実行機関等に対する越境サイバー
行動による反撃，さらには当該サイバー攻撃を未然に防ぐための能動的サイ
バー防御措置等による迅速な対処を志向するケースが徐々に増えていくことが
想定される。

　こうした対処行動は，当該サイバー攻撃が国軍の施設・装備の損壊等をもた
らす場合，そのような損壊等をもたらすには至らないがその後に急迫した軍事
行動に繋がることが明白である場合等には，自衛権の行使と位置付けられる余
地があるものの，かかる場合は極めて限定され，各国が実際に自衛権の行使に
至ることは今後も極めて稀と見られる。これ以外のほとんどの状況において，
各国は，①従来，同一の他国から越境サイバー侵害行動又はそれに至らない一
定の悪影響を及ぼす越境サイバー行動が繰り返されており，事前にある程度予
見された当該他国からの新たな越境サイバー侵害行動に対処する場合には対抗
措置，②事前に予見し得なかった発信源・方法等による越境サイバー侵害行動
が特定の侵害国に帰属する国際違法行為であるかどうか明らかでない一方，そ
の（想定される）烈度・損害・急迫度が多大で，損害の発生を未然に防ぐ必要
がある場合には緊急状態を，それぞれ援用することを想定して具体的な対処措
置を検討し，準備する可能性があろう。

　事前にある程度予見可能な越境サイバー侵害行動に対する対抗措置による対
処（上述①）に関し，特に，当該越境サイバー侵害行動の実行者が所在する領
域国の相当の注意義務違反に依拠することができれば，各国は，自国内で既に
１回，明白な物理的・金銭的損害又は非物理的侵害が発生したことが前提（出

Ⅲ　二次的規範及び対処方法

発点）とはなるものの，領域国が監視・報告制度の整備，犯罪化立法等，越境サイバー侵害行動の再発防止のため合理的に実施可能な措置を講じない限り，再発のリスクが継続しているとみなし，次のあり得べき越境サイバー侵害行動の実行前であっても，能動的サイバー防御措置を含む各種の対処措置をとる選択肢を視野に入れることが見込まれる。また，領域国により防止措置が講じられるまでの間，そのような対処措置を継続し，又は反復することも考えられよう。

　緊急状態（上述②）に関しては，事前に予見し得なかった急迫する危険を未然に防ぐために援用される違法性阻却事由であり，各国は，越境サイバー侵害行動により損害・侵害が発生する前に発動される能動的サイバー防御措置について，対抗措置よりも緊急状態による正当化を志向する可能性が高い。もっとも，緊急状態のいわば緊急時の一時的な抗弁としての性格ゆえに，能動的サイバー防御措置を常時発動可能とする即応態勢をとる国は，その発動の都度，緊急状態の援用の可否・是非を慎重に検討し，必要なときは能動的サイバー防御措置の具体的な手段・方法・規模・効果等を国際法上の義務を逸脱しない範囲内に収めるべく調整することを要求されよう。

Ⅳ　結　　論

　今後の OEWG 等における国際的な議論，各国の実行いずれについても，その時々の地政学的状況，関係国の利害の相違・変化等に応じて紆余曲折が見込まれる。しかしながら，これまでの諸国間の議論・実行及び学説の蓄積を検証していくと，中・長期的には，大規模かつ重大な損害，特に重要インフラ又は国の公的機関の物理的損壊又は機能の喪失を伴う越境サイバー侵害行動について，被害国の domaine réserve への違法な干渉又は主権の侵害を成す行為としてその行為の実行地国（領域国）の相当の注意義務違反を認定し，これに対して，特定の領域国から越境サイバー侵害行動が繰り返されておりその再発がある程度予見される場合には対抗措置，予見し得なかった越境サイバー侵害行動の烈度・損害・急迫度が特に多大で未然に防止する必要がある場合には緊急状態をそれぞれ援用し，迅速に対処しようという規範認識が結晶化しつつあることが看取される。かかる規範認識が広範な諸国に共有され，定着していくに伴い，これに即した国家実行の事例も徐々に現れ，蓄積し，越境サイバー侵害行動に適用される実定国際法規範の具体的内容・判断基準の一層の精緻化に繋がっていくことが期待されよう。

　もっとも，越境サイバー侵害行動を実行する個人・団体及びこれを支援する一部の国々は，こうした国際法による規律が及ぶことを回避すべく，虚偽の名義の IP・アカウントの利用，ボットネットの活用等により巧妙に実行者・実行地を偽装するとともに，不干渉義務違反や主権侵害の閾値を超えない低烈度の侵害行動を志向することが想定されるので，実定国際法の枠組みでは今後も越境サイバー侵害行動を実効的に規律することはできないとの指摘[579]は，十分にあり得，また傾聴に値するものでもある。かかる指摘のうち，前段の実行者・実行地の偽装に関しては，各国が官民の協力を含む科学捜査の技術・手法の開発・向上，司法捜査・インテリジェンス部門とのより緊密な協力・連携等を通じて実行者・実行地を特定する能力を向上させていく他ない。しかしながら，後段の低烈度の侵害行動への志向に関しては，仮に上述のような規範認識の定着及びそれに伴う国際法規範の具体的内容・判断基準の精緻化が現実に国

205

Ⅳ　結　　論

際法で規律・対処すべき大規模・重大な越境サイバー侵害行動の減少に繋がっていくのであれば，具体的な援用・適用の事例がないとしても，実定国際法規範がその実効性を示すものと評価し得よう。

579　例えば，前段の実行者・実行地の偽装に関する指摘を中心に，Lorraine FINLEY and Christian PAYNE, "Why international law is failing in keeping pace with technology in preventing cyber attacks" (February 19, 2019), The Conversation, at https://theconversation.com/why-international-law-is-failing-to-keep-pace-with-technology-in-preventing-cyber-attacks-111998#:~:text=Even%20if%20legal%20attribution%20could%20be%20established%2C%20that,but%20only%20in%20response%20to%20an%20armed%20attack.; Nori KATAGIRI, "Why international law and norms do little in preventing non-state cyber attacks", *Journal of Cybersecurity*, Vol.7, Issue 1 (2021), tyab009, at https://academic.oup.com/cybersecurity/article/7/1/tyab009/6168044.

主な参考文献

1　和　文

(1)　著書・論文等

赤堀毅「サイバーセキュリティと国際法 —— 第 6 次国連政府専門家グループ報告書の
　　成果を中心に ——」『国際法外交雑誌』第120巻第 4 号（2022年），25頁

赤堀毅『サイバーセキュリティと国際法の基本 —— 国連における議論を中心に ——』
　　（東信堂，2023年）

浅田正彦「日本と自衛権 —— 個別的自衛権を中心に」国際法学会（編）『日本と国際
　　法の100年　10安全保障』（三省堂，2001年）19頁

新井京「『テロとの戦争』における武力紛争の存在とその性質」『同志社法学』第61巻
　　第 1 号（2009年 7 月） 1 頁

岩沢雄司『国際法』（東京大学出版会，2020年）

岩月直樹「対抗措置制度における均衡性原則の意義 —— 均衡性原則の多元的把握へ向
　　けての予備的考察 ——」『社会科学研究』第54巻第 1 号（2003年）245頁

川口貴久「2018年防衛大綱と『相手方によるサイバー空間の利用を妨げる能力』——
　　抑止力に与える影響の考察 ——」『防衛法研究』第45号（2021年）63頁

黒﨑将広「サイバー空間における主権 —— その論争が意味するもの」森肇志・岩月直
　　樹（編）『サブテクスト国際法 —— 教科書の一歩先へ ——』（日本評論社，2020年）
　　31頁

黒﨑将広「ウクライナ IT 軍と戦闘員資格 —— サイバー武力紛争法の再確認か発展
　　か ——」『国際法研究』第11号（2023年 3 月）77頁

黒﨑将広「能動的サイバー防御の国際法枠組み：武力未満と違法性阻却による正当化
　　の可能性」『国際問題』No.716（2023年12月）29頁

河野桂子「『タリン・マニュアル 2 』の有効性考察の試み —— サイバー空間における
　　国家主権の観点から ——」『防衛研究所紀要』第21巻第 1 号（2018年12月）53頁

竹内真理「リモートアクセス捜査と国家管轄権」『令和 3 年度重要判例解説』（有斐閣，
　　2022年）248-249頁

中谷和弘「サイバー攻撃と国際法」『国際法研究』第 3 号（2015年）59頁

中谷和弘「サイバー諜報と国際法」『国際法外交雑誌』第122巻第 1 号（2023年） 1 頁

西村智朗「領域使用の管理責任 —— トレイル溶鉱所事件」『国際法判例百選（第 3
　　版）』別冊 Jurist No.255（2021年）54頁

西村弓「武力紛争法の履行確保 —— 相互主義と復仇」村瀬信也・真山全（編）『武力
　　紛争の国際法』（東信堂，2004年）685頁

西村弓「サイバー・セキュリティ事案における『相当の注意』義務」浅田正彦・桐山
　　孝信・德川信治・西村智朗・樋口一彦（編）『現代国際法の潮流 II —— 人権，刑事，

遵守・責任，武力紛争 ── 』（東信堂，2020年）301頁

西村弓「越境サイバー対処措置の国際法上の位置づけ」『国際法研究』第14号（2024年3月）53頁

藤澤巖『内政干渉の国際法 ── 法の適用問題への歴史的視座 ── 』（岩波書店，2022年）

真山全「文民保護と武力紛争法 ── 敵対行為への直接的参加概念に関する赤十字国際委員会解釈指針の検討 ── 」『世界法年報』第31号（2012）129頁

御巫智洋「サイバー攻撃に対する国家責任の追及に伴う課題」『国際関係と法の支配』小和田恆国際司法裁判所裁判官退任記念（信山社，2021年7月）937頁

御巫智洋「インターネットの利用に関する国際的なルールにおいて領域主権が果たす機能」『国際法外交雑誌』第121巻第1号（2022年）1頁

宮内靖彦「武力行使の類型化の意義と問題点 ──『武力による対抗措置』の存在基盤 ── 」『國學院法學』第32巻第4号（1995年）109頁

山田卓平『国際法における緊急避難』（有斐閣，2014年）

山本良「紛争の平和的解決と対抗措置の行使に関する一考察 ── 紛争の平和的解決手続の『前置』をめぐる問題を中心として ── 」中川淳二・寺谷広司（編）『国際法学の地平：歴史，理論，実証』大沼保昭先生記念論文集（東信堂，2008年）689頁

⑵　日本の立場表明

外務省ホームページ「サイバー行動に適用される国際法に関する日本政府の基本的な立場について」（https://www.mofa.go.jp/mofaj/gaiko/page3_003059.html）掲載（リンク）外務省「サイバー行動に適用される国際法に関する日本政府の基本的な立場」（2021年5月28日），at https://www.mofa.go.jp/mofaj/files/100200951.pdf（「2021年日本政府の立場」）

2　欧　　文
⑴　著書・論文・学会報告書等

Louise ARIMATSU and Michael N. SCHMITT, "The Plea of Necessity: An Oft Overlooked Response Option to Hostile Cyber Operations", *International Law Studies*, Vol.97（2021），p. 1171

Karine BANNELIER, « Obligation de diligence dans le cyberespace : qui a peur de la cyber-diligence ? », *Revue belge de droit international* , Vol.50（2017），p. 612

Steven J. BARELA, "Cross-Border Cyber Ops to Erode Legitimacy: An Act of Coercion"（January 12, 2017）, Just Security, at https://www.justsecurity.org/36212/cross-border-cyber-ops-erode-legitimacy-act-coercion/

David J. BEDERMAN, "Counterintuiting Countermeasures", *The American Journal of International Law*, Vol.96（2002），p. 817

主な参考文献

Alan E. BOYLE, "State Responsibility and International Liability for Injurious Consequences of Acts Not Prohibited by International Law: A Necessary Distinction ?", *International and Comparative Law Quarterly*, Vol.39 (1990), p. 1

Russel BUCHAN, "Cyberspace, Non-State Actors and the Obligation to Prevent Transboundary Harm", *Journal of Conflict & Security Law*, Vol.21 No.3 (2016), p. 429

Enzo CANNIZZARO, "The role of Proportionality in the Law of International Countermeasures", *European Journal of International Law*, Vol.12 No.5 (2001), p. 889

Sean M. CONDRON, "Getting It Right: Protecting American Critical Infrastructure in Cyberspace", *Harvard Journal of Law & Technology*, Vol.20, No.2 (Spring 2007), p. 403

Gary P. CORN and Robert TAYLOR, "Sovereignty in the Age of Cyber", *AJIL Unbound*, Vol.111 (2017), p. 207

James CRAWFORD, Alain PELLET, Simon OLLESON and Kate PARLETT (eds.), *The Law of International Responsibility* (Oxford University Press, 2010).

Rebecca CROOTOF, "International Cybertorts: Expanding State Accountability in Cyberspace", *Cornell Law Review*, Vol.103 (2018), p. 565

Robert J. CURRIE, "Cross-Border Evidence Gathering in Transnational Criminal Investigation: Is the Microsoft Ireland Case the "Next Frontier"?", *The Canadian Yearbook of International Law*, Vol.54 (2016), p. 63

Shane DARCY, "The Evolution of the Law of Belligerent Reprisals?", *Military Law Review*, Vol.175 (2002), p. 184

Jérôme DE HEMPTINNE, "Prohibition of Reprisals", in Andrew CLAPHAM, Paola GAETA and Marco SASSÒLI (eds.), *The 1949 Geneva Conventions: A Commentary* (Oxford University Press, 2015), p. 575

François DELERUE, *Cyber Operations and International Law* (Cambridge University Press, 2020)

Talita DIAS and Antonio COCO, "Cyber due diligence in international law" (Oxford Institute for Ethics, Law and Armed Conflict, 2022), at https://www.elac.ox. ac.uk/wp-content/uploads/2022/03/finalreport-bsg-elac-cyberduediligenceinintern ationallawpdf.pdf

David J. DICENSO, "Information Operations: An Act of War?" (July 31, 2000), Air & Space Power Journal Chronicles Online, at https://www.airuniversity.af.edu/ Portals/10/ASPJ/journals/Chronicles/dicenso1.pdf

Yoram DINSTEIN, *War, Aggression and Self-Defence (Sixth Edition)* (Cambridge University Press, 2017)

主な参考文献

Dan EFRONY and Yuval SHANY, "A Rule Book on the Shelf? Tallinn Manual 2.0 on Cyberoperations and Subsequent State Practice", *The American Journal of International Law*, Vol.112, No.4 (2018), p. 583

Kristen E. EICHENSEHR, "Data Extraterritoriality", *Texas Law Review See Also*, Vol.95 (2017), p. 145

Lorraine FINLEY and Christian PAYNE, "Why international law is failing in keeping pace with technology in preventing cyber attacks" (February 19, 2019), The Conversation, at https://theconversation.com/why-international-law-is-failing-to-keep-pace-with-technology-in-preventing-cyber-attacks-111998#:~:text=Even%20 if%20legal%20attribution%20could%20be%20established%2C%20that,but%20 only%20in%20response%20to%20an%20armed%20attack

Thomas M. FRANCK, "On Proportionality of Countermeasures in International Law", *The American Journal of International Law*, Vol.102 (2008), p. 715

Ryan GOODMAN, "International Law and the US Response to Russian Election Interference" (January 5, 2017), Just Security, at https://www.justsecurity.org/35999/international-law-response-russian-election-interference/

Oona A. HATHAWAY, Rebecca CROOTOF, Philip LEVITZ, Haley NIX, Aileen NOWLAN, William PERDUE and Julia SPIEGEL, "The Law of Cyber-Attack", *California Law Review*, Vol.100 (2012), p. 817

Wolff HEINTSCHEL VON HEINEGG, "Territorial Sovereignty and Neutrality in Cyberspace", *International Law Studies*, Vol.89 (2013), p. 123

Mohamed S. HELAL, "On Coercion in International Law", *International Law and Politics*, Vol.52 (2019), p. 1

Kevin J. HELLER, "In Defense of Pure Sovereignty in Cyberspace", *International Law Studies*, Vol.97 (2021), p. 1432

Jean-Marie HENCKAERTS and Louise DOSWALD-BECK, *Customary International Humanitarian Law, Volume I: Rules* (Cambridge University Press, 2005)

Susan HENNESSEY and Chris MIRASOLA, "Did China quietly Authorize Law Enforcement to Access Data Anywhere in the World?" (March 27, 2017), Lawfare, at https://www.lawfaremedia.org/article/did-china-quietly-authorize-law-enforcement-access-data-anywhere-world

Rosalyn HIGGINS, *Problems and Process: International Law and How We Use It* (Oxford, Clarendon Press, 1995)

Duncan B. HOLLIS, "Why States Need an International Law for Information Operations", Lewis and Clark Law Review, Vol.11 (2007), p. 1023

Duncan B. HOLLIS, "Could Deployment Stuxnet be a War Crime?" (25 January 2011), OpinioJuris, at https://opiniojuris.org/2011/01/25/could-deploying-stuxnet-

主な参考文献

be-a-war-crime/

Scott JASPER, "Assessing Russia's role and responsibility in the Colonial Pipeline attack" (June 1, 2021), New Atlanticist, at https://www.atlanticcouncil.org/blogs/new-atlanticist/assessing-russias-role-and-responsibility-in-the-colonial-pipeline-attack/

Jean-Baptiste JEANGÈNE VILMER, Alexandre ESCORCIA, Marine GUILLAUME et Janaina HERRERA, *Les Manipulations de l'information : un défi pour nos démocraties*, rapport du Centre d'analyse, de prévision et de stratégie (CAPS) du ministère de l'Europe et des Affaires étrangères et de l'Institut de recherche stratégique de l'École militaire (IRSEM) du ministère des Armées, Paris, août 2018, at https://www.diplomatie.gouv.fr/IMG/pdf/les_manipulations_de_l_information_2__cle04b2b6.pdf

Eric T. JENSEN, "Computer Attacks on Critical National Infrastructure: A Use of Force Invoking the Right of Self-Defense", *Stanford Journal of International Law*, Vol.38 (2002), p. 207

Eric T. JENSEN, "State Obligations in Cyber Operations", *Baltic Yearbook of International Law*, Vol.14: 2014 (2015), p. 71

Nori KATAGIRI, "Why international law and norms do little in preventing non-state cyber attacks", *Journal of Cybersecurity*, Vol.7, Issue 1 (2021), tyab009, at https://academic.oup.com/cybersecurity/article/7/1/tyab009/6168044

Chimène I. KEITNER, "Symposium on Cyber Attribution: Attribution by Indictment", *AJIL Unbound*, Vol.113 (2019), p. 207

Jeff KOSSEFF, "Collective Countermeasures in Cyberspace", *Notre Dame Journal of International & Comparative Law*, Vol.10, Issue 1 (2020), p. 18

Herbert S. LIN, "Offensive Cyber Operations and the Use of Force", *Journal of National Security Law & Policy*, Vol.4 (2010), p. 63

Institut du Droit International, Angers-2023 8ᵉ Commission, Vaughan LOWE (rapp.) "The Applicability of International Law to Cyber Activities", at https://www.idi-iil.org/app/uploads/2023/06/Huiti%C3%A8me-Commission-121-132.pdf

Asaf LUBIN, "The Prohibition on Extraterritorial Enforcement Jurisdiction in the Datasphere", in Austen L. PARRISH and Cedric RYNGAERT (eds.), *Research Handbook on Extraterritoriality in International Law* (Edward Elgar Publishing, 2023), p. 339

Kubo MAČÁK and Tilman RODENHÄUSER, *Towards common understandings: the application of established IHL principles to cyber operations* (March 7, 2023), International Committee of the Red Cross (ICRC) (https://blogs.icrc.org/law-and-policy/2023/03/07/towards-common-understandings-the-application-of-established-

211

ihl-principles-to-cyber-operations/）

Peter MARGULIES, "Sovereignty and Cyber Attacks: Technology's Challenge to the Law of State Responsibility", *Melbourne journal of International Law*, Vol.14 (2013), p. 1

Nils MELZER, *Interpretive Guidance on the Notion of Direct Participation in Hostilities under International Humanitarian Law* (International Committee of the Red Cross (ICRC), 2009) (「ICRC DPH Interpretive Guidance」)

Thibault MOULIN, "Reviving the Principle of Non-Intervention in Cyberspace: The Path Forward", *Journal of Conflict & Security Law*, Vol.25 No.3 (2020), p. 423

Harriet MOYNIHAN, "The Application of International Law to State Cyberattacks: Sovereignty and Non-intervention" (December 2019), Chatham House (The Royal Institute of International Affairs), at https://www.chathamhouse.org/sites/default/files/publications/research/2019-11-29-Intl-Law-Cyberattacks.pdf

Reese NGUYEN, "Navigating Jus Ad Bellum in the Age of Cyber Warfare", *California Law Review*, Vol.101 (2013), p. 1079

Anne-Thida NORODOM, Aude GÉRY and François DELERUE (coords.), "White Paper 16: Digital challenges for international law" (23 July 2022), The ADI/ILA (International Law Association) 2023, at https://www.ilaparis2023.org/wp-content/uploads/2022/08/Numerique-VHD-EN.pdf

Jens D. OHLIN, "Did Russian Cyber Interference in the 2016 Election Violate International Law?", *Texas Law Review*, Vol.95 (2017), p. 1579

William OSSOFF, "Hacking the Domaine Réservé: The Rule of Non-Intervention and Political Interference in Cyberspace", *Harvard International Law Journal*, Vol.62 No.1 (Winter 2021), p. 295

Anna-Maria OSULA and Henry ROGIAS (eds.), *International Cyber Norms: Legal, Policy & Industry Perspectives* (NATO Cooperative Cyber Defence Centre of Excellence (CCD COE), 2016)

Riccardo PISILLO-MAZZESCHI, "The Due Diligence Rule and the Nature of the International Responsibility of States", *German Yearbook of International Law*, Vol. 35 (1992), p. 9

Marco ROSCINI, *Cyber Operations and the Use of Force in International Law* (Oxford University Press, 2014)

Barrie SANDER, "Democracy Under The Influence: Paradigms of State Responsibility for Cyber Influence Operations on Elections", *Chinese Journal of International Law*, Vol.18 (2019), p. 1

Christian SCHALLER, "Beyond Self-Defense and Countermeasures: A Critical Assessment of the Tallinn Manual's Conception of Necessity", *Texas Law Review*,

Vol.95 (2017), p. 1619

Michael N. SCHMITT, "Computer Network Attack and the Use of Force in International Law: Thoughts on a Normative Framework", *Columbia Journal of Transnational Law*, Vol.37 (1999), p. 885

Michael N. SCHMITT, "Military Necessity and Humanity in International Humanitarian Law: Preserving the Delicate Balance", *Virginia Journal of International Law*, Vol.50 (2010), p. 795

Michael N. SCHMITT, "'Below the Threshold' Cyber Operations: The Countermeasures Response Option and International Law", *Virginia Journal of International Law*, Vol.54 No.3 (2014), p. 697

Michael N. SCHMITT, "In Defense of Due Diligence in Cyberspace", *The Yale Law Journal Forum*, Vol.125 (2015), p. 68

Michael N. SCHMITT, "Grey Zones in the International Law of Cyberspace", *The Yale Journal of International Law Online*, Vol.42 (2017), p. 1

Michael N. SCHMITT, "'Virtual' Disenfranchisement: Cyber Election Meddling in the Grey Zones of International Law", *Chicago Journal of International Law*, Vol.19, No.1 (2018), p. 30

Michael N. SCHMITT and Brian T. O'DONNELL (eds.), "Computer Network Attack and International Law", *International Law Studies*, Vol.76 (2002)

Michael N. SCHMITT and Liis VIHUL, "Respect for Sovereignty in Cyberspace", *Texas Law Review*, Vol.95 (2017), p. 1639

Michael N. SCHMITT and Liis VIHUL (eds.), *Tallinn Manual 2.0 on the International Law Applicable to Cyber Operations* (Cambridge University Press, 2017)

Michael N. SCHMITT and Sean WATTS, "Beyond State-Centrism: International Law and Non-state Actors in Cyberspace", *Journal of Conflict & Security Law*, Vol.21 No.3 (2016), p. 595

Michael N. SCHMITT and Sean WATTS, "Collective Cyber Countermeasures?", *Harvard National Security Journal*, Vol.12 (2021), p. 176

Stephen M. SCHWEBEL, "Aggression, Intervention and Self-Defence in Modern International Law: Chapter 5", *Recueil des Cours*, Vol.136 (1972), p. 473

Francesco SEATZU and Nicolás CARRILLO-SANTARELLI, "Towards a Strengthening of Non-Interference, Sovereignty, and Human Rights from Foreign Cyber Meddling in Democratic Electoral Processes", *Brooklyn Journal of International Law*, Vol.48, No.2 (2023), p. 579

Scott SHACKELFORD, "From Nuclear War to Net War: Analogizing Cyber Attacks in International Law", *Berkley Journal of International Law*, Vol.27

（2009), p. 192

Walter G. SHARP, Sr., *Cyberspace and the Use of Force* (Ageis Research Corp, 1999)

Noah SIMMONS, "A Brave New World: Applying International Law of War to Cyber-Attacks", *Journal of Law and Cyber Warfare*, Vol.4, No.1 (Winter 2014), p. 42

Robert D. SLOANE, "On the Use and Abuse of Necessity in the Law of State Responsibility", *The American Journal of International Law*, Vol.106 (2012), p. 447

Jakub SPÁČIL, "Countermeasures Against Cyber Operations: Moving Forward?", *International and Comparative Law Review*, Vol.23 No.2 (2023), p. 86

Phil SPECTOR, "In Defense of Sovereignty, in the Wake of Tallinn 2.0", *AJIL Unbound*, Vol.111 (2017), p. 219

ILA Study Group on Due Diligence in International Law, "Second Report" (Tim STEPHENS (Rapporteur) and Duncan FRENCH (Chair), July 2016), at https://www.ila-hq.org/en/documents/draft-study-group-report-johannesburg-2016

Stefan TALMON, "Determining Customary International Law: The ICJ's Methodology between Induction, Deduction and Assertion", *The European Journal of International Law*, Vol. 26 No.2 (2015), p. 417

Orfeas Chasapis TASSINIS, "Customary International Law: Interpretation from Beginning to End", *The European Journal of International Law*, Vol.31 No.1 (2020), p. 235

Eneken TIKK and Kadri KASKA, "Legal Cooperation to Investigate Cyber Incidents: Estonian Case Study and Lessons", in *9th European Conference on Information Warfare and Security, Thessaloniki, Greece (01-02 July)* (Academic Publishing, 2010), p. 288, at https://ccdcoe.org/uploads/2010/07/Legal_Cooperation_to_Investigate_Cyber_Incidents_Estonian_Case_Study-and_Lessons.pdf

Eneken TIKK, Kadri KASKA, Kristel RÜNNIMERI, Mari KERT, Anna-Maria TALIHÄRM and Liis VIHUL, "Cyber Attacks Against Georgia: Legal lessons Identified" (November 2008), NATO Cooperative Cyber Defence Centre of Excellence (CCDCOE)

Eneken TIKK, Kadri KASKA and Liis VIHUL, "International Cyber Incidents: Legal Considerations" (2010), NATO Cooperative Cyber Defence Centre of Excellence (CCDCOE), at https://ccdcoe.org/uploads/2018/10/legalconsiderations_0.pdf

Nicholas TSAGOURIAS, "The Law Applicable to Countermeasures against Low-Intensity Cyber Operations", *Baltic Yearbook of International Law*, Vol.14 (2014), p. 105

Beatrice A. WALTON, "Duties Owed: Low-Intensity Cyber Attacks and Liability for Transboundary Torts in International Law", *The Yale Law Journal*, Vol.126 (2017), p. 1460

Kenneth WATKIN, *Fighting at the Legal Boundaries: Controlling the Use of Force in Contemporary Conflict* (Oxford University Press, 2016)

Sean WATTS, "Low-Intensity Cyber Operations and the Principle of Non-Intervention", *Baltic Yearbook of International Law*, Vol.14 (2014), p. 137

Sean WATTS, "International Law and Proposed U.S. Responses to the D.N.C. Hack" (October 14, 2016), Just Security, at https://www.justsecurity.org/33558/international-law-proposed-u-s-responses-d-n-c-hack/

Johann-Christoph WOLTAG, *Cyber Warfare: Military Cross-Border Computer Network Operations under International Law* (Intersentia, 2014)

Yannick ZERBE, "Cyber-enabled International State-Sponsored Disinformation Operations and the Role of International Law", *Swiss Review of International and European Law*, Vol.33 (2023), p. 49

Wenqing ZHAO, "Cyber Disinformation Operations (CDOs) and a New Paradigm of Non-Intervention", *University of California, Davis Journal of International Law & Policy*, Vol.27, No.1 (2020), p. 35

Katharina ZIOLKOWSKI (ed.), *Peacetime Regime for State Activities in Cyberspace* (NATO Cooperative Cyber Defence Centre of Excellence (CCD COE), 2013)

⑵　各国の立場表明等（国名英語表記アルファベット順，次項⑶※も参照）

"Position Paper of the Republic of Austria: Cyber Activities and International Law" (April 2024), at https://docs-library.unoda.org/Open-Ended_Working_Group_on_Information_and_Communication_Technologies_-_(2021)/Austrian_Position_Paper_-_Cyber_Activities_and_International_Law_(Final_23.04.2024).pdf (「Austria's Position Paper」)

Government of Canada, "International Law applicable in cyberspace", at https://www.international.gc.ca/world-monde/issues_development-enjeux_developpement/peace_security-paix_securite/cyberspace_law-cyberespace_droit.aspx?lang=eng (「Government of Canada HP」)

"China's Submissions to the Open-ended Working Group on Developments in the Field of Information and Telecommunications in the Context of International Security", at https://s3.amazonaws.com/unoda-web/wp-content/uploads/2019/09/china-submissions-oewg-en.pdf (「China's OEWG Submissions」)

United Nations Office for Disarmament Affairs (UNODA), "China's Contribution to the Initial Pre-Draft of OEWG Report", at https://front.un-arm.org/wp-content/uploads/2020/04/china-contribution-to-oewg-pre-draft-report-final.pdf

主な参考文献

"Denmark's Position Paper on the Application of International Law in Cyberspace" (4 July 2023), *Nordic Journal of International Law*, Vol.92 (2023), p. 446

Republic of Estonia, Ministry of Foreign Affairs, "International law and cyberspace", at https://www.vm.ee/en/international-law-cyber-diplomacy/cyber-diplomacy/international-law-and-cyberspace

"Costa Rica's Position on the Application of International Law in Cyberspace" (21 July 2023), at https://docs-library.unoda.org/Open-Ended_Working_Group_on_Information_and_Communication_Technologies_-_(2021)/Costa_Rica_-_Position_Paper_-_International_Law_in_Cyberspace.pdf (「Costa Rica's Position」)

Ministry of Foreign Affairs, Finland, "International law and cyberspace: Finland's national positions", at https://um.fi/documents/35732/0/Cyber+and+international+law%3B+Finland%27s+views.pdf/41404cbb-d300-a3b9-92e4-a7d675d5d585?t=1602758856859 (「Finland's national positions」)

Ministry of Armed Forces, France, "International Law Applied to Operations in Cyberspace: Paper shared by France with the Open-ended working group established by resolution 75/240" (9 September 2019), at https://documents.unoda.org/wp-content/uploads/2021/12/French-position-on-international-law-applied-to-cyberspace.pdf (「2019年フランス軍事省文書」)

Department of Foreign Affairs, "Ireland: Position Paper on the Application of International Law in Cyberspace" (July 2023), at https://www.dfa.ie/media/dfa/ourrolepolicies/internationallaw/Ireland---National-Position-Paper.pdf (「Ireland Position Paper」)

Roy SCHÖNDORF（イスラエル法務副長官）, "Israel's perspective on Key Legal and Practical Issues Concerning the Application of International Law to Cyber Operations", *International Law Studies*, Vol.97 (2021), p. 395 (「Israel's perspective」)

Ministry for Foreign Affairs and International Cooperation, Italy, "Italian Position Paper on International Law and Cyberspace" (September 2021), at https://www.esteri.it/mae/resource/doc/2021/11/italian_position_paper_on_international_law_and_cyberspace.pdf (「Italian Position Paper」)

New Zealand, Department of the Prime Minister and Cabinet, "The Application of International Law to State Activity in Cyberspace", at https://www.dpmc.govt.nz/sites/default/files/2020-12/The%20Application%20of%20International%20Law%20to%20State%20Activity%20in%20Cyberspace.pdf (「New Zealand HP」)

Andrei V. KRUTSKIKH（GGEロシア政府専門家）and Elena S.ZINOVIEVA, "International Information Security: Russia's Approaches" (2021), at https://documents.unoda.org/wp-content/uploads/2022/03/CMIB-Eng2.pdf

（英国）Attorney General's Office and Jeremy WRIGHT, "Cyber and International Law in the 21st Century" (23 May 2018), at https://www.gov.uk/government/speeches/cyber-and-international-law-in-the-21st-century

（英国）Attorney General's Office and Suella BRAVERMAN, "International Law in Future Frontiers" (19 May 2022), at https://www.gov.uk/government/speeches/international-law-in-future-frontiers

Harold H. KOH（米国国務省法律顧問）, "International Law in Cyberspace", Harvard International Law Journal Online, Vol.54 (2012), p. 1, at https://openyls.law.yale.edu/bitstream/handle/20.500.13051/4383/International_Law_in_Cyberspace__54_Harvard_International_Law_Journal_Online_1__2012_.pdf?sequence=2&isAllowed=y

Brian J. EGAN（米国国務省法律顧問）, "International Law and Stability in Cyberspace", Berkeley Journal of International Law, Vol.35 (2017), p. 169

Paul C. NEY, Jr.（米国国防省法律顧問）, "DOD General Counsel Remarks at U.S. Cyber Command Legal Conference" (March 2, 2020), at https://www.defense.gov/News/Speeches/Speech/Article/2099378/dod-general-counsel-remarks-at-us-cyber-command-legal-conference/

＊サイバー行動関連の各種の局面・論点毎に各国の見解・実行をまとめたウェブサイトとして，International Cyber Law in Practice: Interactive Toolkit（supported by Czech National Cyber and Information Security Agency (NÚKIB), International Committee of the Red Cross (ICRC), NATO Cooperative Cyber Defence Centre of Excellence (CCDCoE), University of Exeter, U.S. Naval War College and Wuhan University), at https://cyberlaw.ccdcoe.org/wiki/Main_Page も参照。

⑶　国際機関の文書・決議等

African Union (AU), "Common African Position on the Application of International Law to the Use of Information and Communication Technologies in Cyberspace" (adopted by the Peace and Security Council (PSC) of the AU on 29 January 2024), at https://papers.ssrn.com/sol3/papers.cfm?abstract_id=4714756（「AU Common Position」※）

Organization of American States (OAS), "Improving Transparency － International Law and State Cyber Operations: Fifth Report" (Presented by Prof. Duncan B. HOLLIS), OEA/Ser.Q, CJI/doc. 615/20 rev.1 (7 August 2020)（https://www.oas.org/en/sla/iajc/docs/CJI-doc_615-20_rev1_ENG.pdf）Annex B（「OAS Bolivia, Chile, Costa Rica, Ecuador, Guatemala, Guyana & Peru responses」※）

U.N. Doc. General Assembly Resolution 2625 (XXV), 24 October 1970, Annex:

主な参考文献

Declaration on Principles of International Law concerning Friendly Relations and Co-operation among States in accordance with the Charter of the United Nations（「友好関係原則宣言」）

U.N. Doc. A/CN.4/SER.A/2001/Add.1 (Part 2), para.77, RESPONSIBILITY OF STATES FOR INTERNATIONALLY WRONGFUL ACTS, pp. 31–143（「ILC 国家責任条文案コメンタリー」）

U.N. Doc. A/CN.4/SER.A/2001/Add.1 (Part 2), para.98, PREVENTION OF TRANSBOUNDARY HARM FROM HAZARDOUS ACTIVITIES, pp. 148–170（「ILC 越境危害防止条文案コメンタリー」）

U.N.Doc. A/RES/56/83, 12 December 2001, Annex: Responsibility of States for internationally wrongful acts（「ILC 国家責任条文案」）

U.N. Doc. A/CN.4/SER.A/2006/Add.1 (Part 2), para.67, DRAFT PRINCIPLES ON THE ALLOCATION OF LOSS IN THE CASE OF TRANSBOUNDARY HARM ARISING OUT OF HAZARDOUS ACTIVITIES, pp. 59–90（「ILC 越境危害損失配分原則案コメンタリー」）

U.N. Doc. A/RES/61/36, 4 December 2006, Annex: Principles on the allocation of loss in the case of transboundary harm arising out of hazardous activities（「ILC 越境危害損失配分原則案」）

U.N. Doc. A/RES/62/68, 6 December 2007, Annex: Prevention of transboundary harm from hazardous activities（「ILC 越境危害防止条文案」）

U.N. Doc. A/HRC/14/24/Add.6, Report of the Special Rapporteur on extrajudicial, summary or arbitrary executions, Philip Alston（May 28, 2010）

U.N. Doc. A/69/723, Letter dated 9 January 2015 from the Permanent representatives of China, Kazakhstan, Kyrgyzstan, the Russian Federation, Tajikistan and Uzbekistan to the United Nations addressed to the Secretary-General (13 January 2015), Annex: International code of conduct for information security（「ICoC」）

U.N. Doc. A/RES/73/202, 20 December 2018, Annex: Subsequent agreements and subsequent practice in relation to the interpretation of treaties（「「ILC treaties subsequent agreements/practice conclusions」）

U.N. Doc. A/RES/73/203, 20 December 2018, Annex: Identification of customary international law（「ILC CIL identification conclusions」）

U.N. Doc. A/CN.4/SER.A/2018/Add.1 (Part 2), para.52, SUBSEQUENT AGREEMENTS AND SUBSEQUENT PRACTICE IN RELATION TO THE INTERPRETATION OF TREATIES, pp. 25–88（「ILC commentaries to the treaties subsequent agreements/practice conclusions」）

U.N. Doc. A/CN.4/SER.A/2018/Add.1 (Part 2), para.66, IDENTIFICATION OF

主な参考文献

CUSTOMARY INTERNATIONAL LAW, pp. 91-113（「ILC commentaries to the CIL identification conclusions」）

U.N. Doc. A/75/816, Report of the Open-ended Working Group on Developments in the Field of Information and Telecommunications in the Context of International Security（18 March 2021）（「2021年 OEWG 報告書」）

U.N. Doc. A/AC.290/2021/INF/2, A/AC.290/2021/INF/2/Add.1 & A/AC.290/2021/INF/2/Add.2, Open-ended Working Group on Developments in the Field of Information and Telecommunications in the Context of International Security, Third substantive session, 8-12 March 2021, Compendium of statements in explanation of position on the final report（25 March, 14 April & 29 November 2021）

U.N. Doc. A/76/135, Report of the Group of Governmental Experts on Advancing Responsible State Behaviour in Cyberspace in the Context of International Security（14 July 2021）（「2021年 GGE 報告書」）

U.N. Doc. A/76/136, Official compendium of voluntary national contributions on the subject of how international law applies to the use of information and communications technologies by States submitted by participating governmental experts in the Group of Governmental Experts on Advancing Responsible State Behaviour in Cyberspace in the Context of International Security established pursuant to General Assembly Resolution 73/266（13 July 2021）（「2021 GGE Compendium」※）

219

本書で紹介した主な越境サイバー侵害行動事案

（年　月）	（事　案）	（主な記述頁）
2007年4月	エストニアの旧ソ連解放戦勝記念像移設を契機とした同国政府機関，議会，公共サービス機関等に対する大規模な分散型サービス拒否（DDoS）攻撃	61–62, 142
2008年8月	南オセチアをめぐるジョージア・ロシア間の武力紛争の直前及び同武力紛争の期間中におけるジョージアの政府機関等に対するサイバー攻撃	119
2010年夏	イラン・ナタンズの核燃料濃縮施設に対するマルウェア Stuxnet による攻撃・大量の遠心分離器破壊（「Stuxnet 事案」）	62–63
2014年11〜12月	金正恩朝鮮労働党第一書記に関する風刺映画を制作した米国 Sony Pictures Entertainment 社に対する北朝鮮のハッカー集団による大規模サイバー攻撃・脅迫（「Sony Pictures Entertainment 社事案」）	45–49, 142–146
2016年2月	国際銀行間通信協会（Swift）システムへの偽装された送金指示による，バングラデシュ銀行（中央銀行）が米国ニューヨーク連邦準備銀行に保有していた外貨の窃取（サイバー強盗）	47–49
2016年6〜7月	米国大統領選挙を控えた民主党全国委員会（DNC）に対するロシアのハッカー集団による侵入及びデータ・通信の窃取・公開	41–42, 70–74, 144, 145–146,
2017年5月	ランサムウェア（「身代金」要求型ウイルス）WannaCry による世界規模の攻撃・被害（2017年5月）（「WannaCry 事案」）	49–56, 142–144, 145
2017年5〜7月	フランス大統領選挙のマクロン候補陣営「前進！（En Marche!）」に対するハッキング及びデータ・通信の窃取・公開	74–76

本書で紹介した主な越境サイバー侵害行動事案

（年　月）	（事　案）	（主な記述頁）
2017年6月	ランサムウェア NotPetya によるウクライナ等世界各地のデータ破壊・システム停止等（「NotPetya 事案」）	56-61, 143, 145
2018年4月	化学兵器禁止事務局（OPCW）（オランダ・ハーグ）に対するサイバー攻撃	54-56
2019年5月	イスラエル国防軍によるハマスの対イスラエル・サイバー攻撃阻止及びハマスのサイバー司令部に対する爆撃・壊滅	147-148
2020年4月頃～	イスラエル・イラン間における重要インフラを標的としたサイバー攻撃の応酬	146-147
2021年5月	米国コロニアル・パイプラインに対するロシア領域からの犯罪ハッカー集団によるランサムウェア攻撃・遮断	139-141
2022年2～3月	ロシアによるウクライナ侵略（2022年2月）の直前・直後におけるウクライナの電気通信事業者，政府機関，商業衛星通信ネットワーク等に対するサイバー攻撃・遮断（米国 Viasat 社モデムに対するサイバー攻撃に伴うウクライナ・中欧の大規模なインターネット・通信遮断を含む。）	63, 119, 141-142

＊上掲以外の越境サイバー侵害行動の事案や，被害国の政治的・経済的・社会的基盤への広範な損害又は国家としての基本的機能の侵害をもたらすまでに至らなかった（越境サイバー侵害行動「未満」の）事案を含むサイバー事案をまとめたウェブサイトとして，以下も参照。

Center for Strategic and International Studies (CSIS), Significant Cyber Incidents, at https://www.csis.org/programs/strategic-technologies-program/significant-cyber-incidents

Council on Foreign Relations (CFR), Cyber Operations Tracker, at https://www.cfr.org/cyber-operations/

European Repository of Cyber Incidents (EuRepoC), Detailed Table View, at https://eurepoc.eu/table-view/

索　引

〔欧文〕

accumulation of events【armed attack】《⇒累積理論》……………… 185

active cyber defense《⇒能動的サイバー防御》……………… 66, 160, 202

Affaire du Détroit de Corfou, Arrêt, C.I.J. (1949)《⇒ ICJ コルフ海峡事件判決（本案）(1949年)》…… **20**, 25, 29, 31, 82, 99, 106, 168, 183

Affaires des biens britanniques au Maroc espagnol (1925) ……… **24**, 31

Air Service Agreement Case (1978)《⇒米・仏航空業務協定事件仲裁判断（1978年）》……… **154**, 156, 166

anticipatory self-defence/defense《⇒先制的自衛》……………… 66, 185

assurance and guarantees of non-repetition (of the internationally wrongful act)《⇒再発防止の約束・保証（国際違法行為の～）》… 126

attribution《⇒帰属の認定（行為の国家への～）》… 43, 51-53, 59, 63, 151

AU サイバー条約 …………… 4, 87, 88

belligerent reprisals《⇒戦時復仇》……………………………… 173, 178

BIT(s) (Bilateral Investment Treaty/Treaties) …………… 191-193

Bosnia and Herzegovina v. Serbia and Montenegro, Judgment, I.C.J. (2007)《⇒ ICJ ボスニア・ジェノサイド事件判決（本案）(2007年)》……………………………… **106**, 150

CERTs (Computer Emeregency

Response Teams)《⇒コンピュータ緊急事態対応チーム》………… 107

cessation (of the internationally wrongful act)《⇒終止（国際違法行為の～)》……………………… 123

Chosun Expo Joint Venture ……… **48**, 54, 55

circumstance(s) precluding wrongfulness《⇒違法性阻却事由》…………………… 135, 189, 199, 202

civilian objects《⇒民用物》…… 115, 116

CMS v. Argentina, ICSID, Award (2005) …………… **192**, 193, 195, 198

coercion【non-intervention】《⇒強制》………………………… 23, 70, 79

collateral damage《⇒付随的損害》……………………………………… 114

collective countermeasures《⇒集団的対抗措置》………………………… 158

Colonial Pipeline《⇒コロニアル・パイプライン》………………… 139-141

combatants《⇒戦闘員》… 109, 112, 114

constructive knowledge《⇒構成的了知》………………………… 29, 103

Continental Casualty v. Argentina, ICSID (2008) …………… **192**, 193

control【attribtuion】《⇒統制》…… 43, 124, 149

Costa Rica c. Nicaragua / Nicaragua c. Costa Rica, arrêt, C.I.J. (2015) ………………………… **20**, 82, 98, 99

countermeasures《⇒対抗措置》………………… 130, 132, 133, 150, 154-156, 165, 166, 178, 189

索　　引

critical infrastructure《⇒重要イン
　フラ》……………………………… 43, 66
CSIRTs (Computer Security
　Incident Response Teams)《⇒コ
　ンピュータ・セキュリティ事案対
　応チーム》……………………………… 107
Cyber Diplomacy Toolbox (EU ～)
　…………………… 54, 55, 61, 145, 159
cybercrime《⇒サイバー犯罪》… 87, 88
cyberspace《⇒サイバー空間》……… 9,
　　　　　　10, 14, 15, 17, 19, 22, 32,
　　　　　　43, 66, 83, 84, 104, 158
DarkSide ……………………………… 139
DDoS (Distributed Denial of
　Service)《⇒分散型サービス拒否》
　………… 61, 62, 76, 81, 84, 142, 144, 146
Democratic Republic of the Congo
　v. Uganda, Judgment, I.C.J. (2005)
　……………… 17, 80, 150, 185, 187, 188
direct participation in hostilities《⇒
　敵対行為への直接参加》………… 110
direct/direction【attribution】《⇒指
　揮》……………………… 43, 124, 149
disinformation《⇒偽情報》……… 93, 94
distinction (principle of ～)
　【international humanitarian law】
　《⇒区別（原則）》…………… 32, 110,
　　　　　　　　　　　112, 114, 116
DNC (US Democratic National
　Committee) …………… 6, 41, 70, 80,
　　　　　　　　　　92, 144, 145
domaine réservé ……… 16, 18, 71, 92,
　　　　　　　　　96, 103, 205
due diligence《⇒相当の注意》… 11, 19,
　　　　　　　24-26, 29, 41, 95
(L')édification d'un mur, avis
　consultatif, C.I.J. (2004)《⇒ICJ

パレスチナ壁建設勧告的意見
　(2004年)》……………… 188, 192, 194
effective control【attribution】《⇒
　実効的統制》……………………… 149
En Marche!《⇒「前進！」》………… 74
Enron v. Argentina, ICSID, Award
　(2007) …………… 192, 193, 195, 198
espionage《⇒諜報》………… 20, 79, 85
essential interest【necessity
　(circumstance precluding
　wrongfulness)】《⇒不可欠の利益》
　………………………… 138, 189, 194
excuse《⇒免責事由》……………… 199
external affairs《⇒対外問題》……… 18
extraterritorial enforcement
　jurisdiction《⇒執行管轄権の域外
　行使》……………………………… 88
forcible reprisal《⇒武力復仇》…… 181
forensic《⇒科学捜査（による）》
　…………………………… 53, 159
FSB（ロシア連邦保安庁）……… 72, 145
Gabčíkovo-Nagymaros Project
　(Hungary/Slovakia), Judgment,
　I.C.J. (1997)《⇒ ICJ ガブチコ
　ヴォ・ナジュマロシュ計画事件判
　決（1997年)》…………… 98, 154, 190,
　　　　　　　　　192, 194-198
GGE (UN Group of Governmental
　Experts on Advancing
　Responsible State Behaviour in
　Cyberspace in the Context of
　International Security) ………… 4, 10,
　12-14, 16, 18-20, 22, 26-28, 31, 32, 34-
　36, 38-40, 43, 77, 92, 102, 104-107, 109,
　123, 124, 127-131, 134-138, 141, 197
grave and imminent peril
　【necessity (circumstance

223

索　　引

precluding wrongfulness)】《⇒重
大な，かつ，急迫した危険》……138,
189, 195, 196

GRU（ロシア連邦軍参謀本部情報総
局）………54, 56, 72, 73, 141, 143, 145

GRU74555部隊 …………………………60

GRU 特別技術メインセンター …55, 60

GTsST ………………………………55, 60, 61

Hamdan v. Rumsfeld, 548 U.S. 557
（2006）…………………………………112

(the) highest level of authority
【belligerent reprisals】《⇒最上位
の当局者》…………………………174

humanity (principle of ~)《⇒人道
性（原則）》……………………………33

ICJ (International Court of Justice
／国際司法裁判所）…………………31

ICJ 核兵器使用勧告的意見（1996年）
《⇒ Legality of the Threat or Use
of Nuclear Weapons, Advisory
Opinion, I.C.J. (1996)》………98, 182

ICJ ガブチコヴォ・ナジュマロシュ
計画事件判決（1997年）
《⇒ Gabčíkovo-Nagymaros
Project (Hungary/Slovakia),
Judgment, I.C.J., (1997)》…… 133, 155,
191, 193, 195

ICJ コルフ海峡事件判決（本案）
（1949年）《⇒ Affaire du Détroit
de Corfou, Arrêt, C.I.J. (1949)》
…………… 25, 96, 97, 99, 167, 168, 183

ICJ 石油プラットフォーム事件判決
（本案）（2003年）《⇒ Oil
Platforms, Judgment, I.C.J.
(2003)》……………………183, 184, 187

ICJ ニカラグア軍事的・準軍事的活
動事件判決（本案）（1986年）

《⇒ Nicaragua v. United States
of America, Merits, I.C.J. (1986)》
…………… 17, 64, 70, 76–78, 80, 149,
150, 158, 180, 182–184, 187

ICJ パレスチナ壁建設勧告的意見
（2004年）《⇒ (L')édification d'un
mur, avis consultatif, C.I.J.
(2004)》………………………………193

ICJ ボスニア・ジェノサイド事件判
決（本案）（2007年）《⇒ Bosnia
and Herzegovina v. Serbia and
Montenegro, Judgment, I.C.J.
(2007)》………………………149, 150

ICTY (International Tribunal for
the Prosecution of Persons
Responsible for Serious Violations
of International Humanitarian
Law Committed in the territory
of the Former Yougoslavia since
1991）……………………………119, 149

ICTY タディッチ事件控訴部判決
（1999年）《⇒ The Prosecutor v.
Duško Tadić, Case No. IT-94-1-
A, ICTY, Appeals Chamber,
Judgement (15 July 1999)》……149

ILC (International Law Commission
／（国際連合）国際法委員会）
……… 6, 98–101, 123, 164, 178, 190, 193

ILC CIL identification conclusions
《⇒国家実行》《⇒法的確信》…… 11,
12, 39

ILC treaties subsequent
agreements/practice conclusions
《⇒後にされた合意》《⇒後に生じ
た慣行》…………………………12, 13

ILC 越境危害損失配分原則案 ………98,
99–101, 103

224

索　引

ILC 越境危害防止条文案 ……… **97, 98,**
　　　　　　　　　　　　100-102
ILC 国家責任条文案 … 6, 7, **43,** 100, 101,
　　123, 124, 126-128, 131-135, 137, 138,
　　141, 149, 154-166, 170-173, 178-179,
　　183, 189-191, 193, 194, 197, 199-202
immediacy【self-defence/defense】
　　《⇒（時間的）近接性》…………… 187
inherently governmental functions
　　【violation of territorial/State
　　sovereignty】《⇒本質的に政府に
　　属する機能》《⇒政府機能》……… 83
instructions【attribution】《⇒指示》
　　………………………………… 43, 149
internal affairs《⇒国内問題》…… 17, 18
international humanitarian law《⇒
　　国際人道法》…………………… 32-34
irreversible course of action【self-
　　defence/defense】《⇒不可逆的な
　　行動の過程》………………………… 185
ISDS（Investor-State Dispute
　　Settlement）《⇒投資家・国家間の
　　紛争解決》…… 191-193, 195, 198, 202
Island of Palmas case（1928）……… **24,**
　　　　　　　　　　　　　　25, 31
JPCERT/CC（Japan Computer
　　Emregency Response Team
　　Coordination Center ／ JPCERT
　　コーデイネーションセンター）
　　《⇒正当化事由》………………… 107
justification ……………………………… 199
last feasible window of opportunity
　　【self-defence/defense, necessity
　　（circumstance precluding
　　wrongfulness）】《⇒最後の実行可
　　能な機会の窓》………………… 196
Lazarus group …………………………… 50

Legality of the Threat or Use of
　　Nuclear Weapons, Advisory
　　Opinion, I.C.J.（1996）《⇒ICJ 核兵
　　器使用勧告的意見（1996年）》…… **25,**
　　　　　　　　　31, 99, 182, 187
LG&E v. Argentina, ICSID, Decision
　　on Liability（2006）………… **192, 194,**
　　　　　　　　　　　　195, 198
liability《⇒補償責任》……… 97, 98, 101
M/V "SAIGA"（No. 2）, Judgment,
　　ITLOS（1999）…………………… 192
MeDoc ……………………………………… 56
military objectives《⇒軍事目標》
　　………………………………… 115, 116
necessity（principle of（military）
　　～）【international humanitarian
　　law】《⇒必要性（原則）【国際人
　　道法】》………………………………… 33
necessity（principle of ～）
　　【countermeasures/peaceful
　　settlement of disputes】《⇒必要
　　性（の原則）【対抗措置】【紛争の
　　平和的解決》………………………… 133
necessity（circumstance precluding
　　wrongfulness）《⇒緊急状態》…… 137,
　　　　　　　　138, 155, 189, 191
necessity【self-defence/defense】
　　《⇒必要性（の要件）【自衛権】》
　　………………………………… 186, 200
Nicaragua v. United States of
　　America, Merits, I.C.J.（1986）
　　《⇒ICJ ニカラグア軍事的・準軍事
　　的活動事件判決（本案）（1986年）》
　　……………… 11, 17, 20, 64, 68, 70, 77,
　　　　　　80, 82, 112, 119, 149, 154,
　　　　　　158, 181, 182, 184, 185, 187
NISC（National center of Incident

225

索　引

readiness and Strategy for
Cybersecurity)《⇒内閣サイバー
セキュリティセンター》············ 107

non-intervention《⇒不干渉義務》··· 16,
19, 42, 44, 71, 76, 77, 79, 93

NotPetya ······················ 55, **56**, **57**,
58-61, 114, 143, 145

(l')obligation de prévention《⇒防
止の義務》····························· 99

obligation to prevent《⇒防止の義
務》···································· 104

obligation to prevent and redress
《⇒防止・回復の義務／防止し,
回復する義務》····················· 96

OEWG（UN Open-Ended Working
Group on Developments in the
Field of Information and
Telecommunications in the
Context of International Security)
··············· **4**, 10, 12-14, 16, 17, 20, 22,
28-31, 33-36, 38-40, 43, 77, 81, 92,
102, 104-106, 108, 109, 111, 114,
117, 123, 125-129, 131, 134-138, 205

Oil Platforms, Judgment, I.C.J.
（2003)《⇒ICJ 石油プラットフォー
ム事件判決（本案）（2003年)》··· **181**,
183-185, 187

OPCW（Organisation for the
Prohibition of Chemical Weapons)
《⇒化学兵器禁止事務局》········ 54-56

organized armed groups《⇒組織
された武装集団》····················· 110

overall control【attribution】《⇒総
体的統制》···························· 149

PARK Jin Hyok ···················· 48, 49

precaution（principle of ～)
【international humanitarian law】

《⇒予防（原則)》··········· 34, 116, 117

proportional(ly)《⇒比例した／比例
的に》································· 144

proportionality（princilple of ～)
【international humanitarian law】
《⇒比例性（原則)【国際人道法)》
································· 34, 116, 117

proportionality【countermeasures】
《⇒比例性（の要件)【対抗措置)》
······························· 131, 164-166

proportionality【belligerent
reprisals】《⇒比例性（の要件)
【戦時復仇)》························ 174

proportionality/proportionate【self-
defence/defense】《⇒比例性（の
要件)【自衛権)》············· 184, 186

ransomware《⇒ランサムウェア》
······························· 50, 52, 56

reparation《⇒回復》············ 123, 127,
129, 161, 164

restrictive measures（EU's ～)《⇒
制限措置（欧州連合（EU）の～)》
······························· 54, 55

retorsion《⇒報復》············· 130, 131

reversible【countermeasures】《⇒
可逆性／可逆的》···················· 131

REvil ································ 130-141

Sandworm Team ························ 60

scale and effects【armed attack】
《⇒規模及び効果)》··················· 68

self-defence/defense《⇒自衛権》
······················· 66, 181, 184, 186, 189

Sempra v. Argentina, ICSID,
Award（2007) ················ **192**, 193

Sony Pictures Entertainment ········· 5,
45-48, 142-146

sovereign equality《⇒主権平等》

索　引

.... 22, 31

State responsibility《⇒国家責任》
　　… 101, 125-127, 132, 138, 156, 191, 202

State sovereignty《⇒国家主権》
　　.. 21, 22, 31

Stuxnet 5, **62**, 69, 76

subsidiarity【belligerent reprisals】
　　《⇒補完性》........................... 174

Swift（Society for Worldwide
　　Interbank Financial
　　Telecommunications）《⇒国際銀
　　行間通信協会》........................... 47

Telebots 60

territorial integrity《⇒領土保全》
　　.. 14, 182

territorial sovereignty《⇒（領域）
　　主権》........................... 21, 31, 32

"The Interview" 45, 47

law of State responsibility《⇒国家
　　責任法》........................... 43

the only way【necessity
　　（circumstance precluding
　　wrongfulness）】《⇒唯一の方法》
　　.. 138, 189

The Prosecutor v. Duško Tadić,
　　Case No. IT-94-1-A,（ICTY），
　　Appeals Chamber, Judgement
　　（15 July 1999）《⇒ICTY タディッ
　　チ事件控訴部判決（1999年）》..... 149

threat of force《⇒武力による威嚇》
　　.. 182

Trail smelter case（1941）《⇒トレイ
　　ル溶鉱所事件仲裁判断（1941年）》
　　.. **25**, 31, 98

United States of America v. Park
　　Jin Hyok（Filed on June 8, 2018）
　　........................... **48**, 54, 143, 151

United States of America v. Victor
　　Borisovich Netyksho et al.（Filed
　　on July 13, 2018）................. **73**, 151

United States of America v. Yuri
　　Sergeyevich Andrienko et al.
　　（Filed on October 15, 2020）...... **60**,
　　　　　　　　　　　　　　　143, 151

Urbaser and CABB v. Argentina,
　　ICSID, Award（2016）.............. 192

use of force《⇒武力の公使》......... 64,
　　　　　　　　　　　　　　66-68, 182

Usines de pâte à papier（Argentine
　　c. Uruguay）, arrêt, C.I.J.（2010）
　　.. **98**, 99

Viasat 141

WannaCry《⇒ワナクライ》...... 48, **49**,
　　50, 51-54, 56, 60, 114, 143-145

あ　行

一次的規範 **6**, 7, 9, 13, 25, 69, 95, 96,
　　102, 103, 105, 120, 123, 127-130, 139,
　　146, 163, 178, 179, 189, 193, 200, 203

一般国際法の強行規範 154, 173,
　　　　　　　　　　　　　　179, 201

一般的防止【相当の注意】... **104**-106, 169

違法性阻却事由 24, 97, 135,
　　137, 138, 146, 147, 153, 179,
　　189, 190, 199, 200, 202, 204

運動力学兵器 64, **65**, 66, 67,
　　　　　　　　　　　　115, 116, 119, 147

エストニアの旧ソ連解放戦勝記念像
　　の移設 5, **61**

越境危害補償責任 **96**, **97**, 102

越境サイバー侵害行動 **6**

越境損害 ... 96, 97, 99, 102, 103, 165, 171

227

索　　引

か　行

「(害敵) 手段に基づく」アプローチ
　【武力の行使】………………… 64, 65
回復【国家責任法】……………… 123,
　　127, 129, 131, 132, 154, 157,
　　160-162, 164, 171, 172, 174
科学捜査 (による) …… 53, 159, 168, 205
化学兵器禁止事務局 ………………… 54
可逆性／可逆的【対抗措置】… 131, 133,
　　147, 153-155, 162
危害又は有害な結果【相当の注意】
　…………………… 103, 104, 105, 167
帰属の認定 (行為の国家への〜)
　………… 43, 49-51, 53-57, 59-61, 67,
　　75, 76, 95, 105, 121, 124-126,
　　128, 142, 143, 145, 147, 151
北朝鮮偵察総局 ………………… 46, 145
規範認識 …… 13, 39, 40, 43, 44, 61, 78, 92,
　　93, 108, 115, 117, 123, 131, 205
規模及び効果【武力攻撃】……… 68, 69
キャロライン・ドクトリン【自衛権】
　…………………………………… 186
強制【不干渉義務】… 23, 70, 73, 76-79,
　　81, 85, 92, 94, 103
共通第 3 条 (ジュネーブ諸条約の〜)
　………………… 36, 95, 111, 112, 118,
　　119, 148, 176, 177
緊急状態 …… 137, 138, 139, 146, 153, 155,
　　164-166, 189-203, 204, 205
緊急の対抗措置 ………………… 132, 134,
　　155, 156, 163
国の一連の作為又は不作為が全体と
　して国際法上の義務の違反を構成
　する場合 …………………………… 160
国の公的機関 ………… 43, 49, 77, 84,
　　92, 93, 121, 203, 205

区別 (原則)【国際人道法】…… 32, 33,
　　37-40, 109-115, 116, 118, 119, 147
軍事目標 ………………… 37, 113, 114,
　　115, 116, 118, 148
継続的性質を有する国の行為による
　国際義務の違反 ………………… 172
「効果／結果に基づく」アプローチ
　【武力攻撃】【武力の行使】… 64, 66-68
攻撃【国際人道法】………… 34, 37, 38,
　　109-111, 113-118, 120, 170, 174, 175
「攻撃対象に基づく」ないし「厳格
　責任」アプローチ【武力攻撃】【武
　力の行使】………………… 64, 65, 66
構成的了知 ………… 29, 103, 105, 108
合理的に実施可能な措置／手段【相
　当の注意】… 27, 28, 102, 103, 104, 106,
　　108, 157, 168, 171-173, 204
国際銀行間通信協会 ………………… 47
国際人道法 ………… 12, 32-38, 39, 40,
　　44, 95, 109-120, 147, 148,
　　150, 170, 173-179, 186, 187
国際的な武力紛争 …… 36, 37, 109-112,
　　118, 149, 178
国際連合のサイバー犯罪に関する新
　条約 ……………………………… 5, 88
「国内司法手続を通じた事実上の帰
　属の認定」………………… 49, 143, 148
国内問題 ………………… 17, 18, 21
国家実行 …… 6, 7, 11-13, 16, 21, 22, 27,
　　28, 30, 37-40, 43, 61, 76, 91, 95, 101,
　　102, 108, 112, 119, 121, 131, 134, 138,
　　139, 148, 158, 165, 166, 177, 181, 185,
　　187, 188, 190-193, 196, 197, 199, 205
国家主権 ………………… 16-18, 20-23, 64,
　　70, 77, 83, 92, 96, 103
国家責任 ………………… 43, 48, 101, 102,
　　126-128, 139, 148, 151

索　引

国家責任法 ……………… 43, 101, 102,
　　123-128, 129, 132, 133, 139
コロニアル・パイプライン ……… 139
コンピュータ・セキュリティ事案対
　応チーム …………………… 107
コンピュータ緊急事態対応チーム
　……………………………… 106, 107

さ　行

最後の実行可能な機会の窓【自衛権】
　【緊急状態】 ………………… 186, 196
最上位の当局者【戦時復仇】 ……… 174
サイバー空間 …… 4, 5, **14**, 16, 21, 22, 27,
　　28, 83, 128, 129, 135, 136, 147
サイバー犯罪 ………………… 4, 86-88
再発防止の約束・保証（国際違法行
　為の〜）………………… 126, 151
暫定措置 ……………… 134, **152**, **153**, 172
自衛権 …… 62-69, **134-137**, 139, 141, 148,
　　170, **180-189**, 190, 191, 200, 201, 203
（時間的）近接性【自衛権】 ……… 187
指揮【帰属の認定（行為の国家への
　〜）】…… 43, 71, 95, 124, 146, **149**, 150
指示【帰属の認定（行為の国家への
　〜）】………… 43, 95, 146, **149**, 150
自主規範（国家の責任ある行動のた
　めの拘束力を有しない〜）…… **26**, **27**,
　　31, 106, 108, 141, 197
執行管轄権の域外行使 …………… 86
実効的統制【帰属の認定（行為の国
　家への〜）】 ………………… **149**, 150
終止（国際違法行為の〜）…… 123, **126**,
　　129, 131, 132, 141, 146, 154,
　　156, 157, 162, 164, 168-173
重大な，かつ，急迫した危険【緊急
　状態】……………… 137, 189, 190, 193,
　　194, **195**, **196**, 199, 200

集団的対抗措置 ………… **157**, 158, 200
重要インフラ …………… 5, 6, 16, 29-32,
　　40, **43**, **44**, 45, 49, 50, 65, 66, 77, 78,
　　84, 92, 93, 104, 105, 107, 108, 121,
　　146, 160, 194, 196, 197, 203, 205
主権《⇒国家主権》《⇒主権平等》
　《⇒（領域）主権》
主権平等 ………………… 19, 21-23
ジュネーブ諸条約 … **36**, 40, 95, 109, 111,
　　112, 118, 119, 148, 175, 176, 178
ジュネーブ諸条約第Ⅰ追加議定書 … **33**,
　　34, 36, 38-40, 95,
　　110-114, 116, 117, 175, 176
ジュネーブ諸条約第Ⅱ追加議定書 … **33**,
　　36, 40, 111-113, 118, 119, 177, 178
ジュネーブ第Ⅰ条約 ………… **36**, 175
ジュネーブ第Ⅱ条約 ………… **36**, 175
ジュネーブ第Ⅲ条約 ………… **36**, 175
ジュネーブ第Ⅳ条約 ………… **36**, 175
情報技術犯罪アラブ条約 ……… 4, 87
人道性（原則）………… **32**, **33**, 39, 40,
　　109, 117, 118
人民解放戦線 ………………… **36**, 112
人民の自決の権利 …………… 80, 94
信頼醸成措置 …… 106, 108, 151, 159, 199
スピアフィッシング … **47**, 48, 54, 56, 60
制限措置（欧州連合（EU）の〜）… 54,
　　55, 61, 145
正当化事由 ………………… 191, **199**
政府機能《⇒本質的に政府に属する
　機能》…………………… 85, 108
戦時復仇 ………… 147, 170, **173-178**, 179
「前進！」 ………………… 74, 114
漸進的発達（国際法の〜）……… 7, 123,
　　124, 192
先制的自衛 …………… 66, **185**, **186**, 196
戦闘員 ……………… 37, **109**, **110**, 113,

229

索　引

114, 117, 118, 175

相互接続性（サイバー空間の～）
　………………………… **114**, 158

総体的統制【帰属の認定（行為の国
　家への～）】……………… **149**, 150

相当の注意 ………… 19, **24-32**, 39-42,
　93, **95-109**, 121, 140, 141,
　163-173, 179, 200, 203, 205

遭　難 …………… **137**, 138, 146, 189

即時性（サイバー行動の～）…… 42, 95,
　114, 151, 197

組織された武装集団 ……… 36, **110-113**,
　118, 176-179

た　行

対外問題 …………………………… 18

対抗措置 ……… 12, 69, 70, 96, 102, 123,
　127, **131-134**, 137, 139, 146-148,
　153-173, **178**, **179**, 181-183, 186,
　187, 189, 190, 199-201, 203-205

中立法規 ………………………… 32, 39

朝鮮鉱業開発貿易会社 ……………… 46

朝鮮人民軍総参謀部偵察局第3局
　Lab 110 ……………………… 54

朝鮮檀君貿易会社 ………………… 46

諜　報 ……………… 20, 23, 85, 151

敵対行為への直接参加 ……… 37, 109,
　110-114, 117, 118, 177

投資家・国家間の紛争解決 ……… 191

統制【帰属の認定（行為の国家への
　～）】……… 43, 95, 124, 146, **149**, 150

特定の事態の発生を防止することを
　国に要求する国際義務 …… 165, **171**

匿名性（サイバー行動の～）……… 42,
　95, 151

トレイル溶鉱所事件仲裁判断（1941
　年）………………… 97, 101, 165, 171

な　行

内閣サイバーセキュリティセンター
　…………………………………… 107

二次的規範 ………… **6**, 7, 43, 102, 123,
　129, 138, 148, 193, 200

偽情報 ……………………………… 92-94

2021年 GGE 報告書 ……… **15**, 17, 19, 22,
　26-29, 31, 32, 34, 39, 44,
　106-108, 125, 130, 136, 198

2021年 OEWG 報告書 ……… **15**, 16, 17, 22,
　27, 29, 30, 34, 44, 106,
　107, 125, 127, 130, 136

能動的サイバー防御 ……… 24, 66, **160**,
　173, 202-204

能力構築 ……… 30, 42, 106-108, 159, 199

後にされた合意 ……………… 5, 12, 13, 40

後に生じた慣行 ……… 5, 10, 12, 13, 39,
　40, 61, 138, 139, 148

は　行

バックドア ……………………… 85, 160

ハックバック ………… 66, 155, 173, 196

バングラデシュ銀行 ………… 45, 47-49

非国際的な武力紛争 … **36**, 37, 109-111,
　112, 113, 118, 119, 148, 176, 177

必要性（原則）【国際人道法】…… **32**, 33,
　39, 40, 109, 117

必要性（の原則）【対抗措置】【紛争
　の平和的解決】………… **133**, 134

必要性（の要件）【自衛権】…… 181, 186,
　187, 200

比例した／比例的に ……………… 144

比例性（原則）【国際人道法】…… 32, 33,
　37-40, 109, 114, **116**, **117**, 119

比例性（の要件）【対抗措置】…… **131**,
　133, 134, 147, 153-155, 157, 161-163,

230

索　引

164, 165, 166, 171, 172, 181, 183,
比例性（の要件）【戦時復仇】 ……… 174
比例性（の要件）【自衛権】 …… 181, 184,
186, 187
「比例性を有する対抗措置」…… 70, 181
不可逆的な行動の過程【自衛権】 …… 185
不可欠の利益【緊急状態】 …… 138, 189,
190, 192, 193, 194, 195, 196, 198-200
不可抗力 ………………… 137, 189, 191
不干渉義務 ………… 16-19, 20, 21, 23,
24, 39, 40, 42, 44, 64, 69, 70, 73, 76,
77, 78-82, 84, 85, 92-96, 103, 108,
121, 152, 160, 172, 173, 178, 205
不作為義務（越境サイバー侵害行動
への支援を控える～）…… 32, 108, 170
付随的損害 ………… 114, 116, 117, 119
ブダペスト条約 ………… 4, 86-88, 91
ブダペスト条約第二追加議定書 … 4, 87
武力攻撃 ………… 62, 63, 64-68, 69, 70,
76, 79, 119, 135, 137, 139, 141,
142, 154, 163, 170, 180-188, 200
武力による威嚇 …… 13-16, 18, 20, 39, 40,
61, 69, 70, 76, 95, 131,
132, 136, 154, 163, 183, 189
武力の行使 …… 13-16, 18, 20, 21, 23, 39,
40, 44, 61-70, 76, 77, 79, 80, 95,
119, 131, 132, 134-136, 141, 150,
154, 163, 170, 178, 180-189, 199-201
武力復仇 ………………… 181, 182, 183
武力紛争法規 ………… 32, 34, 35, 112,
120, 173, 178
分散型サービス拒否 ………………… 3
紛争の平和的解決 …… 128-130, 132, 133,
136, 139, 142, 148, 152, 154, 156
米・仏航空業務協定事件仲裁判断
（1978年）………………… 133, 166
防止・回復の義務／防止し、回復す

る義務 ………………… 96, 101
防止の義務 ………………… 96, 99
法的確信 ……… 10-13, 18, 24, 27, 39,
61, 70, 117, 123, 134, 158, 193
報　復 ………… 130, 131, 139, 145, 146,
148, 153, 154, 201, 203
補完性【戦時復仇】 ………………… 174
補償責任 ……… 97, 98, 99, 101, 102
ボット／ボットネット ……… 92, 94,
148, 205
本質的に政府に属する機能【（領域）
主権の侵害】《⇒政府機能》… 83, 92,
94, 103

ま 行

民用物 ………… 37, 95, 114, 116,
117, 147, 175-177
免責事由 ……………… 191, 199, 200

や 行

唯一の方法【緊急状態】… 138, 189, 190,
193, 196, 197
友好関係原則宣言 …………… 17, 18, 79,
80, 182, 183
予防（原則）【国際人道法】… 34, 39, 95

ら 行

ランサムウェア ………… 49, 50, 51, 56
リモートアクセス ………………… 88-92
（領域）主権 ……… 12, 19, 20-24, 25, 31,
39, 40, 42, 44, 70, 82-92, 93, 95,
96, 103, 108, 146, 147, 165, 172
領土保全 ………… 14, 15, 20, 21, 83-85,
92, 94, 103, 108, 141, 167
累積理論【武力攻撃】 ……………… 185
ロシアによるウクライナ侵略 ……… 63,
120, 141

索　引

わ 行

ワナクライ ································· 52

あ と が き

　本書は，2024（令和6）年3月京都大学博士（法学）論文「越境サイバー侵害行動に対する国際法の適用をめぐる国家実行の評価」に加筆・修正を加えた上で，改題したものである。他の著書・論考等の著者名への言及に当たっては，当該著書・論考等の執筆時に政府又は国際機関・裁判所に在職していた場合のみ当時の官（役）職を付し，その他の場合には官（役）職を割愛して姓のみ，同姓の他の著者がいる方については姓・名への言及とさせていただいた。

　2012年4月，京都大学大学院法学研究科後期博士課程に編入学したものの，当初検討していた別の主題の研究が頓挫し迷走していた中，在フランス日本国大使館在勤時にフランス大統領選挙マクロン候補陣営に対するハッキング及びデータ窃取・公開（2017年5月），在イスラエル日本国大使館在勤時にイスラエル・イラン間での給水システム・港・鉄道等を標的としたサイバー攻撃の応酬（2020年頃〜）等，他国からとみられるサイバー攻撃の報に身近に接し，その現地社会・経済に及ぼす影響を実感したことが，国境を越えて行われるサイバー攻撃に対する国際法の適用について考察を深めたいと考える契機となった。

　今にして思えば，当時既に内外の国際法学界の関心が高く，優れた著書・論考が多数発表されていたサイバーの主題について，両大使館及びその後帰国して外務省ではほぼ無関係の業務を担当していた私が論文を書こうと思い立ったことが，いかに無謀であったかと恥じ入るばかりである。それにもかかわらず，大学院編入学以来，指導教員としてご薫陶を仰いだ濵本正太郎先生の温かいご指導と，粘り強い叱咤激励のお陰で，何とか論文を書き上げ，このような形で出版させていただくことができた。

　上述のとおり，親身にご指導を賜った濵本正太郎先生には，感謝の言葉をいくら尽くしても足りない。いわゆる社会人入試で約20年ぶりに学究を再開し，当初は文献の検索・閲覧さえ覚束なかった私が，海外勤務をしながら，しかも新型コロナウイルス禍で図書館等へのアクセスも制約される中，曲がりなりに

あとがき

も論文の執筆にこぎ着けられたのは，濵本先生の文字どおり「手取り足取り」のご指導あってのことに他ならない。大使館・外務省の用務に追われ，いつも締め切りギリギリの「不肖の弟子」であった私に，時には週末・祝日，海外ご出張先からのオンラインも含めお時間を割いていただき，文献の探し方から，論文の構成，概念・用語の正確な理解と使用，更には博士論文提出後の加筆・修正に至るまで，きめ細かくご指導いただいた。

　また，博士論文審査で貴重なご指摘を賜った酒井啓亘先生，玉田大先生，京都の国際法研究会でコメントを下さった繁田泰宏先生，山口章浩先生他の皆様にも感謝申し上げたい。各先生から頂戴したご指導・コメントについて，全て十分に消化し切れているかどうかは覚束ないものの，その一つ一つが，私自身の考察の幅を広げ，奥行きを深めることに繋がったというのが偽らざる実感である。

　私の所属する外務省においては，引用文献・判例の一部の入手・閲覧，一部外国語のウェブサイトの検索・閲覧等に当たり，国際法局国際法課，条約課，経済条約課，経済紛争処理課の各関係課員の助力を得た。逐一氏名は挙げないが，この場を借りて謝意を表したい。

　また，執筆の経験のない私がこうして無事に出版にこぎ着けられたのは，ひとえに信山社の稲葉文子氏のお陰である。深く御礼申し上げたい。

　最後に，私事ながら，家族に感謝したい。仕事を続けながら論文を書いて学位を取得するという決断を快く受け入れてくれた妻，両親そして岳父・丈母の支援・応援なくして，本書の出版は実現しなかった。また，2人の娘達は，時には自らの受験や英文エッセイ提出に全力で取り組む姿で，時には論文執筆期間確保のために休みの旅行を短縮することで，苦闘する父親を鼓舞してくれた。本書を捧げるだけでは「比例性を欠く」と指摘されるのではないか，と危惧している。

2024年10月

中村　和彦

〈著者紹介〉

中 村 和 彦（なかむら かずひこ）

外務省地球規模課題審議官（大使）

1992 年東京大学法学部第Ⅱ類中退。1994 年フランス国立行政学院（ENA）国際公共行政課程修了。2024 年京都大学大学院法学研究科法政理論専攻博士後期課程修了。京都大学博士（法学）。

1992 年外務省入省。経済協力局（当時），欧州局，在韓国大使館等で勤務の後，内閣法制局参事官（出向），国際法局経済条約課長，在フランス・在イスラエル各大使館公使，中南米局兼経済局審議官（G7/G20 サブシェルパ・大使），国際法局審議官を経て，2024 年 7 月より現職。

〈主要著作〉

「特集・第 154 回国会主要成立法律　気候変動に関する国際連合枠組条約の京都議定書」『ジュリスト』1231 号（2002 年），「特集・第 159 回国会主要成立法律　たばこの規制に関する世界保健機関枠組条約」『ジュリスト』1274 号（2004 年），「国際投資紛争解決制度に対する日本政府の対応について」『国際商取引学会年報』第 17 号（2015 年）
旅券法研究会編著『旅券法逐条解説』（有斐閣，2016 年）（旅券法研究会の一員として共編著）

学術選書
262
国際法

越境サイバー侵害行動と国際法
——— 国家実行から読み解く規律の行方

2024（令和 6 ）年 12 月 20 日　初版第 1 刷発行

28288:P244 ¥7200E-012:030-010

著　者　中 村 和 彦
発行者　今井 貴・稲葉文子
発行所　株式会社 信 山 社

〒113-0033　東京都文京区本郷 6-2-9-102
Tel 03-3818-1019　Fax 03-3818-0344
info@shinzansha.co.jp
笠間才木支店　〒309-1611　茨城県笠間市笠間 515-3
Tel 0296-71-9081　Fax 0296-71-9082
笠間来栖支店　〒309-1625　茨城県笠間市来栖 2345-1
Tel 0296-71-0215　Fax 0296-72-5410
出版契約 No.2024-28288-01012 Printed in Japan

© 中村和彦，2024　印刷・製本／亜細亜印刷
ISBN978-4-7972-8288-7 C3332　分類 329.401 国際法

JCOPY〈(社)出版者著作権管理機構 委託出版物〉
本書の無断複写は著作権法上での例外を除き禁じられています。複写される場合は，そのつど事前に，(社)出版者著作権管理機構（電話 03-5244-5088，FAX03-5244-5089，e-mail:info@jcopy.or.jp）の許諾を得てください。また，本書を代行業者等の第三者に依頼してスキャニング等の行為によりデジタル化することは，個人の家庭内利用であっても，一切認められておりません。

サイバー攻撃の国際法—タリン・マニュアル2.0の解説
　　中谷和弘・河野桂子・黒崎将広　　　【増補版】

国際法研究　1〜14号 続刊　岩沢雄司・中谷和弘 責任編集

実践国際法（第3版）小松一郎 著

国際法の実践 — 小松一郎大使追悼　柳井俊二・村瀬信也 編

国際法実践論集　小松一郎 著／御巫智洋 編

国際関係と法の支配 — 小和田恆国際司法裁判所裁判官退任記念
　編集代表：岩沢雄司・岡野正敬

「学ぶこと」と「思うこと」— 学び舎の小和田恆先生
　　山本吉宣・上川陽子・田中明彦・金城亜紀・赤松秀一 編

日本外交の常識　杉山晋輔

国際法先例資料集 (1)・(2)　不戦条約 上・下　柳原正治 編著

国際法先例資料集 (3)　犯罪人引渡条約・条例　柳原正治 編著

プラクティス国際法講義（第4版）
　　柳原正治・森川幸一・兼原敦子 編

経済安全保障と国際法　中谷和弘

世界の島をめぐる国際法と外交　中谷和弘

国家による一方的意思表明と国際法　中谷和弘

航空経済紛争と国際法　中谷和弘

ロースクール国際法読本　中谷和弘

宇宙六法　青木節子・小塚荘一郎 編

宇宙法の形成　中村仁威

人権判例報　1〜8号 続刊　小畑郁・江島晶子 責任編集

ＥＵ法研究　1〜15号 続刊　中西優美子 責任編集

信山社